Vollmuth · Bilanzen richtig lesen, besser verstehen, optimal gestalten

Bilanzen
• richtig lesen • besser verstehen • optimal gestalten

Bilanzanalyse und Bilanzpolitik
für die Praxis

von

Prof. Dr. Hilmar J. Vollmuth
Dipl.-Kaufmann, MBA,
Steuerberater

WRS VERLAG WIRTSCHAFT, RECHT UND STEUERN

Die Deutsche Bibliothek – CIP-Einheitsaufnahme

Vollmuth, Hilmar J.:
Bilanzen richtig lesen, besser verstehen, optimal gestalten:
Bilanzanalyse und Bilanzpolitik für die Praxis / von Hilmar J. Vollmuth.
– Planegg/München: WRS, Verl. Wirtschaft, Recht und Steuern, 1995
(WRS-Betriebs-Praxis)
ISBN 3-8092-1078-1

ISBN 3-8092-1078-1 Bestell-Nr. 11.33

Postanschrift: Postfach 13 63, 82142 Planegg
Hausanschrift: Fraunhoferstraße 5, 82152 Planegg
Telefon (0 89) 8 95 17-0, Telefax (0 89) 8 95 17-2 50

Lektorat: Dipl.-Wirtsch.-Ing. Joachim Müller-Seidel, Freiburg i. Br.

Satz: Satz+Layout Peter Fruth GmbH, München
Druck und Verarbeitung: J. P. Himmer GmbH, Augsburg

Vorwort

Die Zielsetzung dieses Buches besteht darin, den Leser in die Lage zu versetzen, in Zukunft selbst eine detaillierte Bilanzanalyse durchzuführen, eine aussagefähige Bilanzkritik der erarbeiteten Ergebnisse vorzunehmen und eine aktive Bilanzpolitik zu betreiben.

Die umfangreiche Literatur über dieses Thema befaßt sich meist mit den großen Unternehmen. In diesem Buch wird besonderer Wert auf die Bilanzanalyse, Bilanzkritik und die Bilanzpolitik für kleinere und mittlere Unternehmen gelegt. Ein ausführliches Fallbeispiel zeigt, wie eine Bilanzanalyse und eine Bilanzpolitik schrittweise durchgeführt werden sollte.

Die Aufgaben und die Inhalte des Bilanzanalyse und der Bilanzkritik werden aufgezeigt. Es erfolgt auch eine Erläuterung über die Bildung von Kennzahlen sowie über die Grenzen der Bilanzanalyse und der Bilanzkritik.

Der Analytiker sollte auch die wesentlichen Punkte des Bilanzsteuerrechts kennen. Neben den allgemeinen Vorschriften werden die Bilanzierungs- und Bewertungsgrundsätze behandelt, die bei der Erstellung des Jahresabschlusses zu beachten sind. Eine gründliche Bilanzanalyse und Bilanzkritik kann nur dann systematisch durchgeführt werden, wenn die wichtigsten Bestimmungen des Handels- und Steuerrechts bekannt sind.

Die Aufbereitung des Zahlenmaterials und die Untersuchung der Positionen des Jahresabschlusses werden dargestellt, um einen besseren Einblick in die Struktur und den Inhalt der Bilanz sowie der GuV zu erhalten. Die Auswahl und die Interpretation von wichtigen Kennzahlen erlauben eine genauere Beurteilung der Lage der Unternehmen.

Zu den Teilanalysen gehören die Struktur-, die Erfolgs- und die Finanzanalysen. Die Sonderrechnungen wie die Cash-Flow-Analyse, die Wertschöpfungsanalyse und die Kapitalflußrechnung werden ebenfalls ausführlich besprochen und an Beispielen dargestellt.

Die Durchführung der Bilanzanalyse und der Bilanzkritik ermöglicht der Unternehmensleitung und den Führungskräften, die Stärken und die Schwächen eines Unternehmens zu erkennen. Auch Steuerberater, Wirtschaftsprüfer und Unternehmensberater können aufgrund der Ergebnisse feststellen, welche wirtschaftlichen, finanziellen und organisatorischen Maßnahmen eingeleitet werden sollten, um die Ertrags- und Finanzkraft der Unternehmen zu erhöhen. Die Ergebnisse der Bilanzanalyse und der Bilanzkritik stellen also eine gute Grundlage dar, die Planung zu verbessern, die Kontrolle zu verstärken und die Steuerung konsequenter vorzunehmen.

Mit Hilfe der Bilanzanalyse und der Bilanzkritik kann die gegenwärtige Lage und die zukünftige Entwicklung der Unternehmen besser beurteilt werden. Die Analyse von mindestens drei Jahresabschlüssen und die betriebswirtschaftliche Auswertung der Ergebnisse sind gute Unterlagen für operative und strategische Entscheidungen in den Unternehmen.

Die Methoden, die Instrumente und die Techniken der Bilanzanalyse und der Bilanzkritik werden einfach und klar dargestellt. Auf theoretische Erläuterungen wird dabei weitgehend verzichtet.

Zwischen der Bilanzanalyse und der Bilanzkritik sowie der Bilanzpolitik gibt es enge Wechselbeziehungen. Mit Hilfe der Bilanzanalyse und der Bilanzkritik können wir einen guten Einblick in die tatsächlichen Verhältnisse der Unternehmen erhalten und die Vermögens-, Finanz- und Ertragslage des Unternehmens besser beurteilen. Dann besteht die Möglichkeit, bilanzpolitische Gestaltungen vorzunehmen, um die Gewinne zu beeinflussen, die Bilanzstruktur zu verbessern, die Steuern zu reduzieren, die Ausgewogenheit der Informationen zu erreichen und den Publizitätsverpflichtungen nachzukommen.

Das vorliegende Buch richtet sich an die Unternehmensleitung und die Führungskräfte insbesondere kleinerer und mittlerer Unternehmen. Auch für Steuerberater, Wirtschaftsprüfer, Unternehmensberater und Analytiker in den Banken kann dieses praxisorientierte Buch von Interesse sein, da der Jahresabschluß häufig die einzige Unterlage darstellt, die über die wirtschaftliche Lage des Unternehmens Auskunft gibt.

Das Buch eignet sich auch für Studenten der Fachhochschulen, Universitäten und Akademien, die sich einen guten Überblick über die Analyse und die Beurteilung der Jahresabschlüsse verschaffen wollen. Sie können sich mit den Methoden, den Instrumenten und den Techniken der Bilanzanalyse sowie der Bilanzkritik vertraut machen und die Besonderheiten der Bilanzpolitik kennenlernen.

Fulda, Frühjahr 1995 *Hilmar J. Vollmuth*

Inhaltsverzeichnis

A Bilanzanalyse und Bilanzkritik

1 Begriffe

Grundlage für die Bilanzanalyse, Bilanzkritik und Bilanzpolitik ist der Jahresabschluß eines Unternehmens. Um einen besseren Einblick in die Entwicklung und Unternehmenspolitik eines Unternehmens zu erhalten, sollten wir mindestens drei aufeinanderfolgende Jahresabschlüsse untersuchen.

1.1 Bilanzanalyse

Bei der Bilanzanalyse wird der Jahresabschluß eines Unternehmens in einzelne Teile zerlegt, um bestimmte Erkenntnisse zu gewinnen. Wir bereiten die Daten des Jahresabschlusses auf und führen Vergleiche durch, damit wir genauere Aussagen über den Erfolg oder Mißerfolg eines Unternehmens machen können. Die Bilanzanalyse umfaßt also verschiedene Verfahren zur Informationsgewinnung.

Die Bilanz ermöglicht eine zeitpunktbezogene Analyse. Die zeitraumbezogene Analyse dagegen bezieht sich auf die GuV. Sie umfaßt alle Erträge und Aufwendungen, die während des ganzen Jahres angefallen sind. Neben der zeitpunktbezogenen (statischen) Betrachtung eines Unternehmens ist also auch eine zeitraumbezogene (dynamische) Untersuchung vorzunehmen.

1.2 Bilanzkritik

Die Bilanzkritik beschäftigt sich mit der Auswertung der Ergebnisse der Bilanzanalyse. Die erarbeiteten Kennzahlen werden kritisch gewürdigt. Anhand von Vergleichen können wir zusätzliche Erkenntnisse gewinnen. Die Bilanzanalyse und Bilanzkritik sind also eng miteinander verbunden.

Die betriebswirtschaftliche Analyse und Auswertung der Jahresabschlüsse sollten sich auf mindestens drei Jahre beziehen, um genaue und fundierte Aussagen über die Entwicklung eines Unternehmens machen zu können. Dann sind wir auch in der Lage, bessere Entscheidungen über die Zukunft eines Unternehmens zu treffen.

Die Interpretation der gewonnenen Erkenntnisse ist eine entscheidende Aufgabe der Bilanzkritik. Bei der Auswertung spielt besonders der Sachverstand, die Erfahrung und das Fingerspitzengefühl eine große Rolle, um bestimmte Sachverhalte richtig zu beurteilen.

1.3 Bilanzpolitik

Unter der Bilanzpolitik verstehen wir die bewußte Beeinflussung einzelner Positionen des Jahresabschlusses, um die Steuerung der Gewinnausschüttung, die Gestaltung der Bilanzstruktur, die Reduzierung der Steuerbelastung zu erreichen sowie der Ausgewogenheit der Informationen und der Erfüllung der Publizitätsverpflichtungen nachzukommen. Bei der Bilanzpolitik geht es um gesetzlich zulässige Maßnahmen zur Realisierung wichtiger Ziele der Unternehmen.

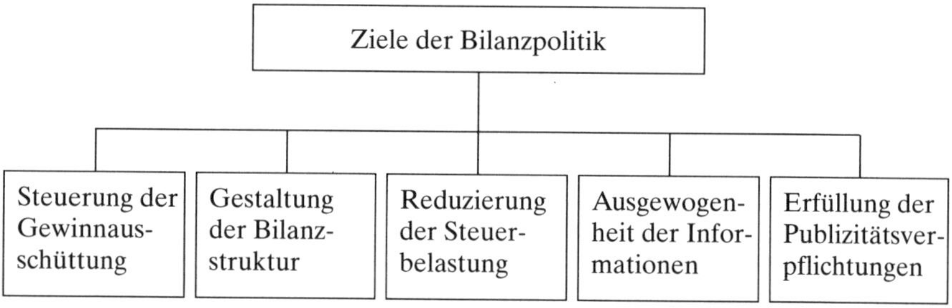

Abb.: Ziele der Bilanzpolitik

Die bilanzpolitischen Entscheidungen können von der Unternehmensleitung und von den Führungskräften erst getroffen werden, wenn sie sich einen guten Überblick über die wichtigen Positionen in der Bilanz sowie in der GuV beschafft haben.

Die operativen und strategischen Ziele der Unternehmen müssen dann mit den Zielen der Handels- und Steuerpolitik abgestimmt werden. Die bilanzpolitischen Instrumente sind systematisch in den Unternehmen einzusetzen, um die Substanz der Unternehmen zu erhalten.

Auch die kleineren und mittleren Unternehmen sollten erkennen, welche bilanzpolitischen Maßnahmen in Zukunft durchgeführt werden müssen, um die Unternehmen besser zu führen. Die Unternehmensleitung und die Führungskräfte haben auch die Aufgabe, sich über die vorhandenen Ermessensspielräume, die das Handels- und Steuerrecht bieten, zu informieren. Dann kann in Zukunft eine bessere Bilanzpolitik betrieben werden, um mehr Steuern zu sparen. Die im Handels- und Steuerrecht vorhandenen Wahlrechte und Ermessensspielräume können dann in Zukunft besser genutzt werden.

MERKE

Bei der Bilanzanalyse wird der Jahresabschluß eines Unternehmens in einzelne Teile zerlegt, um genauere Aussagen über die Ertrags- und Finanzlage eines Unternehmens machen zu können. Die Bilanz ermöglicht eine zeitpunktbezogene (statische) Analyse, während die GuV eine zeitraumbezogene (dynamische) Analyse erlaubt. Um einen besseren Einblick in die Entwicklung und die Unternehmenspolitik eines Unternehmens zu erhalten, sollten mindestens drei aufeinanderfolgende Jahresabschlüsse untersucht werden.

Die Bilanzkritik bezieht sich auf die Auswertung des Ergebnisses der Bilanzanalyse. Die errechneten Kennzahlen werden kritisch gewürdigt, um durch Vergleiche zusätzliche Erkenntnisse zu erhalten. Die betriebswirtschaftliche Analyse und Auswertung der Jahresabschlüsse erlaubt genauere und fundiertere Aussagen über die Vermögens-, Finanz- und Ertragslage des Unternehmens. Die Ergebnisse der Bilanzkritik ermöglichen also bessere Entscheidungen über die Zukunft der Unternehmen.

Die Bilanzpolitik beschäftigt sich mit der bewußten Beeinflussung einzelner Positionen des Jahresabschlusses, um insbesondere die Steuerung der Gewinnausschüttung, die Gestaltung der Bilanzsstruktur und die Reduzierung der Steuerbelastung zu erreichen sowie der Ausgewogenheit der Informationen und der Erfüllung der Publizitätsverpflichtungen nachzukommen. Die Bilanzpolitik bezieht sich auf gesetzlich zulässige Maßnahmen, um die einzelnen Ziele der Unternehmen zu realisieren.

Auch kleinere und mittlere Unternehmen sollten erkennen, welche bilanzpolitischen Maßnahmen in Zukunft beschlossen werden müssen, um die Unternehmen besser zu führen und die Substanz der Unternehmen zu erhalten. Wenn die Unternehmensleitung und die Führungskräfte wissen, welche Wahlrechte und Ermessensspielräume das Handels- und das Steuerrecht bieten, kann in Zukunft eine effizientere Bilanzpolitik betrieben werden. Die Initiativen zur Ausnutzung der Wahlrechte und Ermessensspielräume sollte von der Unternehmensleitung und von den Führungskräften in Zukunft ausgehen. Die Steuerberater und Wirtschaftsprüfer sollten die Vorschläge der Unternehmen dann auf die Zulässigkeit überprüfen.

2 Zielsetzungen

Die Zielsetzungen der Bilanzanalyse, der Bilanzkritik und der Bilanzpolitik sind für die einzelnen Unternehmen verschieden. Sie richten sich vor allem nach den unterschiedlichen Informationsbedürfnissen der einzelnen Adressaten.

Alle Unternehmen und Interessengruppen interessieren sich aber für folgende Problemstellungen:

1. Beurteilung der gegenwärtigen und zukünftigen Ertragslage des Unternehmens
2. Einschätzung der finanziellen Stabilität des Unternehmens
3. Ermittlung der Erfolgspotentiale
4. Untersuchung der Wertschöpfung
5. Verminderung der Steuerbelastung

Mit Hilfe der Bilanzanalyse, der Bilanzkritik und der Bilanzpolitik soll eine bessere Beurteilung der gegenwärtigen und zukünftigen Ertragslage des Unternehmens ermöglicht werden. Außerdem interessiert viele Adressaten des Jahresabschlusses die Einschätzung der finanziellen Stabilität des Unternehmens. Die Banken und die Lieferanten beispielsweise möchten wissen, ob das Unternehmen den gegenwärtigen und zukünftigen Zahlungsverpflichtungen nachkommen kann oder nicht. Die Ermittlung der Erfolgspotentiale ist ebenfalls wichtig für viele Geschäftspartner des Unternehmens. Deshalb sind vor allem die Stärken und Schwächen des Unternehmens, die Risikostreuung, die Investitionsaktivitäten, die Finanzierungsmöglichkeiten und das Wachstum des Unternehmens von großem Interesse. Auch über die Wertschöpfung des Unternehmens möchten einige Interessenten mehr erfahren.

Der Jahresabschluß gibt nicht einfach einen guten Einblick, um die einzelnen Fragestellungen gut beantworten zu können. Ein geübter Analytiker kann auf die einzelnen Fragen aber aus dem nach handels- und steuerrechtlichen Vorschriften erstellten und komplexen Zahlenmaterial entsprechende Antworten geben. Deshalb ist es notwendig, daß der Bilanzleser sich einen guten Überblick über die Finanzbuchhaltung, die Abschlußtechniken, die Bewertungsregeln, die Bilanzierungsvorschriften, die Grundsätze ordnungsmäßiger Buchführung und die Ansatzvorschriften verschafft. Diese Gesichtspunkte beeinflussen das Zahlenmaterial, das wir dem Jahresabschluß entnehmen können.

2.1 Informationsverdichtung

Das Zahlenmaterial des Jahresabschlusses muß aufbereitet und gruppiert werden, um dem Leser des Jahresabschlusses einen besseren Überblick zu gewähren. Das Informationsmaterial sollte also verdichtet werden, damit wir die Zusammenhänge und Abhängigkeiten leichter verstehen können.

Die Zielsetzung für den Jahresabschluß ist die Vermittlung eines zuverlässigen Einblicks in die Unternehmensverhältnisse. Dieser Einblick bezieht sich vor allem auf folgende Punkte:

1. **Vermögenslage**

   Es geht um die Zusammensetzung der Vermögenswerte, der Schulden und des Eigenkapitals sowie deren Veränderungen im Zeitvergleich.

2. **Finanzlage**

   Den Bilanzleser interessiert die Fähigkeit des Unternehmens, seinen finanziellen Verpflichtungen nachkommen zu können.

3. **Ertragslage**

   Von besonderer Bedeutung sind die Feststellung des Erfolgs und die Aussichten für eine solide Gewinnerzielung in der Zukunft.

2.2 Entscheidungsgrundlagen

Der Jahresabschluß bildet eine gute Entscheidungsgrundlage für die Unternehmensleitung und die Führungskräfte, wenn sie sich mit den Techniken der Aufbereitung des Jahresabschlusses vertraut machen. Außerdem erlauben die Ergebnisse der Bilanzanalyse und der Bilanzkritik eine bessere Beurteilung der unternehmerischen Entscheidungen.

Die Ziele eines Unternehmens können eine gute Rentabilität des Kapitals, ein ergiebiger Cash-Flow, eine hohe Rentabilität des Umsatzes, eine gesicherte Zahlungsfähigkeit, eine zweckentsprechende Vermögensstruktur, eine optimal gestaltete Kapitalstruktur, ein geringer Verschuldungsgrad und eine solide Substanzerhaltung sein.

Ziele eines Unternehmens

1. Gute Rentabilität des Kapitals
2. Ergiebiger Cash-Flow
3. Hohe Rentabilität des Umsatzes
4. Gesicherte Zahlungsfähigkeit
5. Zweckentsprechende Vermögensstruktur
6. Optimal gestaltete Kapitalstruktur
7. Geringer Verschuldungsgrad
8. Solide Substanzerhaltung

Abb.: Ziele eines Unternehmens

Wir unterscheiden verschiedene Zielvorstellungen, die sich voneinander unterscheiden können. Deshalb müssen wir auch unterschiedliche Teilanalysen durchführen. Die Zielvorstellungen eines Unternehmens können wie folgt aussehen:

1. Erfolgsanalyse

- 1.1 Erwirtschaftung eines guten Gewinns
  - 1.1.1 Erhaltung der realen Substanz des Unternehmens
  - 1.1.2 Garantie des notwendigen Wachstums
- 1.2 Verbesserung der Ertragskraft des Unternehmens
  - 1.2.1 Förderung der Produkte mit hohen Deckungsbeiträgen
  - 1.2.2 Vorsorge für zukünftige Entwicklungen des Unternehmens durch neue Produkte (Innovationen)
- 1.3 Sicherung der Wirtschaftlichkeit
  - 1.3.1 Erzielung einer guten Rentabilität auf lange Sicht
  - 1.3.2 Erhöhung des erforderlichen Eigenkapitals

2. Finanzanalyse

- 2.1 Zweckentsprechende Gestaltung der Vermögensstruktur
  - 2.1.1 Forderung nach einer optimalen Ertragsfähigkeit der getätigten Investitionen
  - 2.1.2 Erhaltung der Anpassungsfähigkeit an Veränderungen der Wirtschaftslage
- 2.2 Schaffung einer ausgewogenen Kapitalstruktur
  - 2.2.1 Streben nach guter Rentabilität und hoher Liquidität
  - 2.2.2 Beachtung der Risikogesichtspunkte (Risikostreuung)

Die einzelnen Zielsetzungen lassen sich nicht alle gleichzeitig verwirklichen. Auch können die verschiedenen Ziele nicht mit der gleichen Intensität verfolgt werden. In den Unternehmen muß vielmehr ein ständiger Ausgleich der Zielsetzungen erfolgen. Die Unternehmensleitung und die Führungskräfte müssen also flexibel operieren und das Zielsystem variabel gestalten.

Wenn in einem Unternehmen beispielsweise Liquiditätsschwierigkeiten aufgetreten sind, dann muß zuerst wieder die Zahlungsfähigkeit des Unternehmens hergestellt werden. Die Rentabilitätsziele sind dann kurzfristig zu vernachlässigen. Langfristig muß allerdings jedes Unternehmen bestrebt sein, einen guten Return on Investment (ROI) zu erwirtschaften.

MERKE

Die Zielsetzungen der Bilanzanalyse, der Bilanzkritik und der Bilanzpolitik sind für die einzelnen Unternehmen verschieden. Alle Unternehmen interessieren sich aber für die Beurteilung der gegenwärtigen und zukünftigen Ertragslage, für die Einschätzung der bilanziellen Stabilität, für die Ermittlung der Erfolgspotentiale, für die Untersuchung der Wertschöpfung und für die Reduzierung der Steuerbelastung.

Der Jahresabschluß gibt nicht einfach einen guten Einblick in diese Fragestellungen. Ein geübter Analytiker kann aber aus dem nach handels- und steuerrechtlichen Vorschriften erstellten und komplexen Zahlenmaterial entsprechende Antworten geben, wenn die Jahresabschlüsse richtig aufbereitet, gründlich analysiert und kompetent beurteilt werden.

Die Informationen aus den Jahresabschlüssen müssen verdichtet und als Entscheidungsgrundlagen systematisch eingesetzt werden. Dann können in Zukunft bessere Entscheidungen getroffen werden. Die Unternehmen haben somit bessere Chancen, die wichtigen Ziele in Zukunft schneller und konsequenter zu erreichen.

Zu den wichtigen Zielen zählen insbesondere eine gute Rentabilität des eingesetzten Kapitals, ein ergiebiger Cash-Flow, eine hohe Rentabilität des Umsatzes, eine gesicherte Zahlungsfähigkeit, eine zweckentsprechende Vermögensstruktur, eine optimal gestaltete Kapitalstruktur, ein geringer Verschuldungsgrad und eine solide Substanzerhaltung.

Die einzelnen Zielsetzungen können nicht gleichzeitig realisiert werden. Auch lassen sich die verschiedenen Ziele nicht mit der gleichen Intensität verfolgen. In den Unternehmen sollte vielmehr ein ständiger Ausgleich der Zielsetzungen erfolgen. Die Unternehmensleitung und die Führungskräfte müssen also flexibel vorgehen und das beschlossene Zielsystem variabel einsetzen.

3 Aufgaben

Die Bilanzanalyse ist ein Instrument, das einen guten Einblick in die Verhältnisse eines Unternehmens gewährt. Die Aufgaben der Analyse des Jahresabschlusses richten sich jeweils nach den Adressaten, die unterschiedliche Informationen von einer Bilanzanalyse erwarten.

Die Banken verwenden für die Bilanzanalyse einheitliche Formulare. Die errechneten Kennzahlen des Unternehmens werden dann mit Branchenkennzahlen verglichen, um die Kreiditwürdigkeit des Unternehmens zu ermitteln.

Die Durchführung der Bilanzanalyse ist vom Umfang der verfügbaren Unterlagen und Informationen abhängig. Entscheidend für die Aussagekraft der Bilanzanalyse sind allerdings die Fähigkeiten, die Kenntnisse und die Erfahrungen der Mitarbeiter, die die Bilanzanalysen vornehmen.

Der Jahresabschluß hat ein den tatsächlichen Verhältnissen entsprechendes Bild der Vermögens-, Finanz- und Ertragslage des bilanzierten Unternehmens zu vermitteln (§ 264 Abs. 2 HGB). Die Betrachtung der absoluten Zahlen erlaubt aber keinen zuverlässigen Einblick in die Verhältnisse eines Unternehmens.

Deshalb sollten Struktur-, Erfolgs- und Finanzanalysen durchgeführt werden.

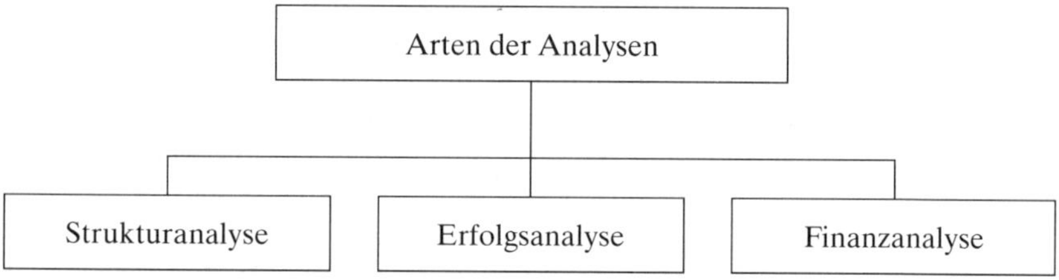

Abb.: Arten der Analysen

Weitere Spezialanalysen können erstellt werden, um bestimmte Einzelfragen der Unternehmensleitung oder der Banken zu beantworten.

Die Jahresabschlüsse dienen der jährlichen Rechenschaftslegung, Dokumentation und Information über die wirtschaftlichen Aktivitäten der Unternehmen. Diese Unterlagen geben einen Überblick über die Ertrags- und Finanzkraft der Unternehmen und erlauben eine Aussage über die Erfolge und/oder Mißerfolge der Unternehmen in den einzelnen Geschäftsjahren.

Hauptaufgaben des Jahresabschlusses

1. **Rechenschaftslegung**

   Der Jahresabschluß ist ein Rechenschaftsbericht über das abgelaufene Geschäftsjahr.

2. **Dokumentation**

   Der Jahresabschluß stellt die Zusammenfassung der Zahlen der Finanzbuchhaltung zur Sicherung von Urkunden im Interesse der Rechtssicherheit dar.

3. **Information**

   Der Jahresabschluß bedeutet auch einen Zwang zur Selbstinformation der Unternehmen und der Kapitalgeber über die Lage der Unternehmen (Gläubigerschutz).

Die Hauptaufgaben des Jahresabschlusses können in folgende Teilaufgaben unterteilt werden:

1. Konkretisierung des Erfolgs und Feststellung des ausschüttungsfähigen Gewinns
2. Entscheidungsgrundlage für die Unternehmensleitung
3. Besteuerungsgrundlage

Die Jahresabschlüsse liefern nur einen Teil der Informationen zur Beurteilung der wirtschaftlichen Situation der Unternehmen. Weitere Daten und Informationen werden zur besseren Beurteilung der Unternehmen benötigt, die vor allem von der Unternehmensleitung und den Führungskräften zur Verfügung gestellt werden müssen.

Die Aufgaben der Bilanzanalyse und Bilanzkritik werden folgendermaßen unterteilt:

3.1 Sachbezogene Aufgaben

Die sachbezogenen Aufgaben können wir nach folgenden Funktionen untergliedern:

3.1.1 Informationsfunktion

Der Wert eines Unternehmens ist transparent zu machen. Außerdem ist ein Überblick über die Unternehmensverhältnisse zu geben. Diese Informationsfunktion der Bilanzanalyse wird durch Maßnahmen der Aufbereitung und Strukturierung des Zahlenmaterials sowie durch die Kennzahlenbildung wahrgenommen.

3.1.2 Hinweisfunktion

Auf wichtige Sachverhalte im Unternehmen muß aufmerksam gemacht werden. Entscheidenden Zusammenhänge sind ebenfalls klar darzustellen. Weitere Auswirkungen auf das Unternehmen sollten verdeutlicht werden. Zur Erfüllung dieser Hinweisfunktion der Bilanzanalyse und Bilanzkritik werden Zeit- und Branchenvergleiche durchgeführt.

3.1.3 Initiativfunktion

Der Sinn der Bilanzanalyse und der Bilanzkritik besteht auch darin, aufgrund der Informationen und Hinweise neue Entscheidungen zu treffen und die Situation im Unternehmen zu verbessern. Aus den Erkenntnissen der Analysen sollten Konsequenzen gezogen werden. Die Unternehmensleitung und die Führungskräfte sind dazu anzuregen, neue Initiativen zu ergreifen, um Probleme zu beseitigen oder um neue Chancen wahrzunehmen. Die Initiativfunktion der Bilanzanalyse und der Bilanzkritik ist also besonders wichtig.

3.2 Zeitbezogene Aufgaben

Die zeitbezogenen Aufgaben sollten sich sowohl auf die Vergangenheit als auch auf die Zukunft beziehen. Deshalb ist folgende Aufteilung sinnvoll:

3.2.1 Vergangenheit

Die Bilanzanalyse und die Bilanzkritik beziehen sich meist auf eine Zustandsbetrachtung der vergangenen Jahre. Diese retrospektive Analyse beschränkt sich auf die Diagnose eines Unternehmens. Es wird meist eine Analyse des Ist-Zustandes mit Hilfe von Kennzahlen und betriebswirtschaftlichen Vergleichen vorgenommen.

3.2.2 Zukunft

Die vergangenheitsorientierte Betrachtungsweise ist allerdings zu eng. Die Bilanzanalyse und die Bilanzkritik sollten sich auch mit der Zukunft befassen. Von einer retrospektiven Analyse ist also auch auf eine prospektive Betrachtung überzugehen. Die Prognosen sind allerdings besonders schwierig, da zukünftige Entwicklungen des Unternehmens berücksichtigt werden müssen.

Es wäre gefährlich, beispielsweise eine Trendanalyse durchzuführen, die nur auf einer Extrapolation der einzelnen Daten des Unternehmens beruht. Vielmehr sollten bei der Prognose möglichst viele externe und interne Faktoren berücksichtigt werden, die auf die zukünftige Entwicklung des Unternehmens Einfluß ausüben. Zu diesen Faktoren gehören beispielsweise der Konjunkturverlauf, das Wachstum, die Nachfrageverschiebungen, die neuen Gesetze und der Umweltschutz. Außerdem sind die Führungsqualitäten der Unternehmensleitung und der Führungskräfte zu beachten.

Für die prospektiven Analysen werden insbesondere die Daten der operativen und strategischen Planung verwendet. Die wichtigsten Daten der einzelnen Pläne sollten in Planbilanzen sowie in Plan-Gewinn- und Verlustrechnungen übertragen werden.

Die Aufgaben der Bilanzanalyse und der Bilanzkritik dürfen sich also nicht nur auf die Zustandsbetrachtung und die Interpretation der Kennzahlen beschränken. Da jede Unternehmensleitung zukunftsorientiert denken und handeln sollte, ist es unbedingt erforderlich, auch die geplanten Jahresabschlüsse bereits zu analysieren und zu kritisieren, um zukünftige Stärken und Schwächen zu erkennen. Dann können wir feststellen, ob die für die Zukunft gesetzten Ziele auch erreicht werden oder nicht.

Die ermittelten Kennzahlen ermöglichen der Unternehmensleitung und den Führungskräften einen genaueren Einblick in die Vermögens-, Ertrags- und die Finanzlage des Unternehmens. Die Ergebnisse der Bilanzanalyse und der Bilanzkritik versetzen die Unternehmensleitung dann in die Lage, die Planung zu verbessern, die Kontrolle zu verfeinern und die Steuerung des Unternehmens schneller durchzuführen.

Die Bilanzanalyse und die Bilanzkritik umfassen also ein systematisches Verfahren der Erfassung und Verarbeitung des Informationsmaterials, das in der Bilanz, in der Gewinn- und Verlustrechnung, im Anhang und im Lagebericht enthalten ist, um einen besseren Einblick in die wirtschaftliche Lage und die zukünftigen Aussichten eines Unternehmens zu erhalten. Die vergangenheitsorientierten Informationen der Jahresabschlüsse dienen also auch dazu, Aussagen über die zukünftige Entwicklung der Unternehmen zu machen.

MERKE

Die Aufgaben der Bilanzanalyse, der Bilanzkritik und der Bilanzpolitik sind sehr vielfältig. Die Bilanzanalyse ist ein effizientes Instrument, das einen guten Einblick in die Verhältnisse eines Unternehmens gewährt. Die Aufgaben richten sich insbesondere nach den Adressaten, die unterschiedliche Informationen erwarten.

Die Betrachtung der absoluten Zahlen erlaubt keinen zuverlässigen Einblick in die Verhältnisse eines Unternehmens. Deshalb müssen zumindest Struktur-, Erfolgs- und Finanz-

analysen durchgeführt werden. Weitere Teilanalysen sind zu erstellen, um bestimmte Einzelfragen zu beantworten.

Die Hauptaufgaben des Jahresabschlusses umfassen die Rechenschaftslegung, die Dokumentation und die Information. Zu den Teilaufgaben gehören die Konkretisierung des Erfolges und die Feststellung des ausschüttungsfähigen Gewinns, die Entscheidungsgrundlagen für die Unternehmensleitung und die Besteuerungsgrundlagen.

Die Aufgaben der Bilanzanalyse und der Bilanzkritik können in sachbezogene und in zeitbezogene Aufgaben unterteilt werden. Die sachbezogenen Aufgaben haben Informations-, Hinweis- und Initiativsfunktionen zu erfüllen. Die zeitbezogenen Aufgaben können wir in eine vergangenheits- und eine zukunftsorientierte Betrachtungsweise aufteilen.

4 Arten der Bilanzanalyse

Bei der Bilanzanalyse unterscheiden wir eine interne und eine externe Bilanzanalyse.

4.1 Interne Bilanzanalyse

Eine interne Bilanzanalyse wird für die Unternehmensleitung und für die Führungskräfte erstellt. Bei der Durchführung dieser Analyse stehen die Unterlagen des Rechnungswesens und zusätzliche interne Informationsquellen des Unternehmens zur Verfügung. Die interne Bilanzanalyse dient im wesentlichen der Entscheidungsvorbereitung in den Bereichen Marketing und Vertrieb, Produktion, Materialwirtschaft sowie Forschung und Entwicklung.

4.2 Externe Bilanzanalyse

Eine externe Bilanzanalyse wird von Außenstehenden anhand von veröffentlichten Jahresabschlüssen durchführt. Weitere interne Unterlagen und Informationen sind normalerweise nicht vorhanden. Die Ergebnisse der externen Analyse werden vor allem dazu verwendet, Entscheidungen über eine Kreditgewährung oder über eine Beteiligung zu treffen. Der Aussagewert der publizierten Daten ist im Vergleich zu internen Informationen begrenzt, da in der Regel keine speziellen Angaben über eventuelle Über- oder Unterbewertungen einzelner Bilanzpositionen vorliegen.

MERKE

Die interne Bilanzanalyse wird für die Unternehmensleitung und für die Führungskräfte erstellt. Es können alle Unterlagen des internen Rechnungswesens und zusätzliche Informationsquellen des Unternehmens verwendet werden. Die Ergebnisse der internen Bilanzanalyse dienen als Entscheidungsgrundlage insbesondere für die Bereiche Marketing und Vertrieb, Produktion, Materialwirtschaft sowie Forschung und Entwicklung.

Die externe Bilanzanalyse beruht auf den Daten der veröffentlichten Jahresabschlüsse. Interne Unterlagen und Informationen stehen meist nicht zur Verfügung. Der Aussagewert der publizierten Daten ist im Vergleich zu den internen Informationen begrenzt. Spezielle Angaben über eventuelle Über- oder Unterbewertungen einzelner Bilanzpositionen sind in der Regel nicht vorhanden. Über stille Reserven können also nur Vermutungen angestellt werden.

5 Adressaten

Der Jahresabschluß ist insbesondere ein Instrument der Rechenschaftslegung und der Informationsvermittlung. Folgende Adressaten sind an der Rechenschaftslegung und an der Informationsvermittlung besonders interessiert:

5.1 Gesellschafter, potentielle Anleger

Den Gesellschaftern (Kapitalgebern) ist Rechenschaft über die Aktivitäten und die wirtschaftliche Situation der Unternehmen abzulegen. Diese Gruppe stellt das Kapital zur Verfügung und ermöglicht damit den Betrieb eines Unternehmens. Die Gesellschafter haften mit ihrem Kapital gegenüber den Gläubigern und haben Anspruch auf einen Gewinn bei erfolgreicher Tätigkeit des Unternehmens.

Die Aktionäre in einer AG sind an den Entscheidungen über die laufenden Geschäfte nicht beteiligt, da der Vorstand ihr Eigentum verwaltet. Die Trennung von Kapitalgebern und dem Vorstand erfordert also eine genaue Berichterstattung und Information. Die Gesellschafter einer GmbH oder von Personengesellschaften erkennen aufgrund der Rechenschaftslegung, was mit dem zur Verfügung gestellten Kapital geschehen ist und mit welchen Gewinnausschüttungen zu rechnen ist. Die Gesellschafter haben Eigentums- und Mitgliedschaftsrechte. Deshalb sind sie daran interessiert, daß ein Steuerberater oder Wirtschaftsprüfer den Jahresabschluß auf

Ordnungsmäßigkeit nach Gesetz und Satzung überprüft. Die Gewinnermittlung sollte nicht zu stark durch bilanzpolitische Maßnahmen verfälscht werden.

Auch die potentiellen Anleger benötigen Informationen über die Situation der Unternehmen für ihre Anlageentscheidungen. Die Anleger möchten sich ein Urteil über die Sicherheit und Rentabilität ihrer Investitionen bilden können.

5.2 Banken, Lieferanten, Kunden

Für die Banken, Lieferanten und Kunden ermöglicht die Offenlegung des Jahresabschlusses, sich über die wirtschaftliche Lage der Unternehmen zu informieren. Es geht insbesondere um die Sicherheiten für die den Unternehmen gewährten Kredite.

Die Banken prüfen die Kreditwürdigkeit der Unternehmen, bevor Kredite gewährt werden. Deshalb sind die Banken daran interessiert, ob die Zinszahlungen und Tilgungen geleistet werden können. Der Jahresabschluß liefert Hinweise über die Bonität. Die Liquidität, der Umsatz sowie die Vermögens- und Kapitalstruktur stellen für die Banken wichtige Daten dar. Für langfristige Kredite sind die Zukunftsaussichten und die langfristige Ertragskraft der Unternehmen von besonderer Bedeutung.

Die Lieferanten möchten ebenfalls über die Kreditwürdigkeit der Unternehmen Bescheid wissen. Wenn Lieferungen und Leistungen auf Ziel erfolgen, dann geht es darum, ob die Unternehmen in der Lage sind, kurz- und langfristig den Zahlungsverpflichtungen nachzukommen oder nicht.

Auch die guten Kunden sind daran interessiert, ob der Jahresabschluß positiv oder negativ beurteilt wird. Die Geschäftsbeziehungen reichen meist in die Zukunft. Deshalb muß sichergestellt werden, daß die Unternehmen z. B. Rohstoffe oder Teile langfristig in gleichmäßiger Qualität liefern können oder nicht. Für mögliche Garantieansprüche, für die Wartung oder für Ersatzteillieferung ist der Fortbestand der Unternehmen von großer Bedeutung.

5.3 Arbeitnehmer, Gewerkschaften

Die Arbeitnehmer haben auch ein Interesse am Jahresabschluß der Unternehmen. Die Arbeitsplätze, das Einkommen und das berufliche Fortkommen hängen stark von der zukünftigen Entwicklung eines Unternehmens ab.

Auch die Gewerkschaften benötigen Informationen über die einzelnen Unternehmen für ihre Tarifverhandlungen. Die Leistungsfähigkeit der Unternehmen kann aufgrund der Jahresabschlüsse ermittelt werden.

Die Mitbestimmungs- und Betriebsverfassungsgesetze räumen den Arbeitnehmern bestimmte Rechte ein. Um diese Rechte richtig wahrnehmen zu können, benötigen die Arbeitnehmer einen Einblick in die Jahresabschlüsse der Unternehmen.

5.4 Öffentlichkeit

Zu der interessierten Öffentlichkeit gehören beispielsweise die Presse, die Industrie- und Handelskammern, die Forschungsinstitute, die Verbände, die staatlichen Institutionen, die Aufsichtsbehörden und die Konkurrenz. Die einzelnen Interessengruppen nehmen deshalb Einblick in die Jahresabschlüsse der Unternehmen.

Nach der Analyse der Jahresabschlüsse ist die Öffentlichkeit meist in der Lage, sich eine Meinung über die zukünftige Entwicklung einzelner Unternehmen, Branchen oder Regionen zu bilden.

5.5 Finanzamt

Das Finanzamt hat ein besonderes Interesse an den Jahresabschlüssen der Unternehmen. Die ausgewiesenen Gewinne sind die Bemessungsgrundlage für die Einkommen-, Körperschaft- und Gewerbeertragsteuern. Die steuerlichen Vorschriften sollen bezwecken, daß die Unternehmen einen möglichst richtigen und gleichmäßigen Periodengewinn ausweisen.

5. 6 Unternehmensleitung

Für die Unternehmensleitung ist die Bilanzanalyse und die Bilanzkritik des eigenen Jahresabschlusses ebenfalls wichtig. Die Ergebnisse der Bilanzanalyse und der Bilanzkritik zeigen auf, wie erfolgreich das eine oder andere Unternehmen gewirtschaftet hat.

In kleinen und mittleren Unternehmen stellt der gesetzlich vorgeschriebene Jahresabschluß oft das einzige kontinuierliche und systematisch erstellte Rechenwerk dar, das Einblick in die Entwicklung eines Unternehmens gewährt. Eine aussagefähige Kosten- und Leistungsrechnung ist in einigen Unternehmen noch nicht vorhanden. In diesen Unternehmen wird das Zahlenmaterial des Jahresabschlusses auch als Planungs-, Kontroll- und Steuerungsinstrument eingesetzt.

Größere Unternehmen verfügen über zusätzliche Steuerungsinstrumente wie beispielsweise die kurzfristige Erfolgsrechnung. Außerdem befassen sich größere Unternehmen intensiver mit der Bilanzanalyse und der Bilanzkritik, um die Stärken und Schwächen des eigenen Unternehmens zu ermitteln. Allerdings sollte beachtet werden, daß eine aussagefähigere Analyse nur mit den Zahlen der Kosten- und Leistungsrechnung möglich ist, da dieses Zahlenmaterial auf die Substanzerhaltung der Unternehmen besonderen Wert legt.

MERKE

Der Jahresabschluß ist ein wichtiges Instrument der Rechenschaftslegung und der Informationsvermittlung für die einzelnen Adressaten. Neben den Gesellschaftern und potentiellen Anlegern gehören die Banken, die Lieferanten und die Kunden, die Arbeitnehmer und die Gewerkschaften, die interessierte Öffentlichkeit, das Finanzamt und insbesondere die Unternehmensleitung zu den wichtigen Adressaten des Jahresabschlusses.

Die einzelnen Adressaten verfolgen unterschiedliche Interessen. Deshalb ist auch das Informationsbedürfnis meist verschieden. Die Banken beispielsweise ermitteln mit den Daten der Jahresabschlüsse die Kreditwürdigkeit ihrer Kunden. Die Unternehmensleitung selbst möchte mehr über die Stärken und Schwächen des eigenen Unternehmens im Vergleich zur Konkurrenz erfahren, um in Zukunft bessere Entscheidungen zu treffen.

6 Bilanzarten

Wir unterscheiden verschiedene Bilanzarten, die eine unterschiedliche Bedeutung haben.

6.1 Interne und externe Bilanzen

Die internen Bilanzen werden für die Unternehmensleitung erstellt, um ein genaueres Bild über die Lage des Unternehmens zu erhalten. Die Zahlen der internen Bilanz dienen dazu, einzelne Dispositionen zu treffen. Die Wertansätze sollten so realistisch wie möglich angesetzt werden und orientieren sich meist nicht an den Vorschriften des Handels- und Steuerrechts.

Diese Bilanzen können als Monats-, Quartals-, Halbjahres- oder Jahresabschlüsse aufgestellt werden. Der Inhalt der internen Bilanzen richtet sich insbesondere nach der Zwecksetzung der Unternehmensleitung.

Die externen Bilanzen werden dagegen nach den handels- und steuerrechtlichen Vorschriften erstellt. Sie wenden sich an verschiedene Interessengruppen.

Die außenstehenden Adressanten erhalten die externen Bilanzen. Sie dienen der Kreditwürdigkeitsprüfung und der Steuerfestsetzung. Deshalb werden diese Bilanzen von einem Steuerberater oder Wirtschaftsprüfer erstellt und mit einem Testat versehen.

6.2 Ordentliche und außerordentliche Bilanzen

Die ordentlichen Bilanzen werden am Schluß eines jeden Geschäftsjahres erstellt. Diese Bilanzen dienen regelmäßig als Grundlage für die Bilanzanalyse und die Bilanzkritik.

Die außerordentlichen Bilanzen sind Sonderbilanzen, die nur zu bestimmten Anlässen aufgestellt werden. Folgende Sonderbilanzen können wir unterscheiden:

1. Gründungs-Bilanz
2. Umwandlungs-Bilanz
3. Auseinandersetzungs-Bilanz
4. Fusions-Bilanz
5. Sanierungs-Bilanz
6. Liquidations-Bilanz
7. Vergleichs-Bilanz
8. Konkurs-Bilanz

6.3 Handels- und Steuerbilanzen

Den Handels- und Steuerbilanzen liegen unterschiedliche Rechtsnormen zugrunde. Bei beiden Bilanzen handelt es sich um externe und ordentliche Bilanzen.

Die kleinen und mittleren Unternehmen erstellen meist nur eine Steuerbilanz. Die Kapitalgesellschaften und große Personengesellschaften dagegen müssen neben einer Handels- auch eine Steuerbilanz aufstellen.

Die Handelsbilanz wird nach handelsrechtlichen Vorschriften erstellt. Die allgemeinen rechtlichen Grundlagen stehen im Handelsgesetzbuch, das für alle Kaufleute gilt. Daneben gibt es noch Sonderregelungen im Aktiengesetz, GmbH-Gesetz, Genossenschafts-Gesetz und Publizitäts-Gesetz. In den Geschäftsberichten der Unternehmen werden nur die Handelsbilanzen aufgeführt und erläutert.

Die Steuerbilanzen richten sich nach den Vorschriften des Steuerrechts. Sie dienen nur dem Finanzamt als Grundlage für die Besteuerung. Die Ertragssteuerbilanzen werden jährlich für die Zwecke der Veranlagung zur Einkommen- und Körperschaftsteuer sowie zur Gewerbesteuer erstellt. Die Vermögensteuerbilanzen dagegen dienen nur zur Festlegung der Vermögensteuer.

6.4 Einzel-, Gemeinschafts- und Konzernbilanzen

Die Einzelbilanz wird von jedem Einzelunternehmen aufgestellt, das für sich allein bilanziert. Eine Gemeinschaftsbilanz kommt für eine bilanzierende Gruppe in Frage, die aus wirtschaftlich und rechtlich selbständigen Mitgliedern besteht.

Von Konzernbilanzen sprechen wir, wenn die bilanzierenden Unternehmen zwar rechtlich selbständig sind, aber wirtschaftlich in einem Über- oder Unterordnungsverhältnis zueinander stehen. In der Konzernbilanz werden alle Unternehmen zusammengefaßt, die rechtlich selbständig sind, wirtschaftlich jedoch eine Einheit bilden.

MERKE

Die verschiedenen Bilanzarten haben eine unterschiedliche Bedeutung. Neben den internen und externen Bilanzen unterscheiden wir die ordentlichen und außerordentlichen Bilanzen, die Handels- und Steuerbilanzen sowie die Einzel-, Gemeinschafts- und Konzernbilanzen.

7 Inhalt der Bilanzanalyse

Wenn es um den Inhalt der Bilanzanalyse geht, unterscheiden wir die formale und die materielle Bilanzanalyse.

7.1 Formale Bilanzanalyse

Bei der formalen Bilanzanalyse erfolgt eine Überprüfung, ob der Jahresabschluß mit den gesetzlichen Vorschriften übereinstimmt. Es wird festgestellt, daß die Bilanz, die GuV sowie der Anhang den Ausweis-, Gliederungs-, Benennungs- und Übersichtlichkeitsgesichtspunkten entsprechen, die vom Handelsrecht einschließlich den Grundsätzen ordnungsmäßiger Buchführung vorgeschrieben werden.

Die Buchführung und die Jahresabschlüsse der mittelgroßen und großen Kapitalgesellschaften sowie der anderen publizitätspflichtigen Unternehmen werden durch Wirtschaftsprüfer überprüft (§§ 316, 317 HGB). Die anderen Unternehmen prüfen die Steuerberater. Bei einer positiven Prüfung lautet der Vermerk des Abschlußprüfers: „Die Buchführung und der Jahresabschluß entsprechen nach meiner pflichtgemäßen Prüfung den gesetzlichen Vorschriften und der Satzung. Der Jahresabschluß vermittelt unter Beachtung der Grundsätze ordnungsgemäßiger Buchführung ein den tatsächlichen Verhältnissen entsprechendes Bild der Vermögens-, Finanz- und Ertragslage der Gesellschaft" (§ 322 Abs. 1 HGB).

Sollte das Ergebnis der Prüfung nicht positiv sein, hat der Prüfer den Bestätigungsvermerk einzuschränken oder zu versagen (§ 322 Abs. 3 HGB). Wenn ein uneingeschränkter Bestätigungsvermerk (Testat) vorliegt, können wir davon ausgehen, daß der vorliegende Jahresabschluß formal in Ordnung ist.

Die formale Bilanzanalyse stellt kein besonderes Problem dar. Der Steuerberater oder der Wirtschaftsprüfer bescheinigen durch das Testat, daß der Jahresabschluß den gesetzlichen Vorschriften und der Satzung entspricht. Wir können also davon ausgehen, daß der Jahresabschluß auf formale Richtigkeit überprüft wurde.

Das Testat des Abschlußprüfers bezieht sich aber nur auf die Einhaltung der Rechnungslegungsvorschriften nach Gesetz und Satzung. Der Abschlußprüfer gibt allerdings kein Urteil über die wirtschaftliche Situation des Unternehmens ab. Der Bestätigungsvermerk macht also keinesfalls die Bilanzanalyse und die Bilanzkritik des Jahresabschlusses in Hinblick auf die wirtschaftlichen Verhältnisse des Unternehmens überflüssig.

Die formale Bilanzanalyse bezieht sich also auf die Beurteilung der äußeren Form und die Aufmachung der Bilanz. Es wird auch überprüft, ob die einschlägigen Vorschriften des Handels- und Steuerrechts beachtet wurden. Die Grundsätze der Bilanzierung müssen ebenfalls berücksichtigt werden.

Die großen Kapitalgesellschaften legen oft besonderen Wert auf das äußere Erscheinungsbild des Jahresabschlusses. Deshalb gestalten sie den Geschäftsbericht möglichst eindrucksvoll und attraktiv. Sie präsentieren den Geschäftsbericht in einer Form, die sowohl die erforderlichen Zahlen als auch graphische Darstellungen zum besseren Verständnis des Inhalts enthält.

7.2 Materielle Bilanzanalyse

Die materielle Bilanzanalyse befaßt sich mit der Aufbereitung und mit der sachlichen Auswertung des gesammelten Datenmaterials. Mit Hilfe von Kennzahlen werden betriebswirtschaftliche Aussagen über den Zustand, die bisherige Entwicklung und die zukünftigen Perspektiven des Unternehmens gemacht.

Im Anhang finden wir Informationen über die Bewertungs- und Abschreibungsmethoden, über die Änderung dieser Methoden und über außerplanmäßige Abschreibungen und Wertberichtigungen. Derartige Angaben deuten meist auf die Bildung stiller Reserven hin. Wenn beispielsweise vermerkt ist, daß von den steuerlichen Sonderabschreibungsmöglichkeiten höchstmöglicher Gebrauch gemacht wurde, dann ist dies ein deutlicher Hinweis auf die Bildung von stillen Reserven. Die steuerlichen Abschreibungsmöglichkeiten erlauben nämlich viel niedrigere Wertansätze für die Vermögensgegenstände als dies nach handelsrechtlichen Vorschriften erlaubt ist. Diese Gesichtspunkte sind also bei der materiellen Bilanzanalyse zu berücksichtigen.

MERKE

Vom Inhalt her unterscheiden wir die formale und die materielle Bilanzanalyse. Bei der formalen Bilanzanalyse erfolgt eine Überprüfung, ob der Jahresabschluß mit den gesetzlichen Vorschriften übereinstimmt. Die formale Bilanzanalyse stellt für den Analytiker kein besonderes Problem dar. Der Steuerberater oder der Wirtschaftsprüfer bescheinigen durch das uneingeschränkte Testat, daß der Jahresabschluß den gesetzlichen Vorschriften und der Satzung entspricht. Wir können dann davon ausgehen, daß der Jahresabschluß auf seine formale Richtigkeit überprüft wurde.

Die materielle Bilanzanalyse befaßt sich mit der Aufbereitung und mit der betriebswirtschaftlichen Auswertung des Zahlenmaterials im Jahresabschluß. Mit Hilfe von Kennzahlen werden betriebswirtschaftliche Aussagen über den jetzigen Zustand, die bisherige Entwicklung und die zukünftigen Perspektiven gemacht.

Im Anhang finden wir Angaben über die Bilanzierung und Bewertung der einzelnen Positionen der Bilanz. Auch die Posten der GuV werden im Anhang erläutert. Bei der materiellen Bilanzanalyse erfolgt auch eine Untersuchung über das Vorhandensein möglicher stiller Reserven im Unternehmen.

8 Kennzahlen

Die Kennzahlen stellen verdichtete Informationen dar. In komprimierter Form können betriebswirtschaftliche Zusammenhänge klar aufgezeigt werden.

Die Bildung von Kennzahlen erleichtert die Auswertung der gesammelten Informationen und der im Jahresabschluß zusammengestellten Daten. Die Kennzahlen sind also betriebswirtschaftlich relevante Zahlen, die meßbare betriebliche Tatbestände zusammenfassen.

Die Kennzahlen dienen also als Instrument zur Auswertung des Jahresabschlusses. Sie haben folgende Bedeutung:

1. Sie machen bestimmte Sachverhalte sichtbar, die anders nicht zu erkennen sind, z. B. Gesamtkapital-Rentabilität.
2. Sie erhöhen die Transparenz in den Unternehmen.
3. Sie verdichten Sachverhalte auf eine aussagefähige Zahl.

4. Sie ermöglichen Vergleiche mit anderen Unternehmen der gleichen Branche.
5. Sie erleichtern die Beurteilung der wirtschaftlichen Lage der Unternehmen.
6. Sie ermöglichen Einblicke in Teilbereiche der Unternehmen.
7. Sie decken Schwächen auf.
8. Sie lassen Stärken erkennen.
9. Sie vermitteln ein Bild der Situation eines Unternehmens.
10. Sie lassen Interdependenzen erkennen.
11. Sie sind eine Momentaufnahme, wenn sie aus den Bilanzposten errechnet werden.
12. Sie betreffen den Zeitraum, wenn die Kennzahlen aus der GuV stammen.
13. Sie erleichtern die Interpretation von Tatbeständen.
14. Sie verfeinern die Bildung von Urteilen.
15. Sie haben vielfach eine Signalwirkung.
16. Sie liefern Maßstäbe für die Beurteilung von betriebswirtschaftlichen Sachverhalten.

Wichtig ist die richtige Interpretation der Kennzahlen. Die Beurteilung der Kennzahlen ist in der Praxis oft schwierig und fehlerhaft. Die einzelnen Kennzahlen dürfen nicht isoliert betrachtet werden. Die Beurteilung der Kennzahlen sollte stets im Zusammenhang mit anderen Erkenntnissen vorgenommen werden.

Zur Untersuchung von Unternehmen stellen die Kennzahlen ein geeignetes Instrument dar. Die Kennzahlen erleichtern die Beurteilung der Unternehmen. Dabei kommt es insbesondere auf die richtige Auswahl, die genaue Errechnung und den sinnvollen Vergleich von Kennzahlen an. Die Bilanzanalyse und die Bilanzkritik beruhen im wesentlichen auf der Ermittlung und der Interpretation von Kennzahlen. Die mit Hilfe der Kennzahlen gewonnenen Erkenntnisse können noch durch zusätzliche Informationen ergänzt werden.

Die Kunst der Bilanzanalyse und der Bilanzkritik besteht also darin, die jeweils zweckmäßigen Kennzahlen auszuwählen und korrekt zu interpretieren. Es hat keinen Sinn, eine Menge von Kennzahlen zu errechnen, die dann nicht richtig ausgewertet werden. Die sinnvolle Auswahl der wichtigsten Kennzahlen für die Struktur-, Erfolgs- und Finanzanalysen und die korrekte Interpretation dieser Kennzahlen ist also von besonderer Bedeutung.

Die einzelnen Bilanzpositionen haben nur eine begrenzte Aussagekraft. Für den Leser einer Bilanz bedeutet zum Beispiel die Position Verbindlichkeiten aus Lieferungen und Leistungen in Höhe von 598 TDM recht wenig. Diese Position gewinnt an Bedeutung, wenn wir diese Zahl in Verbindung mit dem Materialaufwand plus Mehrwertsteuer bringen. Dann erhalten wir den Kreditoren-Umschlag.

Der Kreditoren-Umschlag wird wie folgt errechnet:

$$\text{Kreditoren-Umschlag} = \frac{\text{Materialaufwand + Mehrwertsteuer}}{\text{Durchschn. Verbindlichkeiten aus L + L}}$$

Wenn das Ergebnis dieser Analyse fünf beträgt, dann ist diese Kennzahl für viele Führungskräfte nicht aussagefähig. Deshalb sollten 360 Tage durch den Kreditoren-Umschlag geteilt werden. Dann erhalten wir das Lieferantenziel.

Das Lieferantenziel errechnen wir wie folgt:

$$\text{Lieferantenziel} = \frac{360}{\text{Kreditoren-Umschlag}}$$

$$= \frac{360}{5} = 72 \text{ Tage}$$

Der Kreditoren-Umschlag von 5 bedeutet also, daß das Unternehmen die Lieferantenrechnungen im Durchschnitt erst nach 72 Tagen bezahlt. Da die Zahlungsbedingungen meist 10 Tage 3 % und 30 Tage netto lauten, ist dieses Ergebnis als problematisch zu betrachten. Das Unternehmen nützt nicht die Skontierung aus und zahlt erst nach 72 Tagen. Diese Tatsache läßt darauf schließen, daß das Unternehmen Liquiditätsschwierigkeiten hat.

Für die einzelnen Bilanzpositionen sollten sinnvolle Beziehungen gesucht werden. Im Vergleich zu dem Ausgangswert können dann verbesserte Informationen erarbeitet werden.

Eine Kennzahl stellt grundsätzlich eine Kombination von Zahlen dar, zwischen denen bestimmte Beziehungen bestehen. Es entsteht eine neue Größe, die im Vergleich zu den Ausgangsgrößen zusätzliche Erkenntnisse vermittelt.

8.1 Arten der Kennzahlen

Wir können verschiedene Arten der Kennzahlen unterscheiden. Neben den absoluten Kennzahlen kennen wir noch Verhältniszahlen und Richtzahlen.

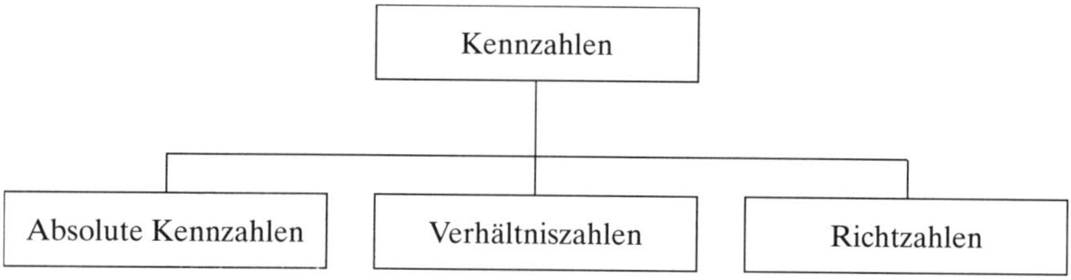

Abb.: Arten der Kennzahlen

8.1.1 Absolute Kennzahlen

Die absoluten Kennzahlen (Grundzahlen) können direkt aus der Bilanz oder der GuV entnommen werden. Es handelt sich um Einzelzahlen, Summen, Differenzen oder Mittelwerte.

Beispiel: Bilanzgewinn, Forderungen aus Lieferungen und Leistungen, Anlagevermögen

Die absoluten Zahlen stellen aber noch keine wesentliche Information dar. Die Bedeutung der einzelnen Größen wird erst sichtbar, wenn wir sie mit anderen Zahlen vergleichen. Deshalb verwenden wir in der Bilanzanalyse und in der Bilanzkritik vor allem Verhältniszahlen.

8.1.2 Verhältniszahlen

Die Verhältniszahlen (Relativzahlen) werden ermittelt, wenn wir die absoluten Zahlen zueinander in Beziehung setzen. Eine Größe messen wir an einer anderen Zahl. Die Masse, an der gemessen wird, bezeichnen wir als Bezugsgröße.

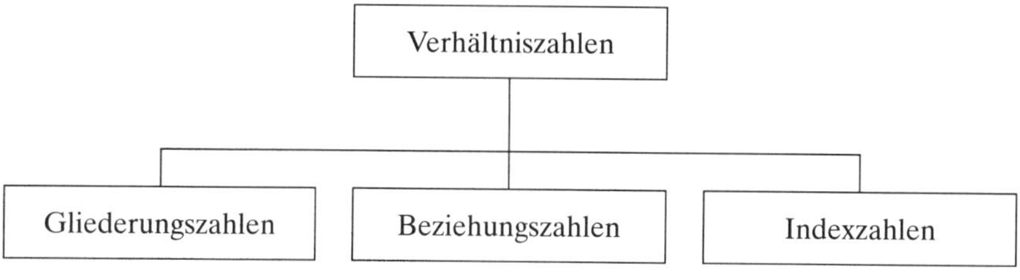

Abb.: Arten der Verhältniszahlen

Wir unterscheiden drei verschiedene Verhältniszahlen, die bei der Bilanzanalyse eine unterschiedliche Bedeutung haben.

8.1.2.1 Gliederungszahlen

Bei Gliederungszahlen setzen wir eine Teilmasse zu der zugehörigen Gesamtmasse in Beziehung. Es wird ermittelt, welche Relation zwischen der Teilgröße und der entsprechenden Gesamtgröße besteht. Die Gliederungszahlen haben gegenüber absoluten Zahlen den Vorteil, daß Größenordnungen und strukturelle Beziehungen klar dargestellt werden können.

Beispiel: Eigenkapitalquote

$$\text{Eigenkapitalquote} = \frac{\text{Eigenkapital}}{\text{Gesamtkapital}} \times 100$$

8.1.2.2 Beziehungszahlen

Bei Beziehungszahlen werden wesensverschiedene absolute Zahlen zueinander in Beziehung gesetzt, die aber in einem inneren Zusammenhang stehen. Beziehungszahlen erleichtern den Einblick in bestimmte Zusammenhänge. Die in einen Zusammenhang gebrachten Tatbestände können sehr komplexer Natur sein.

Beispiel: Deckungsgrad I

$$\text{Deckungsgrad I} = \frac{\text{Eigenkapital}}{\text{Anlagevermögen}} \times 100$$

8.1.2.3 Indexzahlen

Bei Indexzahlen (Meßzahlen) werden gleichartige, aber zeitlich oder räumlich verschiedene Massen zu einer Basismasse in Beziehung gesetzt. Eine Indexzahl gibt an, um wieviel Prozent sich ein bestimmter Vergleichswert im Berichtsjahr gegenüber dem Wert des Ausgangsjahres verändert hat, der gleich 100 gesetzt ist. Es muß darauf geachtet werden, daß der Ausgangswert des Basisjahres repräsentativ ist und nicht durch zufällige saisonale oder strukturelle Störeinflüsse verzerrt ist.

Beispiel: Verhältnis der Umsatzerlöse verschiedener Jahre zu dem Umsatzerlös eines bestimmten Basisjahres

8.1.3 Richtzahlen

Von Richtzahlen sprechen wir, wenn die Zahlen des analysierten Unternehmens zu branchenspezifischen Durchschnittszahlen in Beziehung gesetzt werden, die einen repräsentativen Querschnitt von Unternehmen eines Industriezweigs erfassen. Es kann auch eine Durchschnittsgröße am Markt mit einer Kennzahl im Unternehmen verglichen werden.

Beispiel: Der durchschnittliche Zinssatz des Kapitalmarktes kann als Maßstab für die Beurteilung der Gesamtkapital-Rentabilität des analysierten Unternehmens herangezogen werden.

8.2 Kennzahlensystem

Verschiedene Kennzahlen können zu einem Kennzahlensystem zusammengestellt werden. Dadurch ist es möglich, übergeordnete und untergeordnete Kennzahlen miteinander zu verknüpfen. Die Abhängigkeiten, die Zusammenhänge und die Querverbindungen werden dann deutlich gemacht. Wir sind in der Lage, eine Zielhierarchie im Unternehmen anhand von Kennzahlen aufzubauen.

Als Kennzahlensystem eignet sich insbesondere ein System, das mit dem ROI beginnt. Dieses Kennzahlensystem ist deshalb so bedeutsam, weil der ROI eine der wichtigsten Kennzahlen der Bilanzanalyse und der Bilanzkritik darstellt.

$$\text{Gesamtkapital-Rentabilität} = \frac{G + Z_{FK}}{GK} \times 100$$

$$\text{ROI} = \frac{G + Z_{FK}}{U} \times 100 \times \frac{U}{GK}$$

G = Gewinn
Z_{FK} = Fremdkapitalzinsen
GK = Gesamtkapital
U = Umsatz

Der Return on Investment (ROI) ist identisch mit der Gesamtkapital-Rentabilität. In die Formel für die Gesamtkapital-Rentabilität wird im Nenner und Zähler jeweils der Umsatz zusätzlich aufgenommen. Dadurch erhalten wir zwei neue Kennzahlen, nämlich die Umsatz-Rentabilität und die Kapitalumschlagshäufigkeit. Beim ROI handelt es sich also um eine erweiterte Form der Gesamtkapital-Rentabilität. In dieser Formel werden die Beziehungen zwischen Gewinn, Umsatz und eingesetztem Gesamtkapital dargestellt.

Der ROI wird wie folgt errechnet:

$$\text{ROI} = \underbrace{\frac{G + Z_{FK}}{U} \times 100}_{\downarrow} \times \underbrace{\frac{U}{GK}}_{\downarrow}$$

= Umsatz-Rentabilität x Kapitalumschlagshäufigkeit

Die wichtigste Rentabilitäts-Kennziffer ist also der ROI. Er eignet sich besonders wegen der detaillierten Darstellungsmöglichkeiten für die Steuerung der Unternehmen. Mit Hilfe des ROI erhalten wir einen besseren Einblick in die Ertragskraft der Unternehmen. Dadurch wird die Transparenz der Unternehmen erhöht.

Der ROI gibt Aufschluß darüber, ob die Veränderung der Gesamtkapital-Rentabilität auf einer Veränderung der Umsatz-Rentabilität und/oder der Kapitalumschlagshäufigkeit zurückzuführen ist. Es besteht allerdings auch die Möglichkeit, daß sich in einem Geschäftsjahr die Umsatz-Rentabilität verschlechtert und sich die Kapitalumschlagshäufigkeit gleichzeitig verbessert hat. Gegenläufige Entwicklungen werden also bei der Verwendung der ROI-Formel aufgedeckt.

Der ROI erlaubt einen besseren Einblick in die Unternehmen. Es können die Abhängigkeiten und Zusammenhänge in den Unternehmen klarer dargestellt werden. Zur besseren Steuerung der Unternehmen eignet sich der ROI dadurch, daß er die Transparenz der einzelnen Vorgänge im Unternehmen wesentlich erhöht.

Wenn der ROI grafisch dargestellt wird, können die Wirkungen der einzelnen Maßnahmen im Unternehmen einfach nachvollzogen werden, die von der Unternehmensleitung oder den Führungskräften eingeleitet und durchgeführt werden. Fehlentscheidungen sind dabei leicht und schnell aufzudecken.

Der ROI ist auch ein Orientierungsrahmen für den Finanzmanager. Wie aus der Formel und aus dem Schema hervorgeht, ist der ROI das Produkt aus der Umsatz-Rentabilität und der Kapitalumschlagshäufigkeit.

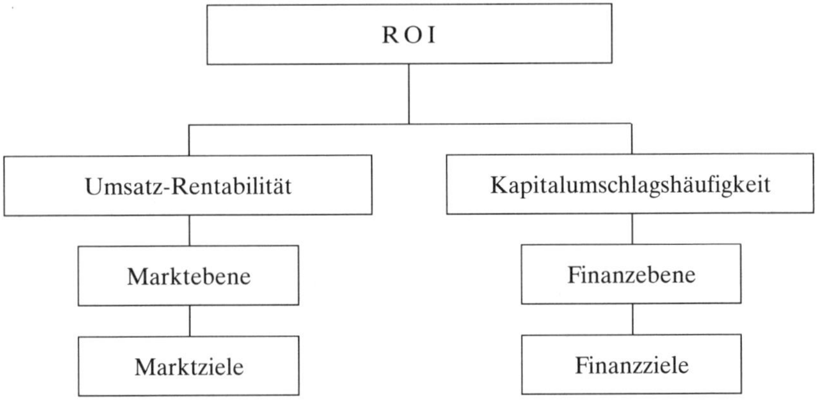

Abb.: ROI-Analyse

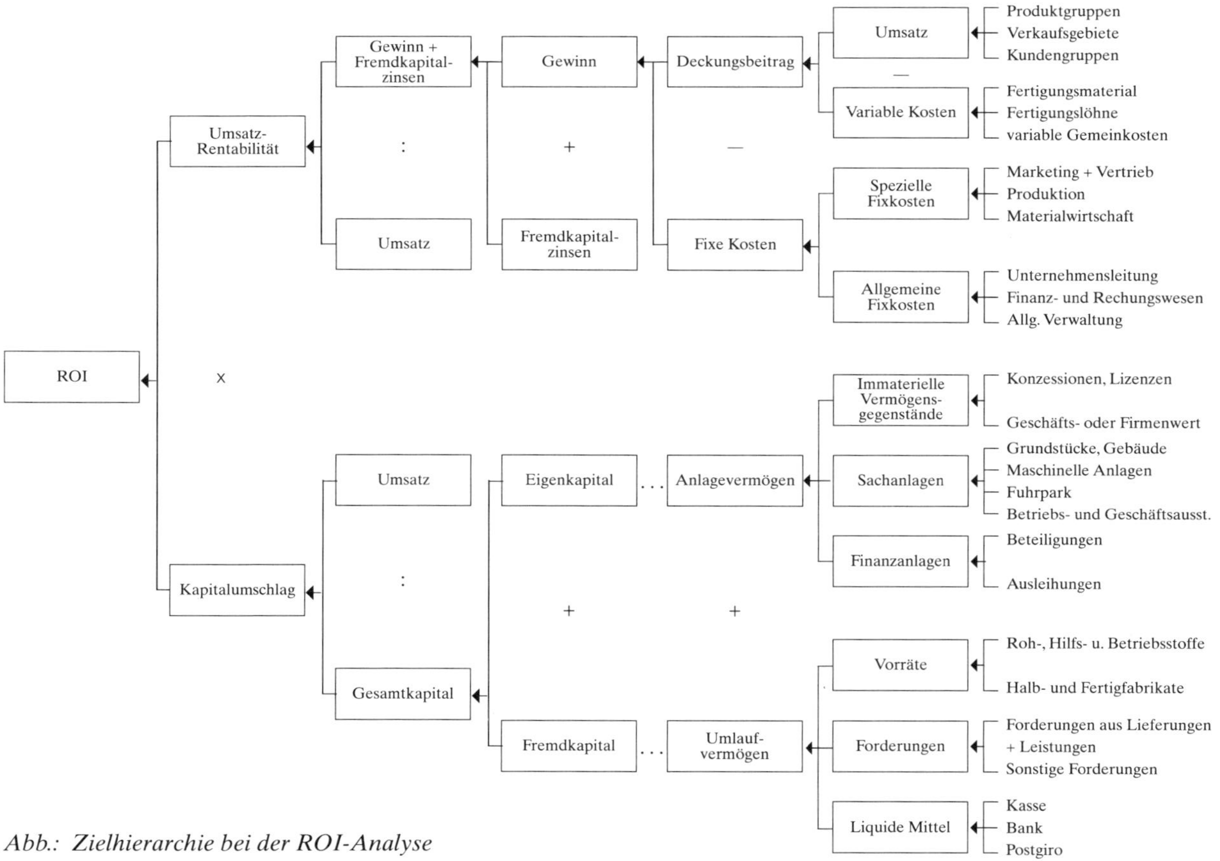

Abb.: Zielhierarchie bei der ROI-Analyse

Die Umsatz-Rentabilität bezieht sich auf die Marktebene und kann durch die Realisierung von guten Marktzielen verbessert werden. Eine systematische Erhöhung der Deckungsbeiträge der einzelnen Produkte führt zu einer höheren Umsatz-Rentabilität. Die Verminderung der fixen Kosten bringt den gleichen Effekt.

Die Kapitalumschlagshäufigkeit dagegen wird auf der Finanzebene durch die Verwirklichung von Finanzzielen beeinflußt. Die Verbesserung der Kapitalstrukturen und der Vermögensrelationen führt zu einer Erhöhung der Umschlagshäufigkeit des Kapitals. Wenn wir die Position Eigenkapital zu Anlagevermögen und Fremdkapital zu Umlaufvermögen vergleichen, können wir überprüfen, ob die Finanzierungsregeln im Unternehmen eingehalten werden oder nicht.

Beim ROI lassen sich Zusammenhänge und Abhängigkeiten einzelner Teilziele leicht erkennen. Für die Unternehmensleitung und die Führungskräfte ist auch der Wirkungszusammenhang zwischen der Markt- und Finanzebene von großer Bedeutung.

Die Planung, Kontrolle und Steuerung kann mit Hilfe des ROI positiv beeinflußt werden, da die Auswirkungen der einzelnen Entscheidungen im Unternehmen schnell und einfach nachvollziehbar sind. Mit dem ROI-Entscheidungsbaum ist eine Top-Down-Planung oder eine Bottom-Up-Planung zu realisieren.

Wenn die Top-Down-Planung im Unternehmen praktiziert wird, gibt die Unternehmensleitung das ROI-Ziel von beispielsweise 12 % vor. Die einzelnen Verantwortungsbereiche haben dann die Aufgabe, in ihren Bereichen entsprechende Teilziele zu verwirklichen, die dann letztlich zur Erreichung des ROI-Zieles führen.

Bei der Bottom-Up-Planung dagegen werden zuerst die Teilziele in den einzelnen Verantwortungsbereichen festgelegt. Dann kann anschließend errechnet werden, welcher ROI im geplanten Geschäftsjahr schließlich erzielt wird.

Am besten sollte das Gegenstrom-Verfahren in den Unternehmen verwirklicht werden. Durch die ständigen Rückkopplungen können dann die Abstimmungen in den einzelnen Verantwortungsbereichen vorgenommen werden, um einen guten ROI zu erwirtschaften. In der Praxis hat sich der gegenläufige Planungsprozeß bewährt.

In der bisherigen Formel wurden die Daten in erster Linie aus der Gewinn- und Verlustrechnung sowie aus der Bilanz verwendet. Wenn wir weitere Daten aus der Kosten- und Leistungsrechnung nehmen, lautet die ROI-Formel wie folgt:

$$\text{ROI} = \frac{\text{BE} + \text{Kal. Z}}{\text{U}} \times 100 \times \frac{\text{U}}{\text{Betr. K}}$$

BE = Betriebsergebnis
Kal. Z = kalkulatorische Zinsen
U = Umsatz
Betr. K = Betriebsnotwendiges Kapital

Sobald eine aussagefähige Kosten- und Leistungsrechnung im Unternehmen eingeführt ist, sollten alle Daten aus dieser internen Rechnung eingesetzt werden, da diese Daten eine noch bessere betriebswirtschaftliche Analyse des Unternehmens mit Hilfe des ROI ermöglichen.

Das Kennzahlensystem dokumentiert die logische und/oder rechnerische Verknüpfung von Kennzahlen, die zueinander in einem Abhängigkeitsverhältnis stehen. Der ROI-Entscheidungsbaum zeigt also die Abbildung der unternehmerischen Zielhierarchie auf. Aus dem Kennzahlensystem können wir die Möglichkeiten der Beeinflussung und die entsprechenden Wirkungen ersehen.

MERKE

Die Kennzahlen stellen verdichtete Informationen dar und erlauben, in konzentrierter Form betriebswirtschaftliche Zusammenhänge klar darzustellen. Die Bildung von Kennzahlen erleichtert die Auswertung der im Jahresabschluß zusammengestellten Daten.

Die richtige Interpretation der Kennzahlen ist sehr wichtig. Die einzelnen Kennzahlen dürfen nicht isoliert betrachtet werden. Die Beurteilung der Kennzahlen sollte stets im Zusammenhang mit den anderen Erkenntnissen erfolgen.

Die Kennzahlen erleichtern die Beurteilung der Unternehmen. Dabei kommt es auf die richtige Auswahl, die genaue Errechnung und den sinnvollen Vergleich von Kennzahlen an. Die Kunst der Bilanzanalyse und der Bilanzkritik besteht also darin, die jeweils zweckmäßigen Kennzahlen auszuwählen und korrekt zu interpretieren.

Es hat keinen Sinn, eine Menge von Kennzahlen zu errechnen, die dann nicht richtig ausgewertet werden. Die sinnvolle Auswahl der wichtigsten Kennzahlen für die Struktur-, Erfolgs- und Finanzanalysen und die richtige Interpretation dieser Kennzahlen ist also von besonderer Bedeutung.

Kennzahlen können absolute Kennzahlen, Verhältniszahlen oder Richtzahlen sein. Die Verhältniszahlen sind für die Bilanzanalyse und die Bilanzkritik sehr wichtig, die in Gliederungs-, Beziehungs- und Indexzahlen unterteilt werden können.

Verschiedene Kennzahlen sollten zu einem Kennzahlensystem zusammengefaßt werden. Dadurch können übergeordnete und

untergeordnete Kennzahlen miteinander verknüpft werden. Die Abhängigkeiten, die Zusammenhänge und die Querverbindungen werden dadurch deutlich.

Als Kennzahlensystem eignet sich besonders der ROI-Entscheidungsbaum, der auch graphisch dargestellt werden kann. Der ROI ist das Produkt aus der Umsatz-Rentabilität und der Kapitalumschlagshäufigkeit.

Einen besseren Einblick in die Unternehmen erhalten wir durch die ROI-Analyse. Es können die Abhängigkeiten und Zusammenhänge in den Unternehmen klarer dargestellt werden. Zur besseren Steuerung der Unternehmen eignet sich der ROI dadurch, daß er die Transparenz der einzelnen Vorgänge im Unternehmen wesentlich erhöht.

9 Vergleichsrechnungen

Neben den Kennzahlen zählen die Vergleichsrechnungen zu den wichtigsten Instrumenten der Bilanzanalyse und der Bilanzkritik. Die Istdaten des analysierten Unternehmens werden bestimmten Vergleichsdaten gegenüber gestellt. Aus den Übereinstimmungen oder Abweichungen lassen sich dann zusätzliche Erkenntnisse über das untersuchte Unternehmen gewinnen.

Wenn Vergleichsrechnungen angestellt werden, ist sicherzustellen, daß das vorliegende Zahlenmaterial auch eine objektive Vergleichbarkeit möglich macht. Es ist darauf zu achten, daß gleiche Perioden und vergleichbare betriebliche Sachverhalte gegeben sind, die möglichst nach gleichen oder vergleichbaren Kriterien bewertet werden.

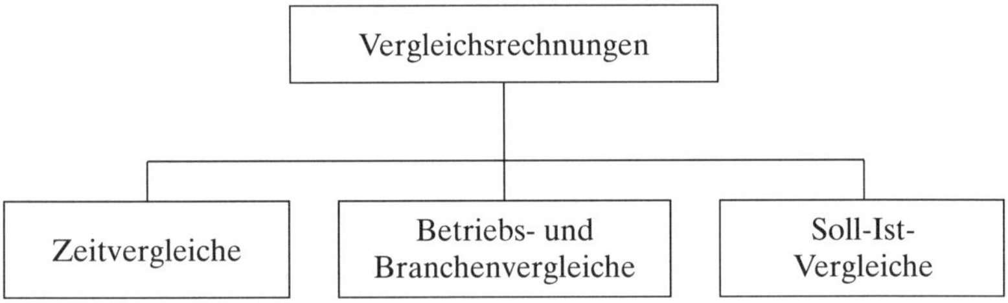

Abb.: Arten der Vergleichsrechnungen

Wir unterscheiden folgende Möglichkeiten der Vergleichsrechnungen: Zeitvergleiche, Betriebs- und Branchenvergleiche sowie Soll-Ist-Vergleiche.

9.1 Zeitvergleiche

Die Rechnungslegung der Unternehmen hat pro Geschäftsjahr zu erfolgen. Deshalb können die Jahresabschlüsse eines Unternehmens pro Jahr analysiert werden. Ein Vergleich der einzelnen Jahre ist ohne Probleme möglich. Um sich ein fundiertes Urteil über ein Unternehmen machen zu können, sollten mindestens die Jahresabschlüsse von drei aufeinanderfolgenden Jahren einer Bilanzanalyse und einer Bilanzkritik unterzogen werden.

Bei der Abfassung der neuen Rechnungslegungsvorschriften hat der Gesetzgeber besonderen Wert auf die Vergleichbarkeit des Zahlenmaterials gelegt. Die Unternehmen haben insbesondere die Grundsätze der Bilanzklarheit und der Bilanzkontinuität (Vergleichbarkeit und Stetigkeit der Daten) zu beachten.

Ein besonderes Problem stellen die Preissteigerungen während der einzelnen Jahre dar. Diese Preissteigerungen können pro Jahr herausgerechnet werden. Dann ist es möglich, die Bilanzanalyse und die Bilanzkritik auf der Basis von preisbereinigten Zahlen durchzuführen.

9.2 Betriebs- und Branchenvergleiche

Beim Betriebsvergleich stellen wir die Zahlen des Jahresabschlusses eines vergleichbaren Unternehmens den Daten des analysierten Unternehmens gegenüber. Sehr sinnvoll ist es, wenn die Zahlen des Hauptkonkurrenten zum Betriebsvergleich herangezogen werden können (Benchmarking).

Da die Jahresabschlüsse der Konkurrenzunternehmen in vielen Fällen nicht zur Verfügung stehen, sollten Branchenvergleiche durchgeführt werden. Die entsprechenden Daten der einzelnen Branchen können von verschiedenen Stellen besorgt werden.

Branchenkennzahlen

1. Großbanken
2. Sparkassen
3. Volksbanken
4. Deutsche Bundesbank
5. Statistisches Bundesamt
6. Wirtschaftsverbände

Abb.: Quellen für Branchenkennzahlen

Die Großbanken, die Sparkassen und die Volksbanken haben seit einigen Jahren Branchenkennzahlen ermittelt. Die Deutsche Bundesbank, das Statistische Bundesamt und einige Wirtschaftsverbände verfügen ebenfalls über Branchenkennzahlen.

Es ist sinnvoll, wenn sich die einzelnen Unternehmen zuerst einmal die Branchenkennzahlen von ihrer Hausbank besorgen. Da die Banken in Verbindung mit der Kreditwürdigkeitsprüfung die Jahresabschlüsse ihrer Kunden regelmäßig analysieren und kritisch würdigen, sollte sich die Unternehmensleitung eine Kopie der Analysen über ihr eigenes Unternehmen von der Hausbank besorgen. Die meisten Banken senden den Unternehmen gerne eine Fotokopie der Bilanzanalysen, in denen die Branchenkennzahlen bereits eingetragen sind.

Obwohl keine absoluten Vergleichsmöglichkeiten vorliegen, bieten die Branchenkennzahlen wertvolle Hinweise, wie im Durchschnitt die Konkurrenzunternehmen abschneiden. Die Unternehmensleitung und die Führungskräfte erhalten dann wertvolle Richtwerte und Hinweise, die bei den in Zukunft anfallenden Entscheidungen berücksichtigt werden können.

9.3 Soll-Ist-Vergleiche

Die Unternehmen sollten eine Unternehmensplanung aufbauen, um die Existenz ihrer Unternehmen langfristig besser zu sichern. Die ermittelten Zielvorgaben müssen in den Plänen für die kommenden 2 bis 5 Jahre berücksichtigt werden. Die Ergebnisse der Unternehmensplanung sollten in einer Plan-Bilanz sowie in einer Plan-GuV zusammengefaßt werden.

Wenn geplante Jahresabschlüsse bereits vorliegen, können die Sollgrößen, die den Zielvorstellungen der Unternehmensleitung entsprechen, mit den effektiven Daten der Jahresabschlüsse verglichen werden. Dann ergeben sich Abweichungen, die erkennen lassen, inwieweit die Zielsetzungen in den einzelnen Jahren realisiert werden konnten.

Mit Hilfe einer Abweichungsanalyse lassen sich die wesentlichen Ursachen für die Abweichungen ermitteln. Dann kann eine systematische Gegensteuerung erfolgen, damit in Zukunft die vereinbarten Ziele besser, schneller und genauer erreicht werden können.

MERKE

Die Vergleichsrechnungen sind wichtige Instrumente der Bilanzanalyse und der Bilanzkritik. Es ist sicherzustellen, daß das vorliegende Zahlenmaterial eine objektive Vergleichbarkeit möglich macht. Die betrieblichen Sachverhalte sollten nach gleichen oder vergleichbaren Kriterien bewertet werden.

Die Zeitvergleiche sind mindestens über drei Jahre durchzuführen, um sich ein fundiertes Urteil über ein Unternehmen

machen zu können. Preissteigerungen sollten möglichst eliminiert werden.

Für Betriebsvergleiche kommen vor allem die Hauptkonkurrenten in Frage (Benchmarking). Nach der Analyse und der Kritik der eigenen Daten mit den Zahlen der Konkurrenz können schnell die Stärken und Schwächen des eigenen Unternehmens erkannt werden. Dann besteht die Möglichkeit, eine gezielte Steuerung des Unternehmens vorzunehmen, um die Stärken noch zu verbessern und die Schwächen zu beseitigen.

Die Branchenvergleiche sollten angestellt werden, wenn das Zahlenmaterial vom Konkurrenzunternehmen nicht zur Verfügung steht. Die Banken haben Branchenkennzahlen in den letzten Jahren auf der Grundlage der Jahresabschlüsse der Kunden errechnet, die bei den Banken Kredite beantragt haben. Die meisten Hausbanken geben ohne Probleme den Unternehmen Branchenkennzahlen auf Anfrage. Am günstigsten ist es, wenn die Unternehmen Fotokopien von den Bilanzanalysen und der Bilanzkritik des eigenen Unternehmens einschließlich der Branchenkennzahlen von ihren Hausbanken anfordern.

10 Grenzen der Bilanzanalyse und der Bilanzkritik

Der Bilanzanalyse und der Bilanzkritik sind Grenzen gesetzt, die bei der Analyse und bei der kritischen Würdigung eines Unternehmens berücksichtigt werden müssen. Der Wahrheitsgehalt des Jahresabschlusses und die Verfügbarkeit des Zahlenmaterials sind zwei wichtige Gesichtspunkte, die genauer überprüft werden sollten.

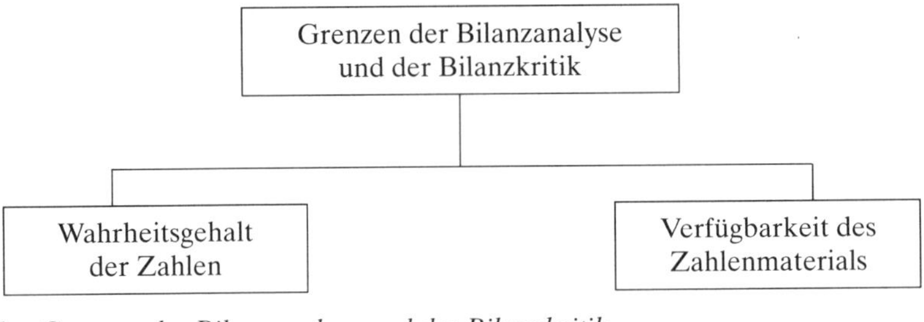

Abb.: Grenzen der Bilanzanalyse und der Bilanzkritik

Beim Einsatz des bilanzanalytischen Instrumentariums müssen wir berücksichtigen, daß bei der Bilanzanalyse und der Bilanzkritik Grenzen zu beachten sind, die die Ergebnisse der Auswertung beeinflussen können. Diese Grenzen und Probleme sind bei der Analyse des eigenen Unternehmens und der Unternehmen der gleichen Branche zu beachten.

Die Bilanzierungs- und Bewertungsvorschriften ermöglichen unterschiedliche Ansätze der Bilanzpositionen auf der Aktiv- und Passivseite der Bilanz. Dadurch können stille Reserven gebildet werden. Die Unternehmen haben also erhebliche Bewertungsspielräume.

10.1 Wahrheitsgehalt der Zahlen

Der Grundsatz der Bilanzwahrheit sollte bei der Erstellung des Jahresabschlusses berücksichtigt werden. In der Praxis zeigt sich aber, daß die Bilanzwahrheit durch die Wahlrechte und durch den Ermessungsspielraum bei der Bewertung einzelner Bilanzpositionen eingeschränkt werden kann. Der Jahresabschluß der Unternehmen stellt nur ein Abbild der Wirklichkeit dar, das unter Berücksichtigung der Grenzen der Bilanzanalyse und der Bilanzkritik der Wahrheit entspricht.

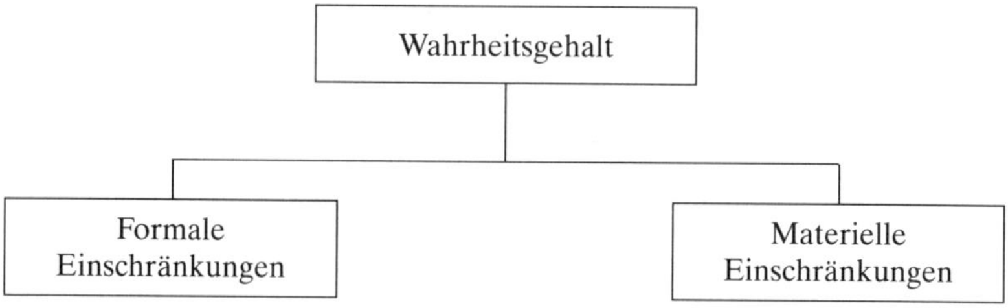

Abb.: Wahrheitsgehalt der Zahlen

Die Generalnorm des „True And Fair View“ (§ 264 Abs. 2 HGB) und der Grundsatz der Vollständigkeit (§ 246 Abs. 1 HGB) lassen vermuten, daß der Jahresabschluß eine wirklichkeitsgetreue Abbildung der Unternehmensverhältnisse liefert. Dies ist aber aus folgenden Gründen nicht der Fall.

10.1.1 Formale Einschränkungen

Die Bilanzanalyse und die Bilanzkritik beziehen sich jeweils nur auf die Momentaufnahmen der Bilanz eines jeden Jahres. Das Vermögen, das Eigenkapital und die Schulden unterliegen aber ständigen Veränderungen während des Geschäftsjahres. Je stärker ein Unternehmer auf die Bilanzoptik Wert legt, desto schneller können sich die Bilanzpositionen bereits einen Tag nach dem Jahresabschluß wieder ändern.

Formale Grenzen
1. Der Jahresabschluß ist eine Momentaufnahme eines Unternehmens. 2. Der Jahresabschluß ist vergangenheitsorientiert. 3. Eine unterschiedliche Zusammensetzung von Bilanzpositionen ist möglich. 4. Unvollständige Informationsquellen sind vorhanden. Für den externen Analytiker stehen meist nur quantitative, aber keine qualitativen Informationen zur Verfügung.

Abb.: Formale Grenzen

Die Jahresabschlüsse beziehen sich jeweils auf die vergangenen Jahre. Besonders wichtig sind aber die Entwicklungen eines Unternehmens für die Zukunft. Die Bilanzanalyse und die Bilanzkritik sind also stets vergangenheits- und nicht zukunftsorientiert. Zur Beurteilung eines Unternehmens sind aber insbesondere zukünftige Entwicklungen des Unternehmens wichtig.

Die Bilanzpositionen im Jahresabschluß entsprechen dem vorgeschriebenen Gliederungsschema. In den einzelnen Unternehmen können sich die Positionen aber unterschiedlich zusammensetzen. Die Forderungen aus Lieferungen und Leistungen von 800 TDM beispielsweise umfassen in einem Unternehmen viele Einzelforderungen und in einem anderen Unternehmen nur wenige Forderungen.

Der Jahresabschluß liefert nur quantitative Informationen. Viele qualitative Aspekte sind bei externen Analysen und bei Analysen der Konkurrenzunternehmen meistens nicht bekannt. Zu den qualitativen Daten gehören vor allem die Qualifikation der Unternehmensleitung und der Mitarbeiter, die bestehenden Kreditlinien, das Know-How, die neuen Produkte, die gute Organisation, eine starke Vertriebsmannschaft sowie eine effiziente Forschung und Entwicklung.

10.1.2 Materielle Einschränkungen

Im Jahresabschluß werden nur die bilanzierungsfähigen Wirtschaftsgüter erfaßt. Für einige Vermögenswerte besteht ein Bilanzierungsverbot (§ 248 HGB). Die Bilanzangaben sind also unvollständig.

Der originäre Firmenwert beispielsweise darf nicht bilanziert werden. Dieser Wert umfaßt die eigenen Marken und Patente, bestimmte Schutzrechte und das Know-How, die Qualifikation der Mitarbeiter und die vorhandene Organisation sowie die Kunden und Lieferanten.

Es gibt Vermögensgegenstände, die dem Unternehmen wirtschaftlich zustehen, aber sich rechtlich in fremdem Eigentum befinden. Dazu gehören die verpfändeten und sicherungsübereigneten Positionen im Anlagevermögen. Auch die unter Eigentumsvorbehalt gelieferten Rohstoffe zählen dazu.

Materielle Grenzen
1. Der Jahresabschluß enthält nicht alle Werte des Unternehmens. 2. Einige Vermögensgegenstände gehören wirtschaftlich, aber nicht rechtlich dem Unternehmen. 3. Die Eventualverbindlichkeiten und die sonstigen finanziellen Verpflichtungen stehen nicht in der Bilanz. 4. Das private Haftungskapital ist bei Einzel- und Personengesellschaften nicht ersichtlich. 5. Die Bewertung der Vermögensgegenstände erfolgt zu Anschaffungs- oder Herstellungskosten. 6. Eine Beeinflussung der Vermögensgegenstände durch außerplanmäßige Abschreibungen, Wertberichtigungen und Rückstellungen ist möglich. 7. Die Ausnutzung von Wahlrechten und von Ermessensspielräumen bei der Bilanzierung und Bewertung der Vermögensgegenstände ist erlaubt. 8. Die Beeinflussung der Vermögensgegenstände durch weitere bilanzpolitische Maßnahmen kann vorgenommen werden.

Abb.: Materielle Grenzen

Die Eventualverbindlichkeiten und die sonstigen finanziellen Verpflichtungen werden unter dem Strich der Bilanz oder im Anhang aufgeführt (§§ 251, 268 Abs. 7, 285 Abs. 3 HGB). Dazu gehören beispielsweise das Wechselobligo, Leasingverträge und begonnene Investitionsvorhaben.

Das private Haftungskapital der Gesellschafter bei Einzel- und Personengesellschaften ist nicht ersichtlich. Diese Informationen können die Kreditwürdigkeit der Unternehmen wesentlich beeinflussen.

Die Vermögensgegenstände werden höchstens mit den Anschaffungs- oder Herstellungskosten bewertet (§ 253 Abs. 1 HGB). Auch das Vorsichtsprinzip kann dazu führen, daß in den Unternehmen stille Reserven entstehen (§ 252 Abs. 1 Nr. 4 HGB).

Durch die außerplanmäßigen Abschreibungen, Wertberichtigungen und Rückstellungen besteht die Möglichkeit, die Werte der in der Bilanz aufgeführten Positionen zu beeinflussen.

Das Handels- und das Steuerrecht lassen bestimmte Wahlrechte zu, die Auswirkungen auf den Ausweis bestimmter Bilanzpositionen und/oder auf deren Höhe haben. Die Maschinen beispielsweise können linear oder degressiv abgeschrieben werden. Die Unternehmen können das Lifo-Verfahren anwenden. Steuerliche Sonderabschreibungen und die Sofortabschreibung geringwertiger Wirtschaftsgüter sind zulässig.

Durch bilanzpolitische Maßnahmen können einzelne Positionen der Bilanzen positiv oder negativ beeinflußt werden. Bei der Bilanzanalyse und der Bilanzkritik können wir davon ausgehen, daß die gut geführten Unternehmen im Rahmen ihres Ermessensspielraums alles tun werden, um den Jahresabschluß in ihrem Sinne zu gestalten.

Die Banken sind mit diesen Problemen vertraut. Erfahrene Banker stellen bei der Kreditwürdigkeitsprüfung der Unternehmen immer wieder fest, daß die Jahresabschlüsse der gut geführten Unternehmen grundsätzlich noch besser sind, als die Daten der Jahresabschlüsse es zum Ausdruck bringen. Allerdings gilt diese Feststellung auch umgekehrt. Die Situation in schlecht gemanagten Unternehmen ist in der Regel noch viel schlechter, als die Zahlen der Jahresabschlüsse dokumentieren.

Zwischen den Rechenschaftspflichtigen und den Adressaten der Bilanz besteht ein eindeutiger Interessenskonflikt. Die Unternehmen tun meist alles, um nicht mehr zu zeigen, als sie müssen. Die Adressaten der Bilanz hingegen setzen alles daran, um einen möglichst guten Blick hinter die Kulissen zu werfen.

Die zahlreichen bilanzpolitischen Möglichkeiten stellen Probleme bei der Bilanzanalyse und der Bilanzkritik dar. Da aber alle Unternehmen grundsätzlich die gleichen Voraussetzungen haben, sind die Jahresabschlüsse der Unternehmen wichtige Grundlagen bei der Beurteilung der einzelnen Unternehmen.

Die Nutzung von Wahlrechten ist im Anhang erkennbar und meist quantifizierbar. Bei der Aufbereitung des Zahlenmaterials können diese Fakten berücksichtigt werden. Diese Informationen sollten in das Urteil über das Unternehmen einfließen.

10.2 Verfügbarkeit der Daten

Jeder Kaufmann ist verpflichtet, innerhalb bestimmter Fristen den Jahresabschluß zu erstellen. Die Fristen sind aber von der Rechtsform und der Größe der Unternehmen abhängig.

Die mittelgroßen und großen Kapitalgesellschaften müssen generell 3 Monate nach Abschluß des Geschäftsjahres die Jahresabschlüsse erstellt haben (§ 243 Abs. 3 HGB). Kleine Kapitalgesellschaften haben eine Frist von 6 Monaten für die Aufstellung der Jahresabschlüsse zu beachten (§ 264 Abs. 1 HGB). Bei Einzel- und Personengesellschaften sollten die Jahresabschlüsse bis zu einem Jahr nach den Geschäftsabschluß erstellt sein.

Für die Durchführung einer Bilanzanalyse und einer Bilanzkritik kommt es auf die Offenlegung der Jahresabschlüsse an. Die mittelgroßen und die großen Kapitalgesellschaften müssen die Jahresabschlüsse spätestens vor dem Ablauf von 9 Monaten und die kleinen Kapitalgesellschaften innerhalb von 12 Monaten ab Bilanzstichtag veröffentlichen (§§ 325, 326 HGB).

Die externe Bilanzanalyse und die Bilanzkritik kann für die einzelnen Unternehmen also erst relativ spät durchgeführt werden. Die Daten der Jahresabschlüsse sind dann schon meist weitgehend überholt und haben dann nur noch eine beschränkte Aussagefähigkeit.

Den aus den Jahresabschlüssen gewonnenen Erkenntnissen sind also Grenzen gesetzt, die die Aussagekraft der ermittelten Kennzahlen einschränken können. Die Bilanzanalyse ist trotz der sich ergebenden Schwierigkeiten ein gutes Instrumentarium zur Beurteilung der Unternehmen. Der Jahresabschluß hat unter Berücksichtigung der aufgezeigten Grenzen einen großen Informationswert und erlaubt einen guten Einblick in die Vermögens-, Finanz- und Ertragslage der Unternehmen.

MERKE

Der Bilanzanalyse und der Bilanzkritik sind Grenzen gesetzt, die bei der Analyse und der kritischen Würdigung der Ergebnisse eines Unternehmens zu berücksichtigen sind. Der Wahrheitsgehalt der Jahresabschlüsse und die Verfügbarkeit des Zahlenmaterials sind zwei wichtige Gesichtspunkte, die die Aussagekraft der Bilanzanalyse und der Bilanzkritik einschränken können.

Beim Wahrheitsgehalt der Zahlen können wir formale und materielle Einschränkungen unterscheiden. Zu den formalen Grenzen gehört, daß der Jahresabschluß nur eine Momentaufnahme und vergangenheitsorientiert ist, daß die Zusammensetzung der Bilanzpositionen unterschiedlich sein kann und daß meist nur quantitative aber keine qualitativen Informationen zur Verfügung stehen.

Die materiellen Grenzen sind noch vielfältiger. Der Jahresabschluß enthält nicht alle Werte des Unternehmens. Einige Vermögensgegenstände gehören nur wirtschaftlich, aber nicht rechtlich den Unternehmen. Die Eventualverbindlichkeiten

und die sonstigen finanziellen Verpflichtungen stehen nicht in der Bilanz. Das private Haftungskapital ist bei Einzel- und Personengesellschaften nicht ersichtlich. Die Bewertung der Vermögensgegenstände erfolgt zu Anschaffungs- und Herstellungskosten. Die Vermögensgegenstände können durch außerplanmäßige Abschreibungen, durch Wertberichtigungen und durch Rückstellungen beeinflußt werden. Die Ausnutzung von Wahlrechten und von Ermessensspielräumen bei der Bilanzierung und Bewertung der Vermögensgegenstände ist erlaubt. Die Beeinflussung der Vermögensgegenstände und der Schulden ist auch durch weitere bilanzpolitische Maßnahmen möglich.

Die Verfügbarkeit des Datenmaterials ist von bestimmten Fristen abhängig, die sich nach der Rechtsform und Größe des Unternehmens richten. Kapitalgesellschaften müssen drei Monate und die Einzel- und Personengesellschaften erst ein Jahr nach Abschluß des Geschäftsjahres die Jahresabschlüsse erstellt haben. Die Offenlegung der Jahresabschlüsse erfolgt noch später.

Die externe Bilanzanalyse und die Bilanzkritik können deshalb für die einzelnen Unternehmen erst relativ spät durchgeführt werden. Die Daten sind dann meist weitgehend überholt und haben nur noch eine beschränkte Aussagefähigkeit.

11 Bilanzsteuerrecht

Das Bilanzsteuerrecht ist das wichtigste Teilgebiet der betrieblichen Steuerlehre für den Betriebswirt. Die gesetzlichen Grundlagen für den steuerlichen Jahresabschluß bilden die §§ 238 ff. HGB, §§ 140 bis 148 AO und §§ 4 bis 7 EStG.

Der Jahresabschluß nach dem Handels- und dem Steuerrecht wird aus der Finanzbuchhaltung entwickelt. Im betrieblichen Rechnungswesen erfassen wir alle Tatbestände, die als Grundlagen für die Steuerberechnungen dienen.

Der Gewinn der Steuerbilanz ist die Basis für die Berechnung der Einkommen- oder der Körperschaftsteuer und des Gewerbeertrags. Die Vermögenspositionen der Steuerbilanz stellen die Grundlage für die Ermittlung der Einheitswerte dar, aus denen das Gewerbekapital und die Vermögensteuer berechnet werden. Das Bilanzsteuerrecht gilt gleichermaßen für die Einzelkaufleute, für die Personengesellschaften und für die Kapitalgesellschaften.

MERKE

Das Bilanzsteuerrecht ist für den Betriebswirt der wichtigste Teil des Steuerrechts. Der Jahresabschluß nach dem Handels- und Steuerrecht wird aus der Finanzbuchhaltung entwickelt. Der Gewinn der Steuerbilanz ist die Basis für die Berechnung der Einkommen- oder der Körperschaftsteuer und der Gewerbeertragsteuer. Neben der Ertragsteuerbilanz wird noch eine Vermögensteuerbilanz erstellt.

11.1 Allgemeine Vorschriften

11.1.1 Rechenschaftslegung

Die Unternehmen haben über den Erfolg ihrer Geschäftstätigkeit und über ihre wirtschaftliche Situation, d. h. über ihre Vermögens-, Finanz- und Ertragslage mindestens einmal am Ende eines jeden Geschäftsjahres Rechenschaft abzulegen (§ 264 HGB). Die Instrumente der Rechenschaftslegung umfassen die Bilanz, die GuV und den Anhang (§ 242 HGB). Die Kapitalgesellschaften müssen auch noch einen Lagebericht erstellen (§ 289 HGB).

Der Jahresabschluß dient der Ermittlung des Periodengewinns. Aus der Bilanz sind die Vermögensgegenstände, das Eigenkapital und die Schulden zu erkennen. Der Jahresabschluß des Unternehmens stellt auch eine wichtige Grundlage für die Planung, Kontrolle und Steuerung des Unternehmens dar.

11.1.2 Dokumentation

In der Finanzbuchhaltung und im Jahresabschluß werden die Vermögensgegenstände und die Schulden dokumentiert. Diese Unterlagen können bei Rechtsstreitigkeiten als Belege der durchgeführten Geschäftsvorfälle und als Beweismittel für die einzelnen Transaktionen verwendet werden.

Der Jahresabschluß von Kapitalgesellschaften dient insbesondere dem Interesse des Gläubigerschutzes und zur Information der Öffentlichkeit. Deshalb sind besondere Vorschriften für die Erstellung, Prüfung, Feststellung und Veröffentlichung des Jahresabschlusses erlassen worden (§§ 265 ff. HGB).

Die Kapitalgesellschaften müssen ihren Jahresabschluß beim Handelsgericht hinterlegen. Die großen Kapitalgesellschaften sind außerdem verpflichtet, ihre Jahresabschlüsse zusätzlich im Bundesanzeiger abdrucken zu lassen.

Die mittelgroßen und großen Kapitalgesellschaften haben ihre Jahresabschlüsse noch durch Wirtschaftsprüfer oder vereidigte Buchprüfer prüfen zu lassen.

11.1.3 Größenmerkmale

Für die Abgrenzung der Größenklassen der Unternehmen gelten folgende Kriterien, von denen jeweils zwei in zwei aufeinanderfolgenden Geschäftsjahren erfüllt sein müssen (§ 267 HGB):

Größenklassen

Kriterien	Kleine Kapital-gesellschaft	Mittelgroße Kapital-gesellschaft	Große Kapital-gesellschaft
Bilanzsumme (DM)	≤ 5,31 Mio.	> 5,31 ≤ 21,24 Mio.	> 21,24 Mio.
Umsatzerlöse (DM)	≤ 10,62 Mio.	> 10,62 ≤ 42,48 Mio.	> 42,48 Mio.
Beschäftigte	≤ 50	> 50 ≤ 250	> 250

Abb.: Größenklassen von Kapitalgesellschaften nach EU-Recht

Das europäische Gesellschaftsrecht sieht für alle Kapitalgesellschaften in der EU einheitliche Regeln für die Aufstellung, Prüfung und Offenlegung von Jahresabschlüssen vor. Für kleine, mittelgroße und große Kapitalgesellschaften wurden neue Grenzwerte festgelegt, die bei der Bilanzsumme und den Jahresnettoumsätzen höher liegen als die bisherigen Schwellenwerte.

Die neuen Schwellenwerte gelten auch für die Eröffnungsbilanzen nach dem D-Markbilanzgesetz. Die aktualisierten Werte können rückwirkend für die Geschäftsjahre ab dem 1. 1. 1991 angewandt werden.

Unabhängig von der Rechtsform ist die Veröffentlichung der Jahresabschlüsse für große Unternehmen vorgeschrieben, die jeweils zwei der drei folgenden Merkmale an zwei aufeinanderfolgenden Stichtagen erfüllen (§§ 1, 3, 9, 10 PublG):

Merkmale

Kriterien	Größe
Bilanzsumme (DM)	> 125 Mio.
Umsatzerlöse (DM)	> 250 Mio.
Arbeitnehmer	> 5.000

Abb.: Merkmale der großen Unternehmen

11.1.4 Fristen des Bilanzsteuerrechts

Jahresabschlüsse sind vergangenheitsorientiert. Zwischen dem Bilanzstichtag und dem Zeitpunkt der Veröffentlichung besteht ein längerer Zeitraum für die einzelnen Unternehmen. Je nach der Größe der Gesellschaften unterscheiden wir unterschiedliche Fristen.

Größe der Gesellschaft	Kleine Kapital-gesellschaft	Mittelgroße Kapital-gesellschaft	Große Kapital-gesellschaft
Aufstellung des Jahres-abschlusses	6 Monate	3 Monate	3 Monate
Einberufung der Gesellschafter-versammlung	11 Monate	8 Monate	8 Monate
Einreichung des Jahresabschlusses zum Handelsregister	12 Monate	9 Monate	9 Monate

Abb.: Fristen des Bilanzsteuerrechts

Die Jahresabschlüsse müssen bei kleinen Kapitalgesellschaften nach 6 Monate aufgestellt sein. Die mittelgroßen und großen Kapitalgesellschaften haben die Aufstellung bereits nach 3 Monaten zu machen. Die Einberufung der Gesellschafterversammlung erfolgt bei kleinen Kapitalgesellschaften innerhalb von 11 Monaten nach dem Bilanzstichtag. Die mittelgroßen und großen Kapitalgesellschaften müssen die Einberufung der Gesellschafterversammlung bereits innerhalb von 8 Monaten vornehmen. Die Einreichung der Jahresabschlüsse zum Handelsregister hat nach 12 Monaten bei kleinen Kapitalgesellschaften und nach 9 Monaten bei mittelgroßen und großen Kapitalgesellschaften zu erfolgen.

11.1.5 Bilanzierungspflichtige

Der Bilanzierungspflichtige ist die natürliche oder juristische Person, der ein Vermögensgegenstand zugerechnet wird. Der Vermögensgegenstand ist der handelsrechtliche Begriff, der mit dem steuerrechtlichen Begriff Wirtschaftsgut identisch ist.

Wirtschaftsgüter
1. Körperliche Gegenstände 2. Rechte 3. Wirtschaftliche Werte

Abb.: Formen der Wirtschaftsgüter

Die Wirtschaftsgüter umfassen nicht nur körperliche Gegenstände, sondern auch Rechte und wirtschaftliche Werte, die selbständig bewertet werden können.

11.1.6 Eigentümer

Die Unternehmen dürfen nur die Wirtschaftsgüter als Betriebsvermögen ausweisen, die ihnen entweder als bürgerlich-rechtliche Eigentümer oder als wirtschaftliche Eigentümer zurechenbar sind.

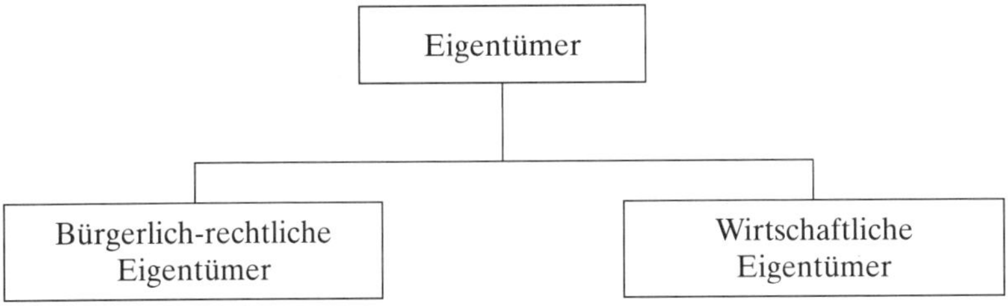

Abb.: Eigentümer der Wirtschaftsgüter

Die Vermögensgegenstände sind nach dem Handelsrecht dem Kaufmann zuzurechnen, zu dessen Vermögen sie gehören (§ 240 HGB). Dieser Grundsatz gilt auch für das Steuerrecht (§ 39 AO). Die Substanz eines Wirtschaftsgutes steht dem bürgerlich-rechtlichen Eigentümer zu, der auch das Wirtschaftsgut zu bilanzieren hat.

Die Besteuerung richtet sich nicht nur nach der Rechtsform, sondern auch nach den wirtschaftlichen Verhältnissen. Der Eigentümer kann für die Zeit der gewöhnlichen Nutzungsdauer von der Einwirkung auf das Wirtschaftsgut ausgeschlossen sein. Beim Kauf unter Eigentumsvorbehalt oder bei der Sicherungsübereignung ist dies der Fall. Dann muß der wirtschaftliche Eigentümer das Wirtschaftsgut bilanzieren.

11.1.7 Betriebsvermögen

Jeder Kaufmann ist verpflichtet, Bücher zu führen und in diesen seine Handelsgeschäfte und die Lage seines Vermögens nach den Grundsätzen ordnungsmäßiger Buchführung ersichtlich zu machen (§ 238 HGB).

Er hat auch beim Beginn seines Handelsgewerbes und jeweils für den Schluß eines jeden Geschäftsjahres seine Vermögensgegenstände und Schulden genau aufzuzeichnen (§ 240 HGB). Der Unternehmer muß auch regelmäßig einen das Verhältnis des Vermögens und der Schulden darstellenden Abschluß (Eröffnungs- und Schlußbilanz) aufstellen, um den Gewinn zu ermitteln (§ 242 HGB).

Der Gewinn ist der Unterschiedsbetrag zwischen dem Betriebsvermögen am Schluß des Wirtschaftsjahres und dem Betriebsvermögen des vorangegangenen Wirtschaftsjahres unter Berücksichtigung der im Laufe eines Wirtschaftsjahres getätigten Entnahmen und Einlagen (§ 4 Abs. 1 EStG). Es muß also ein Betriebsvermögensvergleich erstellt werden. Deshalb ist eine klare Abgrenzung des Betriebsvermögens vom Privatvermögen erforderlich.

In der Steuerbilanz werden nur Wirtschaftsgüter bei der Gewinnermittlung berücksichtigt, die zum Betriebsvermögen zählen. Die Kapitalgesellschaften besitzen nur Betriebsvermögen. Die Einzelkaufleute und die Gesellschafter von Personengesellschaften haben neben dem Betriebsvermögen auch noch privates Vermögen. Wirtschaftsgüter, die in keiner Beziehung zu einem Betrieb stehen oder deren Beziehung zum Betrieb von untergeordneter Bedeutung ist, zählen zum notwendigen Privatvermögen.

Die Wirtschaftsgüter können wir in Betriebsvermögen und in Privatvermögen aufteilen.

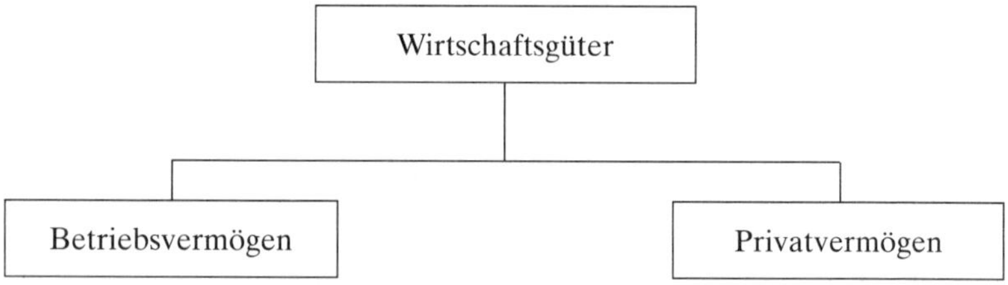

Abb.: Arten der Wirtschaftsgüter

Beim Betriebsvermögen unterscheiden wir das notwendige Betriebsvermögen und das gewillkürte Betriebsvermögen.

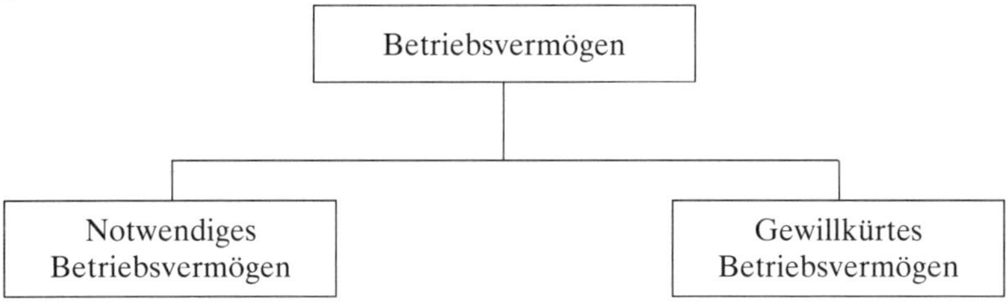

Abb.: Arten des Betriebsvermögens

11.1.7.1 Notwendiges Betriebsvermögen

Alle Wirtschaftsgüter, die dem Betrieb unmittelbar und ausschließlich dienen, gehören zum notwendigen Betriebsvermögen. Maschinen beispielsweise werden ihrer Natur und ihrer Art nach nur betrieblich genutzt.

Es gibt aber auch Wirtschaftsgüter, die ihrer Art nach sowohl betrieblichen als auch privaten Zwecken zu dienen bestimmt sein können. Aus dem Umfang der betrieblichen Nutzung kann geschlossen werden, ob sie zum notwendigen Betriebsvermögen gehören oder nicht.

Der PKW eines Handelsvertreters gehört nach der Zweckbestimmung und nach der tatsächlichen Nutzung unmittelbar dem Betrieb. Es kommt jeweils auf die unmittelbare sachliche Beziehung zum Betrieb an. Wenn ein Wirtschaftsgut überwiegend betrieblich genutzt wird (mehr als 50 %), dann gehört es ebenfalls zum notwendigen Betriebsvermögen.

11.1.7.2 Gewillkürtes Betriebsvermögen

Beim gewillkürten Betriebsvermögen handelt es sich um Wirtschaftsgüter, die ihrer Natur nach weder notwendiges Betriebsvermögen noch notwendiges Privatvermögen darstellen. Der Unternehmer besitzt ein Wahlrecht, das er aber nicht willkürlich wahrnehmen kann. Wenn der Steuerpflichtige die Wirtschaftsgüter dem Betriebsvermögen zuordnen will, dann gehören sie zum gewillkürten Betriebsvermögen.

Folgende Voraussetzungen müssen für ein gewillkürtes Betriebsvermögen vorliegen:

1. Die Wirtschaftsgüter müssen in einem gewissen objektiven Zusammenhang zu dem Betrieb stehen. Die Gegenstände sind dazu geeignet, den Betrieb zu fördern. Die Land- und Forstwirte, die Gewerbetreibenden und die selbständig Tätigen haben das Recht, ein gewillkürtes Betriebsvermögen zu besitzen.

2. Das gewillkürte Betriebsvermögen muß in der Buchführung eindeutig als Betriebsvermögen ausgewiesen werden. Dann ist eine Kontrolle möglich.

3. Der Gewinn muß durch Vermögensvergleich ermittelt werden. Bei der Einnahme-Überschußrechnung ist also ein gewillkürtes Betriebsvermögen nicht erlaubt (Abschnitt 17 Abs. 5 EStR).

MERKE

Die allgemeinen Vorschriften umfassen die Rechenschaftslegung, die Dokumentation, die Größenmerkmale, die Fristen des Bilanzsteuerrechts, die Bilanzierungspflichtigen, die Eigentümer der Wirtschaftsgüter und das Betriebsvermögen.

Der Analytiker des Jahresabschlusses sollte Grundkenntnisse über diese einzelnen Punkte besitzen, um einen besseren Einblick in die Zusammenhänge zu erhalten, die zu einem Jahresabschluß führen. Auch die Unternehmensleitung und die Führungskräfte des Finanz- und Rechnungswesens sowie des Controlling sollten detaillierte Kenntnisse über das Bilanzsteuerrecht haben.

11.2 Gewinnermittlungsarten

Die Einkünfte aus Land- und Forstwirtschaft, aus Gewerbebetrieb und aus selbständiger Arbeit bezeichnen wir als Gewinne (§ 2 Abs. 2 Nr. 1 EStG). Die Steuerpflichtigen müssen ihre Gewinne selbst errechnen. Für die Ermittlung des Periodengewinns unterscheiden wir folgende Methoden:

Methoden zur Gewinnermittlung
1. Betriebsvermögensvergleich (§ 5 EStG) 2. Betriebsvermögensvergleich (§ 4 Abs. 1 EStG) 3. Einnahme-Überschußrechnung (§ 4 Abs. 3 EStG) 4. Schätzung (§ 162 AO)

Abb.: Methoden zur Gewinnermittlung

11.2.1 Betriebsvermögensvergleich nach § 5 EStG

Am Schluß des Wirtschaftsjahres wird das Betriebsvermögen angesetzt, das nach den handelsrechtlichen Grundsätzen ordnungsmäßiger Buchführung ausgewiesen wird (§ 5 EStG). Die steuerrechtlichen Vorschriften sind dabei zu beachten (§§ 4 bis 7 EStG). Die Maßgeblichkeit des Handelsrechts wird durch die umgekehrte Maßgeblichkeit des Steuerrechts für die steuerrechtliche Gewinnermittlung ergänzt (§ 5 Abs. 1 Satz 2 EStG).

Auf der Grundlage der doppelten Buchführung werden die Bilanz sowie die GuV aufgestellt. Bei dem Betriebsvermögensvergleich geht es also um den üblichen Jahresabschluß eines Kaufmanns.

Die Gewinnermittlung durch die Bilanzierung ist für folgende Gewerbetreibende vorgeschrieben:

1. Gewerbetreibende, die zu einer ordnungsmäßigen Buchführung verpflichtet sind (§ 238 HGB). Dazu gehören die Kapitalgesellschaften, die Genossenschaften, die Handelsgesellschaften und die in das Handelsregister eingetragenen Einzelkaufleute.
2. Gewerbetreibende, die nach steuerrechtlichen Vorschriften zur Führung von Büchern verpflichtet sind. Die Buchführungspflicht besteht für Betriebe, die folgende Grenzen überschreiten (§ 141 AO):

1. Umsatz	über 500.000,– DM
2. Betriebsvermögen	über 125.000,– DM
3. Gewinn	über 36.000,– DM

3. Gewerbetreibende, die freiwillig Bücher führen und nicht unter 1 und 2 fallen.

11.2.2 Betriebsvermögensvergleich nach § 4 Abs. 1 EStG

Die Gewinnermittlung nach § 4 Abs. 1 EStG erfolgt mit Hilfe folgender Vermögensvergleichsrechnungen: Der Gewinn ist der Unterschiedsbetrag zwischen dem Betriebsvermögen am Schluß des Wirtschaftsjahres und dem Betriebsvermögen am Schluß des vorangegangenen Wirtschaftsjahres. Dieser Betrag wird vermehrt um den Wert der Entnahmen und vermindert um den Wert der Einlagen.

Diese Gewinnermittlung kommt für folgende Betriebe in Frage:

1. Land- und Forstwirte, die Bücher führen müssen (§ 161 AO). Dazu gehören Betriebe, die folgende Kriterien erfüllen:

1. Umsatz	über 500.000,– DM
2. Einheitswert der landwirtschaftlichen Flächen	über 40.000,– DM
3. Gewinn	über 36.000,– DM

2. Land- und Forstwirte, die freiwillig Bücher führen und Abschlüsse machen.
3. Freiberufler, die freiwillig Bücher führen und Abschlüsse machen (§ 18 EStG).

11.2.3 Einnahme-Überschußrechnung nach § 4 Abs. 3 EStG

Die Einnahme-Überschußrechnung ist eine vereinfachte Methode der Gewinnermittlung. Der Gewinn ergibt sich als Überschuß der Betriebseinnahmen über die Betriebsausgaben.

Diese Gewinnermittlung ist geeignet für die Land- und Forstwirte, für die Minderkaufleute und für die selbständig Tätigen, wenn sie keine Vermögensvergleichsrechnungen machen müssen. Für Freiberufler ist diese Methode der Gewinnermittlung besonders interessant. Die Höhe des Umsatzes, des Vermögens und des Gewinns spielen für Freiberufler keine Rolle. Zu den Freiberuflern gehören insbesondere Steuerberater, Wirtschaftsprüfer, Ärzte, Rechtsanwälte und Unternehmensberater.

Die Einnahmen und Ausgaben in bar sowie die Gutschriften und Belastungen auf dem Girokonto werden als Geschäftsvorfälle erfaßt. Das Entstehen einer Forderung oder die Begründung einer Verbindlichkeit sind nicht relevant.

Bei der Einnahme-Überschußrechnung werden also nur die Betriebseinnahmen und die Betriebsausgaben berücksichtigt. Eine Inventur und eine Bilanz sind bei dieser Rechnung nicht erforderlich.

Die Betriebseinnahmen und die Betriebsausgaben müssen einzeln erfaßt werden. (§ 146 AO). Ein Verzeichnis über die abnutzbaren und die nicht abnutzbaren Anlagegüter ist zu führen.

11.2.4 Schätzung

Die Buchführung eines Unternehmens ist nicht ordnungsgemäß, wenn sie erhebliche Mängel aufweist oder wenn der Gewinn offenbar manipuliert ist. Dann erfolgt eine Schätzung des Gewinns (§ 162 AO).

Die Vollschätzung des Gewinns wird anhand eines Vergleichs mit den Ergebnissen gleichgelagerter Betriebe vorgenommen. Die Richtzahlen liegen den Oberfinanzdirektionen vor. Insbesondere in Handwerks- und Einzelhandelsbetrieben werden die Richtsätze als Kontrollinstrumente und als Schätzgrundlagen eingesetzt.

MERKE

Die Gewinnermittlungsarten hängen von der Größe und Tätigkeit der Unternehmen ab. Die Gewerbetreibenden erstellen grundsätzlich einen Jahresabschluß und führen einen Betriebsvermögensvergleich nach § 5 EStG durch. Land- und Forstwirte sowie Freiberufler, die Bücher führen, machen einen Betriebsvermögensvergleich nach § 4 Abs. 1 EStG.

Die Einnahme-Überschußrechnung ist eine vereinfachte Methode der Gewinnermittlung, die insbesondere von Freiberuflern gewählt wird. Diese Methode erleichtert erheblich die Aufgaben der Buchführung.

Die Schätzung des Gewinns erfolgt bei allen Unternehmen, die keine ordnungsmäßige Buchführung machen oder die den Gewinn offensichtlich manipuliert haben. Bei der Schätzung wird der Gewinn vom Finanzamt meist bewußt etwas höher angesetzt.

11.3 Handels- und Steuerbilanz

11.3.1 Zweck der Bewertung

Die Zwecke der Bewertung in der Handels- und Steuerbilanz sind unterschiedlich. Für das klare Verständnis der Bewertungsvorschriften und für die richtige Auslegung ist es wichtig, daß wir die Unterschiede kennen.

11.3.1.1 Handelsbilanz

Die Handelsbilanz wird nach handelsrechtlichen Bestimmungen erstellt (§§ 242 bis 289 HGB). Der Hauptzweck der Handelsbilanz ist die Ermittlung des Gewinns unter besonderer Berücksichtigung des Gläubigerschutzes. Das Ziel der Handelsbilanz ist es, den Gewinn vorsichtig zu ermitteln. Es gilt also der Grundsatz der Vorsicht.

Das Handelsrecht setzt deshalb die Bewertungsgrenzen nach oben fest, um die Vermögenslage des Unternehmens nicht zu günstig darzustellen. Dadurch soll auch eine Gewinnausschüttung aus der Substanz vermieden werden. Die Bildung stiller Reserven wird begrenzt, um die Interessen der Gesellschafter zu berücksichtigen und um Gewinnmanipulationen einzuschränken.

11.3.1.2 Steuerbilanz

Der Hauptzweck der Steuerbilanz ist die Ermittlung eines möglichst gleichmäßigen Periodengewinns, um eine gerechte Besteuerungsgrundlage zu erhalten. Das Ziel der Steuerbilanz besteht darin, den Gewinn in vollem Umfang auszuweisen, damit die Steuerbelastung gerecht verteilt wird. Die steuerrechtlichen Vorschriften sollen verhindern, daß die Aktiva zu niedrig und die Passiva zu hoch ausgewiesen werden. Die Bilanzierungspflichtigen dagegen sind bestrebt, ihre eigene wirtschaftliche Lage nicht zu günstig darzustellen.

Die Steuerbilanz dient dem Staat auch dazu, gezielte Wirtschafts- und Sozialpolitik zu betreiben. Deshalb läßt das Steuerrecht auch Bewertungsvergünstigungen zu. Durch die Bildung steuerlicher Rücklagen kann dann der steuerliche Gewinn gemindert werden. Auf den Ausweis des richtigen Periodengewinns wird dann bewußt verzichtet. Das Steuerrecht gibt also Anreize beispielsweise für Investitionen und für Umweltschutzmaßnahmen.

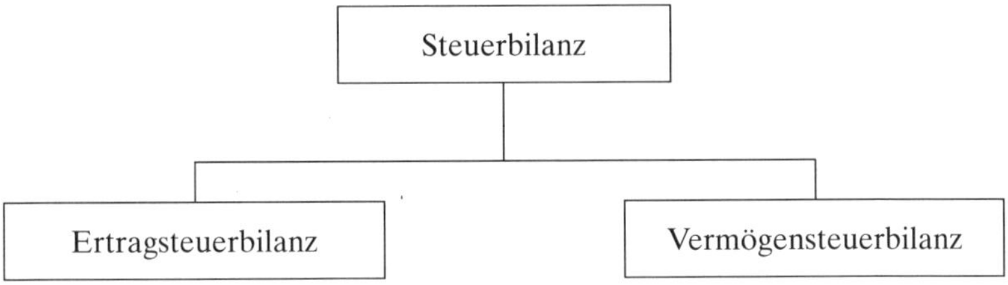

Abb.: Arten der Steuerbilanzen

Die Steuerbilanz umfaßt die Ertragsteuer- und die Vermögensteuerbilanz. Die Ertragsteuerbilanz ist wichtig für die Besteuerung des Unternehmens.

Die Vermögensteuerbilanz wird nach den Vorschriften des Bewertungssteuergesetzes erstellt und dient der Ermittlung der Vermögensteuer. Diese Bilanz hat keine Bedeutung für den Jahresabschluß. Die Vermögensteuerbilanz müssen die Unternehmen alle drei Jahre zur Ermittlung des Einheitswertes des gewerblichen Betriebes aufstellen.

Die Steuerbilanz kann mit der Handelsbilanz identisch sein, wenn die Wertansätze den steuerlichen Bestimmungen gemäß festgelegt werden. Sie kann aber auch aus der Handelsbilanz abgeleitet werden, indem die vom Steuerrecht geforderten Korrekturen vorgenommen werden.

Die Einzel- und Personengesellschaften stellen meist nur eine Steuerbilanz auf. Die prüfungspflichtigen mittelgroßen und großen Kapitalgesellschaften dagegen trennen meist die Handelsbilanz von der Steuerbilanz, indem sie aus der Handelsbilanz die Steuerbilanz ableiten.

11.3.2 Maßgeblichkeitsgrundsatz

Grundsätzlich gilt die Maßgeblichkeit der Handelsbilanz für die Steuerbilanz. Die Bilanzierungs- und Bewertungswahlrechte werden grundsätzlich identisch ausgeübt. Die umgekehrte Maßgeblichkeit der Steuerbilanz für die Handelsbilanz betrifft insbesondere die steuerlichen Sonderabschreibungen, die erhöhten Absetzungen und die Bildung von steuerlichen Rücklagen.

11.3.2.1 Maßgeblichkeit der Handelsbilanz

Die Maßgeblichkeit der Handelsbilanz für die Steuerbilanz bedeutet, daß die handelsrechtlichen Wertansätze in die Steuerbilanz übernommen werden müssen, wenn sie im Rahmen der steuerlichen Bewertungsvorschriften liegen.

Bei der steuerrechtlichen Gewinnermittlung ist das Vermögen anzusetzen, das nach den handelsrechtlichen Grundsätzen ordnungsmäßiger Buchführung auszuweisen ist (§ 5 Abs. 1 Satz 1 EStG). Wenn zwingende Vorschriften des Steuerrechts dem entgegenstehen, müssen diese berücksichtigt werden. Die handelsrechtlichen Aktivierungs- und Passivierungsgebote und Aktivierungs- und Passivierungsverbote sind also auch steuerrechtlich bindend.

11.3.2.2 Umgekehrte Maßgeblichkeit

Weichen die Wertansätze in der Handelsbilanz von den steuerrechtlichen Bewertungsvorschriften ab, müssen in der Steuerbilanz die abweichenden Steuerwerte eingesetzt werden. Steuerrechtliche Wahlrechte können aber nur in Übereinstimmung mit der Handelsbilanz ausgeübt werden. Dadurch wird das steuerliche Wahlrecht für die Bewertung in der Handelsbilanz zwingend. Deshalb sprechen wir dann von der umgekehrten Maßgeblichkeit der Steuerbilanz für die Handelsbilanz.

Die Anwendung steuerlicher Sondervorschriften ist handelsrechtlich erlaubt. Das gilt beispielsweise für die steuerrechtlichen Sonderabschreibungen auf das Anlage- und Umlaufvermögen (§§ 254, 279 Abs. 2 HGB) und für die Bildung von steuerfreien Rücklagen (§§ 247 Abs. 3, 273 HGB). Die steuerfreien Rücklagen werden in den Sonderposten mit Rücklageanteil erfaßt.

MERKE

Die Zwecke der Bewertung in der Handels- und Steuerbilanz sind unterschiedlich. Der Hauptzweck der Handelsbilanz ist die Ermittlung des Gewinns unter besonderer Berücksichtigung des Gläubigerschutzes. Es gilt der Grundsatz der Vorsicht.

In der Steuerbilanz ist der Hauptzweck die Ermittlung eines möglichst gleichmäßigen Periodengewinns. Die Gewinne sollen in vollem Umfang ausgewiesen werden.

Das Steuerrecht läßt allerdings aus wirtschaftspolitischen Gründen bestimmte Bewertungsvergünstigungen zu. Steuerfreie Rücklagen sind möglich. Das Steuerrecht gibt auch Anreize zu Investitionen und Umweltschutzmaßnahmen.

Generell gilt die Maßgeblichkeit der Handelsbilanz für die Steuerbilanz. Die Bilanzierungs- und Bewertungsvorschriften werden grundsätzlich identisch in der Handels- und Steuerbilanz ausgeübt. Die umgekehrte Maßgeblichkeit der Steuerbilanz für die Handelsbilanz betrifft insbesondere die steuerlichen Sonderabschreibungen, die erhöhten Absetzungen und die Bildung von steuerfreien Rücklagen.

11.4 Finanzbuchhaltung, Inventur, Bilanzierung

11.4.1 Grundsätze ordnungsmäßiger Buchführung

Die Handelsbilanz und die ihr zugrunde liegende Buchführung muß nach den Grundsätzen ordnungsmäßiger Buchführung erstellt werden (§ 238 ff. HGB). Die Grundsätze gelten auch für die Steuerbilanz, da sie ihrer Natur nach eine aufgrund zwingender steuerrechtlicher Vorschriften korrigierte Handelsbilanz ist (§ 5 Abs. 1 EStG).

Die Grundsätze ordnungsmäßiger Buchführung beinhalten die Regeln, die ein Kaufmann bei der Erstellung seiner Buchführung und seines Jahresabschlusses beachten muß. Diese Grundsätze können von Rechtsnormen, dem Gewohnheitsrecht und dem Handelsbrauch abgeleitet werden.

Eine Buchführung ist ordnungsgemäß, wenn ein sachverständiger Dritter sich innerhalb einer angemessenen Zeit einen Überblick über die Geschäftsvorfälle und die Lage des Unternehmens verschaffen kann (§ 238 Abs. 1 Satz 2 HGB, § 145 Abs. 1 AO). Eine ordnungsmäßige Buchführung liegt vor, wenn die für die kaufmännische Buchführung erforderlichen Bücher geführt werden, die Bücher förmlich in Ordnung sind und der Inhalt der Buchführung sachlich richtig ist.

Folgende Voraussetzungen müssen gegeben sein:

1. Die Geschäftsvorfälle müssen sich in ihrer Entstehung und Abwicklung verfolgen lassen (§ 238 Abs. 1 Satz 3 HGB, § 140 Abs. 1 AO).

2. Die Führung der Handelsbücher und der sonst erforderlichen Aufzeichnungen müssen in lebender Sprache erfolgen (§ 239 Abs. 1 Satz 1 HGB, § 146 Abs. 3 AO).
3. Die Eintragungen in den Büchern und die sonst erforderlichen Aufzeichnungen müssen vollständig, richtig, zeitgerecht und geordnet sein (§ 239 Abs. 2 HGB, § 146 Abs. 1 AO).
4. Die Eintragungen und die Aufzeichnungen dürfen nicht so verändert werden, daß der ursprüngliche Inhalt nicht mehr feststellbar ist (§ 239 Abs. 3 Satz 1 HGB, § 164 Abs. 4 AO).
5. Die Handelsbücher und die sonst erforderlichen Aufzeichnungen können auf Datenträgern geführt werden. Die Loseblattbuchführung und die Fernbuchführung sind zulässig (§ 239 Abs. 4 HGB, § 146 Abs. 5 AO).
6. Die Bücher und die sonst erforderlichen Aufzeichnungen sind im Geltungsbereich der AO zu führen und aufzubewahren (§ 146 Abs. 2 Satz 1 AO).
7. Die Mindesterfordernisse für einen Kaufmann lauten:

   a) Führung eines Kassenbuches (§ 146 Abs. 1 Satz 2 AO)

   b) Führung von Kontokorrentkonten. Offene-Posten-Buchführung ist erlaubt (§ 146 Abs. 5 AO).

   c) Führung von Wareneingangs- und Warenausgangsbüchern (§§ 143, 144 AO). Die Durchführung einer Inventur pro Jahr ist erforderlich (§§ 240, 241 HGB).

8. Der Jahresabschluß muß innerhalb einer entsprechenden Zeit aufgestellt werden (§ 264 Abs. 2 Sätze 2 und 3 HGB).

Mittelgroße und große Kapitalgesellschaften	3 Monate
Kleine Kapitalgesellschaften	6 Monate
Einzel- und Personengesellschaften	1 Jahr

9. Keine Buchung darf ohne Beleg vorgenommen werden.
10. Die Aufbewahrungsfristen sind einzuhalten (§ 257 HGB, § 147 AO). Die Unterlagen müssen entweder 6 oder 10 Jahre aufbewahrt werden, wie folgende Aufstellung zeigt:

6 Jahre	10 Jahre
Empfangene Handels- und Geschäftsbriefe Kopien der abgesandten Handels- und Geschäftsbriefe Buchungsbelege Sonstige für die Besteuerung erforderlichen Unterlagen	Bücher und Aufzeichnungen Inventurunterlagen Inventare Bilanzen Arbeitsanweisungen zum Verständnis der Bilanzen Sonstige Organisationsunterlagen

Die Aufbewahrungsfristen beginnen mit dem Ablauf des Kalenderjahres (§ 257 Abs. 5 HGB, § 147 Abs. 4 AO). Sie verlängern sich unter bestimmten Voraussetzungen, z. B. bei begonnenen Außenprüfungen, bei vorläufigen Steuerfestsetzungen und bei eingeleiteten steuerstrafrechtlichen Ermittlungen (§§ 147 Abs. 3, Satz 2, 165 AO).

11.4.2 Inventur

11.4.2.1 Begriff

Die Inventur ist zur Aufstellung des Inventars erforderlich. Beide Aufstellungen gehören zu den Bestandteilen des Jahresabschlusses. Unter der Inventur verstehen wir die mengen- und wertmäßige Erfassung aller Vermögensgegenstände und Schulden eines Unternehmens (§§ 240 Abs. 1 und 2, 241 HGB).

Bei größeren Unternehmen ist die körperliche Bestandsaufnahme des Anlagevermögens schwierig. Deshalb kann der Bestand des Anlagevermögens aus der Anlagenkartei entnommen werden. Das Bestandsverzeichnis muß allerdings folgende Informationen enthalten:

1. Bezeichnung des Gegenstandes
2. Datum des Zugangs
3. Anschaffungs- oder Herstellungskosten
4. Wert am Bilanzstichtag
5. Tag des Abgangs

11.4.2.2 Methoden der Inventur

Bei der Inventur können wir verschiedene Methoden unterscheiden. Neben der Stichtagsinventur kennen wir die verlegte und die permanente Inventur sowie die Stichprobeninventur.

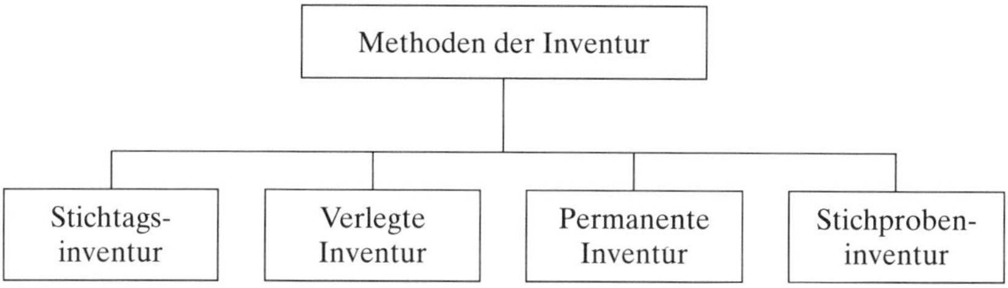

Abb.: Methoden der Inventur

1. Stichtagsinventur

Bei der Stichtagsinventur erfolgt die mengen- und wertmäßige Erfassung der Vermögensgegenstände und Schulden zum Stichtag des Jahresabschlusses. Die Bestandsaufnahme muß nicht genau zum Jahresstichtag erfolgen. Es genügt eine zeitnahe Erfassung innerhalb einer Frist von 10 Tagen vor oder nach dem Bilanzstichtag. Die Bestandsveränderungen bis zum Bilanzstichtag oder zum Bilanzstichtag zurück sind durch Wertfortschreibungen oder Wertrückrechnungen zu berücksichtigen.

Die Stichtagsinventur ist problematisch und bringt folgende Nachteile mit sich:

1. Hoher Arbeitsaufwand
2. Störung des Betriebsablaufs
3. Schließung des Betriebs
4. Aufnahmefehler
5. Geringe Kontrolle
6. Zu späte Ermittlung der Differenzen

2. Verlegte Inventur

Die Inventur kann auch innerhalb der letzten 3 Monate vor und bis zu 2 Monate nach dem Bilanzstichtag durchgeführt werden. Für die verlegte Inventur ist eine Lagerbuchhaltung erforderlich. Es erfolgt dann eine mengen- und wertmäßige Fortschreibung oder Rückrechnung auf den Bilanzstichtag.

Die verlegte Inventur stellt eine gewisse Erleichterung zur Stichtagsinventur dar. Allerdings ist auch diese Inventurmethode nicht zu empfehlen.

3. Permanente Inventur

Bei der permanenten Inventur ist nur eine mengen- und wertmäßige Bestandsaufnahme für jede Position innerhalb eines Wirtschaftsjahres erforderlich. Die permanente Inventur setzt eine ordnungsmäßige Lagerbuchhaltung voraus. Nach der Bestandsaufnahme erfolgt eine Fortschreibung der Mengen und der Werte bis zum Bilanzstichtag. Die Zu- und Abgänge werden während des Jahres mit Hilfe von Lieferscheinen und Materialentnahmescheinen laufend erfaßt.

Die permanente Inventur sollte zur besseren Steuerung der Unternehmen durchgeführt werden und bietet folgende Vorteile:

1. Laufende Erfassung der einzelnen Gegenstände während des Geschäftsjahres
2. Spezialisten führen die Erfassung durch
3. Kein Einsatz von unqualifiziertem Personal
4. Überraschende Aufnahmen möglich
5. Häufigere Erfassung von Gegenständen mit höheren Differenzen
6. Bessere Ursachenforschung von Fehlmengen
7. Schnellere Ermittlung von Problemen im Lager

4. Stichprobeninventur

Bei der Stichprobeninventur werden unter der Anwendung der Stichprobentheorie die Inventurwerte eines Lagers ermittelt. Durch die Hochrechnung von den Werten der entnommenen Stichproben werden die Werte von Teilen des gesamten Lagers ermittelt.

Durch die Stichtagsinventur wird der Arbeitsanfall insbesondere bei der Erfassung der Hilfs- und Betriebsstoffe reduziert. Die Unternehmen können mit dieser Methode erhebliche Rationalisierungsmaßnahmen durchführen.

Die hochwertigen Teile (A-Teile) müssen vollständig erfaßt und bewertet werden. Für diese Teile gilt der Grundsatz der Einzelbewertung.

11.4.3 Grundsätze ordnungsmäßiger Bilanzierung

11.4.3.1 Bilanzansätze

Unter Bilanzierung verstehen wir die Erstellung des Bilanzansatzes in formeller und materieller Sicht. Wir unterscheiden Ansatzgebote, Ansatzverbote und Ansatzwahlrechte.

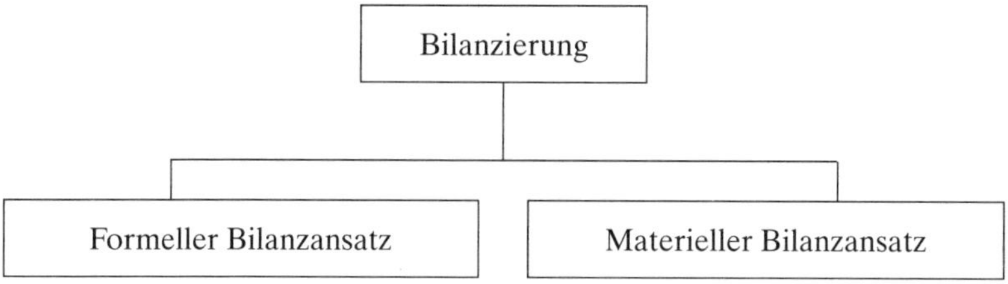

Abb.: Formeller und materieller Bilanzansatz

1. Formeller Bilanzansatz

Der formelle Bilanzansatz beinhaltet die Fragen der Aktivierung und Passivierung von Bilanzpositionen. Es geht darum, welche Bilanzpositionen in der Bilanz auszuweisen sind.

2. Materieller Bilanzansatz

Beim materiellen Bilanzansatz handelt es sich um die Fragen der Bewertung. Es ist zu klären, mit welchem Betrag die einzelnen Wirtschaftsgüter nach Handels- und Steuerrecht in der Bilanz anzusetzen sind.

11.4.3.2 Bilanzierungsgrundsätze

Die Grundsätze ordnungsmäßiger Bilanzierung können wir unterteilen in Grundsätze der Bilanzwahrheit, der Bilanzklarheit und der Bilanzkontinuität.

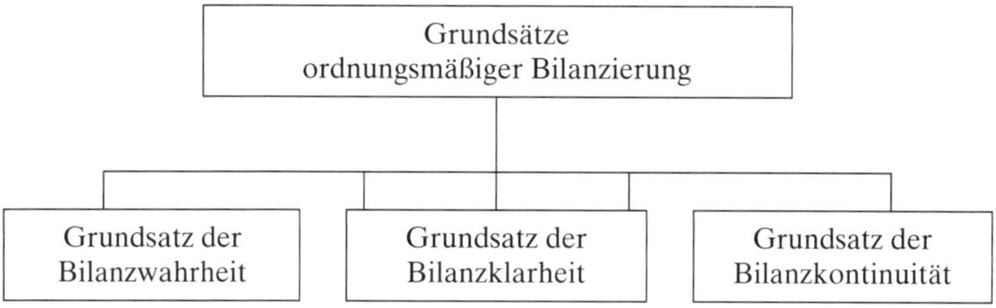

Abb.: Grundsätze ordnungsmäßiger Bilanzierung

1. Grundsatz der Bilanzwahrheit

Der Grundsatz der Bilanzwahrheit beinhaltet, daß die Buchungen vollständig zeitgerecht, geordnet und richtig aufgezeichnet werden müssen (§ 339 Abs. 2 HGB, § 146

Abs. 1 AO). Der Jahresabschluß hat sämtliche Vermögensgegenstände, Schulden, Rechnungsabgrenzungsposten, Aufwendungen und Erträge zu enthalten (§ 246 Abs. 1 HGB). Die einzelnen Positionen müssen vollständig erfaßt und richtig bewertet werden.

Der Grundsatz der Vorsicht steht aber über dem Grundsatz der Wahrheit.

2. Grundsatz der Bilanzklarheit

Der Grundsatz der Bilanzklarheit fordert, daß der Jahresabschluß klar und übersichtlich aufgestellt werden muß (§ 243 Abs. 2 HGB). Die Gliederungsvorschriften der Bilanz sowie der GuV geben Aufschluß darüber (§§ 266, 275 HGB).

Neben den Gliederungsvorschriften gehören zum Grundsatz der Bilanzklarheit noch folgende Punkte:

1. **Saldierungsverbot (§ 246 Abs. 2 HGB)**
   Aktiva und Passiva sowie Aufwendungen und Erträge dürfen nicht untereinander verrechnet werden.
2. **Vorjahresbeträge (§ 265 Abs. 2 HGB)**
   Der Jahresabschluß muß die Angaben und Erläuterungen auch der Vorjahresbeträge enthalten.
3. **Zusammenfassung der Posten**
   Unerhebliche Posten können zusammengefaßt werden. Dadurch wird die Klarheit des Jahresabschlusses erhöht.

Die Bilanz soll äußerlich ein einwandfreies Bild abgeben, das eine auswertungsfähige Übersicht ermöglicht und auch eine Bilanzkritik erlaubt.

3. Grundsatz der Bilanzkontinuität

Der Grundsatz der Bilanzkontinuität soll die Vergleichbarkeit der Jahresabschlüsse ermöglichen. Ein genaues Bild über die Entwicklung eines Unternehmens ist nur möglich, wenn die einzelnen Jahresabschlüsse miteinander vergleichbar sind. Deshalb ist eine gleichbleibende Anwendung bestimmter Regelungen hinsichtlich der Form und des Inhalts der Bilanz erforderlich.

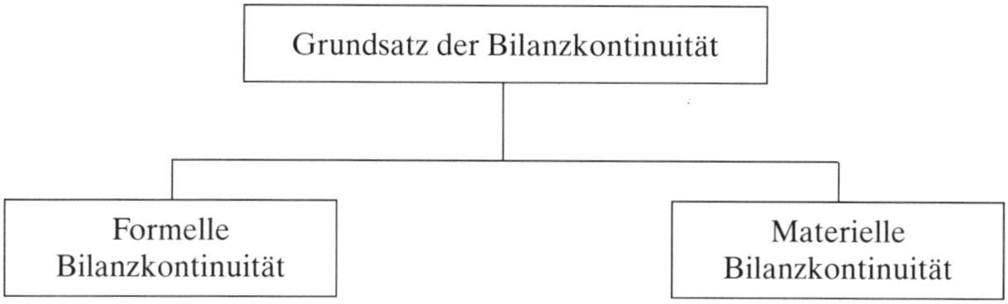

Abb.: Formelle und materielle Bilanzkontinuität

Den Grundsatz der Bilanzklarheit können wir in eine formelle und eine materielle Bilanzkontinuität aufteilen.

1. Formelle Bilanzkontinuität

Die formelle Bilanzkontinuität umfaßt das äußere Bild des Jahresabschlusses. Die Wertansätze der Schlußbilanz eines Jahres und der Anfangsbilanz des Folgejahres müssen identisch sein (§ 252 Abs. 1 Nr. 1 HGB, § 4 Abs. 1 Satz 1 EStG). Deshalb sprechen wir auch von der Bilanzidentität.

Die formelle Bilanzkontinuität schlägt sich insbesondere in folgenden Punkten nieder:

1. **Gleichbleibender Bilanzstichtag**
   Der Jahresabschluß ist an einem gleichbleibenden Bilanzstichtag zu erstellen. Eine willkürliche Änderung des Bilanzstichtages erschwert die Vergleichbarkeit des Jahresabschlusses insbesondere bei Saisonbetrieben.

2. **Gleiche Gliederung**
   Das Bilanzschema muß beibehalten werden. Die Reihenfolge der Bilanzposten ist in der Bilanz konstant zu halten.

3. **Inhaltliche Stetigkeit**
   Die Zusammenfassung verschiedener Vermögensgegenstände in einem Posten sollte nicht geändert werden. Die inhaltliche Stetigkeit ist also zu bewahren.

2. Materielle Bilanzkontinuität

Die materielle Bilanzkontinuität bezieht sich auf die Anwendung gleicher Bewertungsgrundsätze in der Bilanzfolge. Die Wahrung des Wertzusammenhangs und des Bewertungsmethodenzusammenhangs in den Bilanzen ist also zu beachten.

1. **Wertezusammenhang**
   Unter Wertezusammenhang verstehen wir, daß der Wert der Bilanzposten in der Schlußbilanz des Vorjahres nicht überschritten werden darf.

2. **Bewertungsmethodenzusammenhang**
   Der Bewertungsmethodenzusammenhang beinhaltet, daß stets nur eine Bewertungsart zur Anwendung kommt. Ein willkürlicher Wechsel von der degressiven zur linearen Abschreibung ist beispielsweise nicht erlaubt.

   Die Bewertungsstetigkeit schreibt vor, daß die beim vorhergehenden Jahresabschluß angewandten Bewertungsmethoden beibehalten werden sollten. Nur in begründeten Ausnahmefällen kann eine Abweichung von der vorher gewählten Bewertungsmethode erfolgen. Ein vorgenommener Wechsel in der Bewertungsmethode ist im Anhang zu kommentieren.

MERKE

Die Grundsätze ordnungsmäßiger Buchführung sind zu beachten. Die Buchführung ist ordnungsgemäß, wenn ein sachverständiger Dritter sich innerhalb einer angemessenen Zeit einen Überblick über die Geschäftsvorfälle und die Lage des Unternehmens verschaffen kann.

Unter der Inventur verstehen wir die mengen- und wertmäßige Erfassung aller Vermögensgegenstände und Schulden eines Unternehmens. Wir unterscheiden die Stichtagsinventur, die verlegte und permanente Inventur sowie die Stichprobeninventur. Die Unternehmen sollten möglichst die permanente Inventur einführen, die viele Vorteile bietet.

Die Grundsätze der Bilanzwahrheit, der Bilanzklarheit und der Bilanzkontinuität sind zu beachten. Dadurch wird insbesondere eine Vergleichbarkeit der Jahresabschlüsse ermöglicht.

11.5 Allgemeine Bewertungsgrundsätze

Bei der Bewertung der Positionen in der Bilanz müssen verschiedene Bewertungsgrundsätze deutlich auseinandergehalten werden.

11.5.1 Nominalwertprinzip

Das Handels- und Steuerrecht gehen vom Nominalwertprinzip aus. Es wird unterstellt, daß beispielsweise eine Maschine, die 1994 für 100.000,– DM angeschafft wurde, nach dem Ablauf der Nutzungsdauer von 8 Jahren für den gleichen Preis wieder beschafft werden kann. Die Abschreibungen erfolgen ebenfalls von den Anschaffungskosten. Diese Unterstellung des Handels- und Steuerrechts ist in Zeiten der Inflation unrealistisch und führt dazu, daß die Vermögenslage der Unternehmen falsch dargestellt wird. Dadurch erleiden die Unternehmen Substanzverluste.

11.5.2 Grundsatz der Unternehmensfortführung

Bei der Bewertung der einzelnen Vermögensgegenstände und Schulden wird unterstellt, daß das Unternehmen fortgeführt wird, soweit dem nicht tatsächliche oder rechtliche Gegebenheiten entgegenstehen (Going-Concern-Prinzip). Die Fortführung der Unternehmenstätigkeit heißt, daß ein Unternehmen bei vernünftiger kaufmännischer Beurteilung die gewerbliche Tätigkeit für einen übersehbaren Zeitraum fortsetzen kann (§ 252 Abs. 1 Nr. 2 HGB).

11.5.3 Grundsatz der Periodenabgrenzung

Alle Aufwendungen und Erträge des Geschäftsjahres sind unabhängig von den Zahlungen im Jahre der wirtschaftlichen Verursachung zu erfassen (§ 252 Abs. 1 Nr. 5 HGB). Die Abschreibungen und Rückstellungen stellen typische Fälle der Periodenabgrenzung dar.

11.5.4 Grundsatz der Stichtagsbewertung

Für die Bilanzierung und Bewertung ist der maßgebende Zeitpunkt der Schluß des Geschäftsjahres (§§ 240 Abs. 2, 242 Abs. 1 HGB, § 4 Abs. 1 EStGB). Die Bewertung richtet sich nach den Verhältnissen am Bilanzstichtag. Wenn Tatsachen erst später bekannt werden, die bereits am Bilanzstichtag gegeben waren, so sind sie ebenfalls zu berücksichtigen. Wertaufhellende Tatsachen, die sich zwischen dem Bilanzstichtag und dem Tag der Bilanzaufstellung ergeben, müssen also verarbeitet werden, soweit sich diese besseren Erkenntnisse auf die Verhältnisse am Bilanzstichtag beziehen.

Allerdings bleiben Wertänderungen, die erst nach dem Bilanzstichtag eingetreten sind, grundsätzlich außer Betracht. Wertbeeinflussende Tatsachen werden also erst nach dem Bilanzstichtag bekannt.

Auch neue Erkenntnisse bleiben unberücksichtigt, die erst nach der Aufstellung der Bilanz bekannt werden. Eine Bilanzberichtigung ist also nicht erforderlich.

Der Jahresabschluß muß innerhalb einer entsprechenden Zeit aufgestellt werden (§ 243 Abs. 3 HGB). Für prüfungspflichtige Kapitalgesellschaften beträgt die Zeit der Bilanzerstellung 3 Monate nach Ablauf des Geschäftsjahres (§ 264 HGB). Kleine

Kapitalgesellschaften müssen die Bilanz innerhalb von 6 Monaten erstellen. Die Einzel- und Personengesellschaften haben die Bilanz ein Jahr nach Bilanzstichtag aufzustellen.

Bilanzaufstellung	
Mittelgroße und große Kapitalgesellschaften	3 Monate
Kleine Kapitalgesellschaften	6 Monate
Einzel- und Personengesellschaften	1 Jahr

Abb.: Zeitpunkt der Bilanzaufstellung

11.5.5 Grundsatz der Vorsicht

Bei der Bewertung werden alle vorhersehbaren Risiken berücksichtigt, die bis zum Abschlußstichtag entstanden sind (§ 252 Abs. 1 Nr. 4 HGB). In der Handels- und Steuerbilanz herrscht der Grundsatz der Vorsicht, nach dem nicht realisierte Gewinne nicht ausgewiesen werden dürfen (Realisationsprinzip). Nicht realisierte Verluste dagegen müssen ausgewiesen werden (Imparitätsprinzip). Außerdem sind das Niederstwert- und das Höchstwertprinzip zu beachten.

11.5.5.1 Realisationsprinzip

Das Realisationsprinzip besagt, daß nur Gewinne ausgewiesen werden dürfen, die am Abschlußstichtag realisiert sind. Deshalb müssen beispielsweise die Wirtschaftsgüter zu Anschaffungs- oder Herstellungskosten bewertet werden. Ein höherer Teilwert darf nicht angesetzt werden.

11.5.5.2 Imparitätsprinzip

Nach dem Imparitätsprinzip müssen die nicht realisierten Verluste ausgewiesen werden. Dies trifft beispielsweise bei Verlusten aus schwebenden Geschäften zu. Auch die Wertberichtigung zu Forderungen und die Bildung von Rückstellungen werden mit dem Imparitätsprinzip begründet. Der niedrigere Teilwert muß also angesetzt werden.

11.5.5.3 Niederstwertprinzip

Das Niederstwertprinzip ist auch aus dem Grundsatz der Vorsicht abgeleitet (§ 253 Abs. 2 Satz 3 HGB). Für die Aktivseite der Bilanz gilt generell das Niederstwertprinzip. Die obersten Grenzen stellen die Anschaffungs- oder Herstellungskosten dar. Die Vermögensgegenstände sind mit einem niedrigeren Wert anzusetzen, der ihnen am Abschlußstichtag beizulegen ist. Der niedrigere Wert kann der Börsen- oder Marktpreis sein. Als Hilfswerte können der Wiederbeschaffungswert, der Ertragswert oder der Teilwert herangezogen werden.

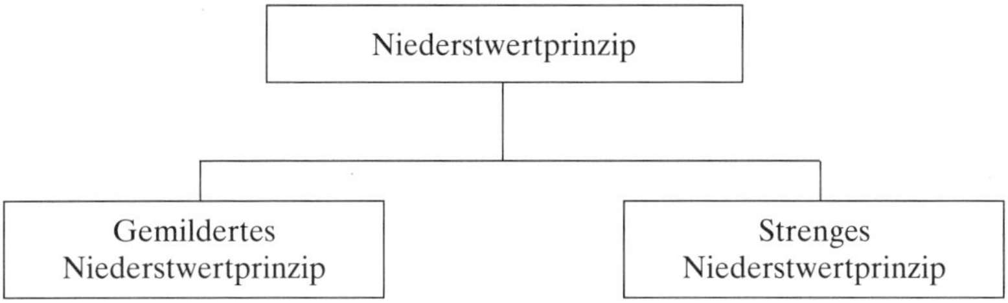

Abb.: Arten des Niederstwertprinzips

Wir unterscheiden das gemilderte und das strenge Niederstwertprinzip.

11.5.5.3.1 Gemildertes Niederstwertprinzip

Das gemilderte Niedestwertprinzip gilt für das Anlagevermögen. Wenn die Wertminderung nicht von Dauer oder vorübergehender Natur ist, besteht ein Wahlrecht bei der Abschreibung (§ 253 Abs. 2 Satz 3 1. Halbsatz HGB). Die Teilwertabschreibung entspricht der vorübergehenden Abschreibung (§ 6 Abs. 1 Nr. 1 Satz 2 EStG). Wenn die Wertminderung von Dauer ist, besteht auch beim Anlagevermögen eine Abschreibungspflicht, die auch steuerrechtlich zu beachten ist (§ 253 Abs. 2 Satz 3 2. Halbsatz HGB).

Die Wertminderung ist dann Anlaß zu einer außerplanmäßigen Abschreibung. Die Ursachen der Wertminderung können vielfältig sein. Ein Feuerschaden oder eine technische Entwicklung sind Anlässe für außerplanmäßige Abschreibungen. Im Steuerrecht sprechen wir von einer Absetzung für außergewöhnliche wirtschaftliche oder technische Abnutzung (§ 7 Abs. 1 letzter Satz EStG) oder von einer Teilwertabschreibung (§ 6 Abs. 1 Nr. 1 EStG).

11.5.5.3.2 Strenges Niederstwertprinzip

Beim strengen Niederstwertprinzip stellen die Anschaffungs- oder Herstellungskosten die oberen Grenzen nach Handels- und Steuerrecht dar. Ist der Börsen- oder Marktpreis am Abschlußstichtag niedriger als die Anschaffungs- oder Herstellungskosten, muß der niedrigere Wert angesetzt werden (§ 253 Abs. 3 Satz 1 HGB). Das strenge Niederstwertprinzip gilt für das Umlaufvermögen.

11.5.5.4 Höchstwertprinzip

Auf der Passivseite kommt das Höchstwertprinzip zur Anwendung. Bei den Verbindlichkeiten beispielsweise gilt das Höchstwertprinzip. Die Verbindlichkeiten sind zu den Rückzahlungsbeträgen oder zu den höheren Teilwerten in der Bilanz anzusetzen.

11.5.6 Grundsatz der Einzelbewertung

Die Vermögensgegenstände und Schulden sind einzeln zu erfassen und zu bewerten (§ 252 Abs. 1 Nr. 3 HGB, § 6 EStG). Im Handels- und Steuerrecht gilt also der Grundsatz der Einzelbewertung.

In der Praxis ergeben sich allerdings insbesondere bei Vorräten erhebliche Schwierigkeiten, weil eine Einzelbewertung überhaupt nicht möglich ist oder zu einer unzumutbaren Arbeitsbelastung führen würde. Deshalb hat der Gesetzgeber Ausnahmen zugelassen.

11.5.6.1 Durchschnittsbewertung

Bei vertretbaren Wirtschaftsgütern kann der Wert der Wirtschaftsgüter geschätzt werden, wenn die Anschaffungs- oder Herstellungskosten wegen der Schwankungen der Einstandspreise im Laufe des Wirtschaftsjahres im einzelnen nicht mehr einwandfrei feststellbar sind (Abschnitt 36, Absatz 3 Einkommensteuerrichtlinien). In diesen Fällen erfolgt die Durchschnittsbewertung nach dem gewogenen Mittel.

11.5.6.2 Gruppenbewertung

Gleichartige und annähernd gleichwertige Wirtschaftsgüter können bei der Inventur zu einer Gruppe zusammengefaßt und einheitlich bewertet werden (§ 240 Abs. 4 HGB). Damit ist eine Rationalisierung der Bewertung möglich.

Die Gruppenbewertung kann sowohl für Wirtschaftsgüter des Anlagevermögens als auch für solche des Umlaufvermögens durchgeführt werden. Im Anlagevermögen kommt eine Gruppenbewertung beispielsweise für kleinere Maschinen und Werkzeuge in Frage. Gleichartige Wirtschaftsgüter können im Vorratsvermögen zu Gruppen zusammengefaßt und bewertet werden. Der Ansatz erfolgt mit dem gewogenen Durchschnittswert.

11.5.6.3 Festbewertung

Eine Festbewertung ist möglich, wenn der Bestand in seiner Höhe, seinem Wert und seiner Zusammensetzung nur geringen Veränderungen unterliegt (§ 240 Abs. 3

HGB). Bestimmte Gegenstände des Anlagevermögens sowie Roh-, Hilfs- und Betriebsstoffe können mit einer gleichbleibenden Menge und mit gleichbleibenden Werten angesetzt werden.

Bei den Wirtschaftsgütern des Anlagevermögens handelt es sich um die Bestände an Werkzeugen, um Fässer und um Gerüstteile. Im Vorratsvermögen kommen für die Festbewertung beispielsweise Schrauben und Nägel in Frage. Für fertige Erzeugnisse und für Waren ist die Bildung eines Festwertes nicht möglich.

Alle drei Jahre ist jeweils eine körperliche Bestandsaufnahme erforderlich. Wenn der ermittelte Wert den bisherigen Festwert um mehr als 10 % übersteigt, muß der neue Festwert angesetzt werden.

11.5.6.4 Verbrauchsfolgeverfahren

Bei der Berechnung der Anschaffungs- oder Herstellungskosten kann auch eine bestimmte Verbrauchsfolge unterstellt werden (§ 256 HGB). Die Unternehmen erhalten einen bestimmten Bewertungsspielraum bei der Bewertung des Umlaufvermögens. Im Steuerrecht ist das Lifo-Verfahren ab 1990 zulässig für Unternehmen, die den Gewinn nach § 5 EStG ermitteln. Das Handelsrecht läßt auch das Fifo-Verfahren zu.

Bei dem Lifo-Verfahren wird unterstellt, daß die zuletzt beschafften Wirtschaftsgüter zuerst verbraucht werden (Last In – First Out). In den Zeiten der Inflation führt das Lifo-Verfahren dazu, daß die am teuersten eingekauften Wirtschaftsgüter zuerst wieder verbraucht werden. Dadurch ist die Bildung von stillen Reserven möglich.

11.5.6.5 Retrograde Bewertung

Wenn sich in den Industriebetrieben oder im Einzelhandel die Anschaffungs- oder Herstellungskosten nicht direkt ermitteln lassen oder nur schwierig feststellbar sind, kann die Wertermittlung durch eine retrograde Rechnung durchgeführt werden.

In Kaufhäusern mit umfangreichem Warenlager bereiten die Aufnahme und die Bewertung der Warenbestände größere Schwierigkeiten. Deshalb werden zur Ermittlung der Anschaffungskosten die Verkaufspreise genommen. Von den Verkaufspreisen ausgehend berechnen wir durch Rohgewinnabschläge die Einstandspreise, wie folgendes Beispiel zeigt:

Retrograde Wertermittlung

	Bestand zu Verkaufspreisen	57.500,– DM
–	Umsatzsteuer 15 %	7.500,– DM
	Bestand zu Nettoverkaufspreisen	50.000,– DM
–	Rohgewinnaufschlag 50 %	25.000,– DM
	Zwischensumme	25.000,– DM
–	Erhaltene Preisnachlässe 3 %	750,– DM
=	Anschaffungskosten	24.250,– DM

Abb.: Retrograde Wertermittlung

11.5.6.6 Pauschalwertberichtigungen zu Forderungen

Neben der Einzelbewertung ist auch eine Pauschalwertberichtigung zu Forderungen möglich. Je nach Branche erlaubt das Steuerrecht aus Vereinfachungsgründen eine pauschale Wertberichtigung zu den normalen Forderungen aus Lieferungen und Leistungen in Höhe von 2 % bis 3 %.

11.5.6.7 Pauschalrückstellungen für ungewisse Verbindlichkeiten

Für ungewisse Verbindlichkeiten ermöglicht das Steuerrecht Pauschalrückstellungen, um die Bewertung zu erleichtern und zu vereinfachen. Bei Garantieleistungen kann eine pauschale Rückstellung vorgenommen werden, die auf den Erfahrungswerten der letzten Geschäftsjahre basieren muß.

MERKE

Die allgemeinen Bewertungsgrundsätze müssen bei der Bewertung der einzelnen Positionen in der Bilanz berücksichtigt werden. Die Grundsätze lassen erkennen, welche Bewertungsspielräume vorhanden sind und welche Grenzen beachtet werden müssen.

Neben dem Grundsatz der Einzelbewertung läßt das Steuerrecht auch verschiedene Vereinfachungen zu, die die Bewertung bestimmter Wirtschaftsgüter wesentlich erleichtern. Dadurch sind auch Möglichkeiten gegeben, stille Reserven aufzubauen.

11.6 Bewertungsmaßstäbe

Im Bilanzsteuerrecht unterscheiden wir folgende Bewertungsmaßstäbe: Anschaffungskosten, Herstellungskosten, Teilwert, gemeiner Wert, Zeitwert und Marktpreis.

Bewertungsmaßstäbe
1. Anschaffungskosten
2. Herstellungskosten
3. Teilwert
4. Gemeiner Wert
5. Zeitwert
6. Marktpreis

Abb.: Bewertungsmaßstäbe im Bilanzsteuerrecht

Die Anschaffungs- oder Herstellungskosten sind historische Werte, die dem Rechnungswesen der Unternehmen zu entnehmen sind. Bei dem Teilwert, dem gemeinen Wert, dem Zeitwert und dem Marktpreis dagegen handelt es sich um aktuelle Stichtagswerte, die am Markt zu einem bestimmten Zeitpunkt ermittelt werden.

11.6.1 Anschaffungskosten

Die Anschaffungskosten stellen die Aufwendungen dar, die geleistet werden, um einen Vermögensgegenstand zu erwerben und ihn in einen betriebsbereiten Zustand zu versetzen, soweit sie dem Vermögensgegenstand zugerechnet werden können (§ 255 Abs. 1 HGB). Zu den Anschaffungskosten gehören auch die Anschaffungsnebenkosten. Von den Anschaffungskosten werden die Anschaffungspreisminderungen abgezogen (§ 255 Abs. 1 Satz 3 HGB).

	Anschaffungskosten
	Anschaffungspreis
+	Anschaffungsnebenkosten
–	Anschaffungspreisminderungen
=	Anschaffungskosten

Abb.: Zusammensetzung der Anschaffungskosten

Die Anschaffungskosten müssen aktiviert werden, wenn die angeschafften Wirtschaftsgüter länger als 1 Jahr nutzbar sind und dem Unternehmen über den Schluß des Wirtschaftsjahres hinaus dienen. Eine Ausnahme stellen die geringwertigen Wirtschaftsgüter dar (800,– DM ohne MwSt.), die als Betriebsausgaben sofort abgesetzt werden können.

Die Anschaffungskosten stellen die obere Grenze der Bewertung (Höchstwert) dar (§ 6 Abs. 1 Nr. 1 und 2 EStG). Ein Wirtschaftsgut kann nicht höher als mit den Anschaffungskosten angesetzt werden, selbst wenn der Wert des Wirtschaftsgutes später steigen sollte. Die Anschaffungskosten sind die Ausgangswerte für die Abschreibungen und werden am Tag des Erwerbs ermittelt.

Die Zusammensetzung der Anschaffungskosten sieht wie folgt aus:

Zusammensetzung der Anschaffungskosten	
1. Anschaffungspreis	Kaufpreis des Wirtschaftsgutes o. MwSt.
2. Anschaffungsnebenkosten	Grunderwerbsteuer, Notariats-Kosten, Montagekosten, Provisionen, Grundbuchkosten, Gutachterkosten, Verpackungskosten, Frachtkosten, Zölle, Maklergebühr.
3. Anschaffungspreisminderungen	Skonti, Rabatte, Boni

Abb.: Zusammensetzung der Anschaffungskosten

11.6.2 Herstellungskosten

Für die fertigen und unfertigen Produkte sowie für selbst hergestellte Anlagegüter (Gebäude, Maschinen) müssen die Herstellungskosten ermittelt werden. Wir verwenden das Schema der Zuschlagskalkulation zur Ermittlung der Herstellungskosten (§ 255 Abs. 2 HGB).

Die Zuschlagskalkulation setzt sich aus folgenden Positionen zusammen:

Zuschlagskalkulation
Materialkosten
+ Materialgemeinkosten
+ Fertigungslöhne
+ Fertigungsgemeinkosten
+ Sondereinzelkosten der Fertigung
= Herstellungskosten
+ Verwaltungsgemeinkosten
+ Vertriebsgemeinkosten
+ Sondereinzelkosten des Vertriebs
= Selbstkosten
+ Gewinnzuschlag
= Barverkaufspreis

Abb.: Schema der Zuschlagskalkulation

Zu den Herstellungskosten gehören neben den Einzelkosten (Material, Fertigungslöhne, Sondereinzelkosten der Fertigung) auch bestimmte Gemeinkosten (Materialgemeinkosten, Fertigungsgemeinkosten). Ein Wahlrecht besteht bei den Verwaltungsgemeinkosten. Die Vertriebsgemeinkosten dagegen gehören nicht zu den Herstellungskosten. Auch die Fremdkapitalzinsen zählen grundsätzlich nicht zu den Herstellungskosten. Das gleiche gilt für Forschungs- und Entwicklungskosten.

Nach Handels- und Steuerrecht unterscheiden wir jeweils Wertober- und Wertuntergrenzen.

Herstellungskosten nach Handels- und Steuerrecht		
	Wertobergrenze	Wertuntergrenze
Handelsrecht (§ 255 Abs. 2 Satz 3)	Fertigungsmaterial + Materialgemeinkosten Fertigungslöhne + Fertigungsgemeinkosten + Sondereinzelkosten der Fertigung + Verwaltungsgemeinkosten (Wahlrecht)	Fertigungsmaterial + Fertigungslöhne + Sondereinzelkosten der Fertigung
Steuerrecht (Abschnitt 33 EStR)	Fertigungsmaterial + Materialgemeinkosten Fertigungslöhne + Fertigungsgemeinkosten + Sondereinzelkosten der Fertigung + Verwaltungsgemeinkosten (Wahlrecht)	Fertigungsmaterial + Materialgemeinkosten Fertigungslöhne + Fertigungsgemeinkosten + Sondereinzelkosten der Fertigung

Abb.: Wertober- und Wertuntergrenzen der Herstellungskosten nach Handels- und Steuerrecht

11.6.3 Teilwert

Neben den Anschaffungs- oder Herstellungskosten ist der Teilwert ein weiterer möglicher Bewertungsmaßstab für die Steuerbilanz. Er muß bei der Bewertung des Anlage- und Umlaufvermögens nur dann angesetzt werden, wenn er niedriger als die Anschaffungs- oder Herstellungskosten ist.

Der Teilwert ist der Betrag, den der Erwerber des ganzen Betriebs im Rahmen des Gesamtkaufpreises für das einzelne Wirtschaftsgut ansetzen würde. Dabei ist davon auszugehen, daß der Erwerber den Betrieb fortführt (§ 6 Abs. 1 Nr. 1 Satz 3 EStG).

Bei der Ermittlung des Teilwertes wird auch auf die Marktverhältnisse am Bilanzstichtag zurückgegriffen.

Der Teilwert läßt sich nur schätzen. Bei den Gütern des Anlagevermögens und des Umlaufvermögens kann der Teilwert zwischen dem Wiederbeschaffungswert als obere Grenze und dem Schrottwert als untere Grenze liegen.

11.6.4 Gemeiner Wert

Der gemeine Wert als Bewertungsmaßstab ist der Preis, der im gewöhnlichen Geschäftsverkehr nach der Beschaffenheit der Wirtschaftsgüter bei der Veräußerung zu erzielen ist. Alle Umstände werden dabei berücksichtigt, die den Preis am Verkäufermarkt beeinflussen können (§ 9 Abs. 2 Bewertungsgesetz). Gewöhnlicher Geschäftsverkehr bedeutet, daß sich die Preise nach Angebot und Nachfrage bilden. Beeinflussende Umstände können der Erhaltungszustand, die Lage oder das Alter sein.

Der Börsen- oder Marktpreis ist weitgehend mit dem gemeinen Wert identisch. Er bezieht sich auf die Preisverhältnisse am Absatzmarkt zum Bilanzstichtag. Der gemeine Wert stellt also den Wert dar, den ein Wirtschaftsgut aus objektiver Sicht für den Käufer hat.

11.6.5 Zeitwert

Der Zeitwert ist ein Wert, der den Vermögensgegenständen am Abschlußstichtag beizulegen ist. Die Wiederbeschaffungskosten am Beschaffungsmarkt und der Verkaufswert am Absatzmarkt abzüglich der noch anfallenden absatzbedingten Aufwendungen entsprechen dem Zeitwert.

Wenn ein Börsen- oder Marktpreis nicht feststellbar ist, dann wird der Zeitwert genommen, der den Wirtschaftsgütern am Abschlußstichtag beizulegen ist (§ 253 Abs. 2 Satz 3 HGB).

11.6.6 Marktpreis

Der Marktpreis ist ein Durchschnittspreis, der für Waren einer bestimmten Gattung von durchschnittlicher Art und Güte am Bilanzstichtag an einem Handelsplatz gezahlt wird. Wenn einzelne Wirtschaftsgüter vergleichbarer Art und Güte am Markt erworben werden können, dann ist der Marktpreis gleich den Wiederbeschaffungskosten.

MERKE

Das Bilanzsteuerrecht kennt verschiedene Bewertungsmaßstäbe. Die Anschaffungs- oder Herstellungskosten sind historische Werte, die dem Rechnungswesen der Unternehmen entnommen werden können. Bei dem Teilwert, dem gemeinen Wert, dem Zeitwert und dem Marktpreis dagegen handelt es sich um aktuelle Stichtagswerte, die am Markt zu dem Bewertungsstichtag ermittelt werden.

Die Bewertungsmaßstäbe lassen auch erkennen, welche Wertober- und Wertuntergrenzen zu beachten sind. Die Unternehmen haben also Wahlrechte und Ermessensspielräume, die ausgenutzt werden können.

11.7 Abschreibungen

11.7.1 Planmäßige Abschreibungen

Die abnutzbaren Wirtschaftsgüter des Anlagevermögens unterliegen in den Unternehmen einem Wertverzehr. Mit der Abschreibung wird die Wertminderung eines Vermögenswertes buchmäßig erfaßt. Dadurch verringert sich der Buchwert des Anlageguts. Der durch die Wertminderung entstandene Betrag geht in die GuV als Aufwand ein.

Das Anlagevermögen setzt sich wie folgt zusammen:

1. Immaterielle Vermögensgegenstände
2. Sachanlagen
3. Finanzanlagen

Den Begriff planmäßige Abschreibungen verwenden wir im Handelsrecht und in der Betriebswirtschaftslehre. Steuerrechtlich reden wir von der Absetzung für Abnutzung (AfA). Die planmäßigen Abschreibungen (§ 253 Abs. 2 Satz 1 HGB) entsprechen der AfA (§ 7 EStG).

Die Kapitalgesellschaften haben einen Anlagespiegel aufzustellen, der in der Bilanz oder im Anhang die Entwicklung der einzelnen Posten des Anlagevermögens zeigt. Neben den gesamten Anschaffungs- und Herstellungskosten sind die Zugänge, Abgänge, Umbuchungen des Geschäftsjahres, Zuschreibungen sowie die Abschreibungen in ihrer gesamten Höhe gesondert aufzuführen.

11.7.2 Nutzungsdauer

Die wahrscheinliche Lebensdauer eines Wirtschaftsgutes wird geschätzt. Die betriebsgewöhnliche Nutzungsdauer ist dann festzulegen.

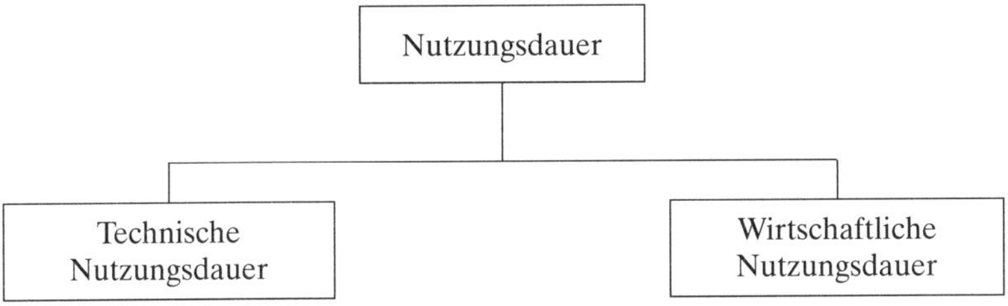

Abb.: Arten der Nutzungsdauer

Wir unterscheiden die technische und die wirtschaftliche Nutzungsdauer.

11.7.2.1 Technische Nutzungsdauer

Die technische Nutzungsdauer bezieht sich auf die technische Gebrauchsfähigkeit eines Wirtschaftsgutes.

11.7.2.2 Wirtschaftliche Nutzungsdauer

Die wirtschaftliche Nutzungsdauer stellt auf die wirtschaftlich sinnvolle Nutzungsmöglichkeit eines Wirtschaftsgutes im Unternehmen ab.

Die betriebsgewöhnliche Nutzungsdauer ist also zu schätzen. Wegen der Ungewißheit bei der Schätzung gilt der Grundsatz der Vorsicht. Ein Unternehmen wird im Zweifelsfalle dann stets eine kürzere Nutzungsdauer wählen.

Der Bundesminister der Finanzen hat AfA-Tabellen für die meisten Wirtschaftszweige herausgegeben. In den AfA-Tabellen sind die Erfahrungswerte für die betriebsgewöhnliche Nutzungsdauer enthalten. Die Unternehmensleitung kann in begründeten Fällen von diesen Erfahrungswerten abweichen und beispielsweise eine kürzere oder längere Nutzungsdauer wählen.

11.7.3 Anschaffungs- oder Herstellungskosten

Die Abschreibungen werden von den Anschaffungs- oder Herstellungskosten der abnutzbaren Wirtschaftsgüter vorgenommen, deren Nutzung sich auf einen Zeitraum von mehr als einem Jahr erstreckt. Die gesamten Anschaffungs- oder Herstellungskosten verteilen sich auf die Nutzungsdauer und werden bis auf Null abgeschrieben.

11.7.4. Beginn und Höhe der Abschreibungen

Die AfA beginnt mit der Anschaffung oder Herstellung der Wirtschaftsgüter.

Alle Wirtschaftsgüter, die im ersten Halbjahr des Geschäftsjahres angeschafft oder hergestellt werden, schreiben wir mit dem vollen Abschreibungsbetrag ab. Bei der Anschaffung oder Herstellung im zweiten Halbjahr wird nur der halbe Abschreibungsbetrag angesetzt.

11.7.5 Abschreibungs-Methoden

Die Unternehmen können verschiedene Abschreibungsmethoden wählen. Bei der Auswahl der Methoden ist darauf zu achten, daß das Unternehmen möglichst viele Steuern spart.

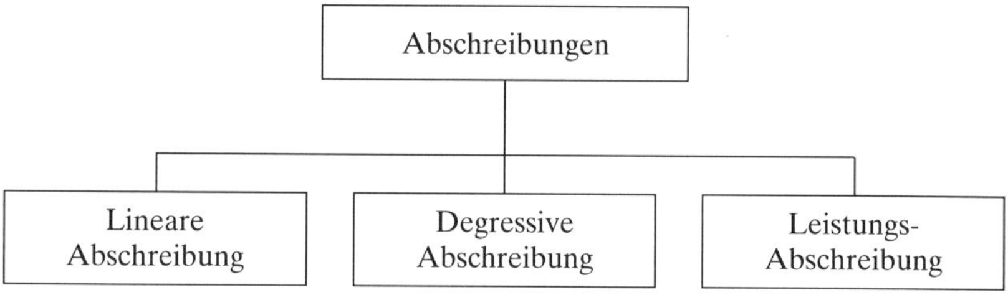

Abb.: Abschreibungsmethoden

11.7.5.1 Lineare Abschreibung

Bei der linearen Abschreibung werden die Anschaffungskosten in gleichmäßigen Beträgen auf die betriebsgewöhnliche Nutzungsdauer verteilt.

Eine Absetzung für eine außergewöhnliche technische oder wirtschaftliche Abnutzung ist nur in Verbindung mit der linearen Abschreibung zulässig (§ 7 Abs. 1 EStG). Diese AfA kann in einem Geschäftsjahr vorgenommen werden, wenn die technische oder wirtschaftliche AfA höher ist als sie bei der Schätzung der Lebensdauer des Wirtschaftsgutes angenommen wurde.

Beispiel:	Anschaffungskosten (Netto)	100.000,– DM
	Nutzungsdauer	5 Jahre
	Jährliche Abschreibung	20.000,– DM

11.7.5.2 Degressive Abschreibung

Für bewegliche Wirtschaftsgüter kann die Abschreibung auch in fallenden Jahresbeträgen vorgenommen werden. Der Satz für die degressive Abschreibung ist auf 30 % begrenzt und darf nicht höher als das dreifache der entsprechenden linearen Abschreibung sein.

Die Unternehmen sollten aus steuerlichen Gründen für bewegliche Wirtschaftsgüter möglichst die degressive Abschreibung wählen, da die Abschreibungsbeträge in den ersten Jahren höher als bei der linearen Abschreibung sind. Planmäßig ist von der degressiven auf die lineare Abschreibungsmethode überzuwechseln, wenn die gleichmäßige Verteilung des Restbuchwertes auf die verbleibende Nutzungsdauer zu höheren Abschreibungsbeträgen führt.

Steuerrechtlich ist nur die geometrisch-degressive Abschreibung erlaubt. Der Abschreibungssatz ist stets gleich und wird jeweils auf den Restwert bezogen (Buchwert-Abschreibung).

Beispiel:		Anschaffungskosten (Netto)	100.000,– DM
		Nutzungsdauer	5 Jahre
		AfA-Satz	20 %
		Anschaffungskosten	100.000,– DM
	–	20 % AfA	20.000,– DM
		Ende 1. Jahr	80.000,– DM
	–	20 % AfA	16.000,– DM
		Ende 2. Jahr	64.000,– DM
	–	20 % AfA	12.800,– DM
		Ende 3. Jahr	51.200,– DM

11.7.5.3 Leistungs-Abschreibung

Die Leistungs-Abschreibung kann bei beweglichen Wirtschaftsgütern angesetzt werden, wenn sie wirtschaftlich zu begründen ist. Dies ist bei einer sehr unterschiedlichen Beanspruchung der Wirtschaftsgüter in den einzelnen Jahren der Fall.

Beispiel:	Gesamtfahrleistung eines LKW	200.000 km
	Fahrleistung 1. Jahr	20.000 km
	Fahrleistung 2. Jahr	40.000 km

Die Abschreibung beträgt dann im ersten Jahr 10 % und im zweiten Jahr 20 % der Anschaffungskosten.

11.7.6 Außerplanmäßige Abschreibungen

Im Handelsrecht unterscheiden wir zwischen planmäßigen und außerplanmäßigen Abschreibungen. Bei den planmäßigen Abschreibungen wird der normale technische Verschleiß oder die normale Substanzverringerung erfaßt. Die außerplanmäßigen Abschreibungen dagegen ermöglichen einen niedrigeren Wertansatz, der durch unvorhergesehene Abnutzung, durch technische oder wirtschaftliche Veränderungen und durch Fehlinvestitionen verursacht wird.

Im Handelsrecht verwenden wir nur den Begriff Abschreibungen. Aus wirtschaftspolitischen Gründen sind steuerrechtlich auch niedrigere Wertansätze erlaubt, die auch handelsrechtlich beachtet werden müssen. Das Steuerrecht macht mehrere Unterscheidungen bei den Abschreibungen. Folgende Begriffe sind auseinanderzuhalten:

11.7.6.1 Absetzungen für außergewöhnliche Abnutzung (§ 7 Abs. 1 letzter Satz EStG)

Bei der Absetzung für außergewöhnliche Abnutzung erfolgt die Abnutzung plötzlich oder durch eine Herabsetzung der Nutzungsdauer. Die außergewöhnliche Abnutzung kann durch technische oder wirtschaftliche Überalterung verursacht werden. Diese AfA gilt nur im Rahmen der linearen Abschreibung (§ 7 EStG).

11.7.6.2 Erhöhte Absetzungen

Bei der erhöhten Absetzung erfolgt eine Absetzung mit höheren Beträgen als nach § 7 Abs. 1 oder Abs. 4 EStG aus wirtschaftspolitischen oder sozialpolitischen Gründen. Erhöhte Absetzungen können bei Gebäuden, in Sanierungsgebieten (§ 7h EStG) oder bei Baudenkmälern (§ 7i EStG) durchgeführt werden.

11.7.6.3 Sonderabschreibungen

Das Ziel der Sonderabschreibung liegt darin, den Unternehmen einen Anreiz zu geben, bestimmte wirtschafts- oder sozialpolitische Maßnahmen durchzuführen. Die Sonderabschreibungen sind zusätzlich zu den Abnutzungen des § 7 EStG gestattet. Diese Abschreibung ist beispielsweise auf Kleinbetriebe (§ 7g EStG) abgestellt. Wenn Sonderabschreibungen in Anspruch genommen werden, kommen daneben nur lineare Abschreibungen in Frage (§ 7a Abs. 4 EStG).

11.7.6.4 Teilwertabschreibungen

Eine Teilwertabschreibung wird vorgenommen, wenn am Ende des Geschäftsjahres der Teilwert den Buchwert des Wirtschaftsgutes unterschritten hat. Bei allen Wirtschaftsgütern ist eine Teilwertabschreibung möglich. Die Wertminderung beruht dann auf Markteinflüssen und nicht auf der Abnutzung. Das Sinken der Marktpreise oder das Sinken der Rentabilität sind beispielsweise Gründe für die Teilwertabschreibung.

11.7.6.5 Abschreibung geringwertiger Wirtschaftsgüter

Im Jahre der Anschaffung oder Herstellung können die Anschaffungs- oder Herstellungskosten von beweglichen Wirtschaftsgütern des Anlagevermögens, die der Abnutzung unterliegen und einer selbständigen Nutzung fähig sind, in voller Höhe als Betriebsausgaben abgesetzt werden (§ 6 Abs. 2 EStG). Die geringwertigen Wirtschaftsgüter dürfen 800,– DM ohne MwSt. nicht überschreiten.

Folgende Voraussetzungen müssen für die Abschreibung geringwertiger Wirtschaftsgüter vorliegen:

1. **Anschaffungs- oder Herstellungsvorgang**

   Die Wirtschaftsgüter müssen angeschafft oder im Unternehmen hergestellt worden sein.

2. **Netto-Betrag**

   Die Anschaffungs- oder Herstellungskosten müssen zwischen dem Nettobetrag von 100,– bis 800,– DM liegen.

3. **Abnutzbare Wirtschaftsgüter des Anlagevermögens**

   Die geringwertigen Wirtschaftsgüter betreffen nur abnutzbare bewegliche Wirtschaftsgüter des Anlagevermögens.

4. **Selbständige Nutzungsfähigkeit**

   Die Steuervergünstigung ist nur gegeben, wenn eine selbständige Nutzungsfähigkeit der einzelnen Wirtschaftsgüter vorliegt.

5. **Verzeichnis**

   Die geringwertigen Wirtschaftsgüter müssen in ein gesondertes und laufend geführtes Verzeichnis aufgenommen werden. Soweit die geforderten Angaben aus einem besonderen Konto der Buchführung hervorgehen, ist ein besonderes Verzeichnis nicht erforderlich.

MERKE

Die Abschreibungen sind für die Unternehmen sehr wichtige Größen, die in der Kalkulation als Kosten berücksichtigt werden und die bei der Finanzierung eine Rolle spielen. Mit den Abschreibungen werden die Wertminderungen der abnutzbaren Vermögensgegenstände buchmäßig erfaßt.

Die Nutzungsdauer der Wirtschaftsgüter unterliegt einer Schätzung. Die betriebsgewöhnliche Nutzungsdauer kann durch technische und/oder wirtschaftliche Vorgänge beeinflußt werden.

In den AfA-Tabellen sind die Erfahrungswerte für die betriebsgewöhnliche Nutzungsdauer enthalten. Die Unternehmensleitung und die Führungskräfte können in begründeten Fällen von diesen Erfahrungswerten abweichen.

Durch die Auswahl der verschiedenen Abschreibungsmethoden wird die Höhe der Abschreibungen bestimmt. Dadurch ergibt sich die Möglichkeit, stille Reserven aufzubauen und Steuern zu sparen.

Neben den planmäßigen Abschreibungen sind außerplanmäßige Abschreibungen möglich. Die Nutzung von außerplanmäßigen Abschreibungen erlaubt eine weitere Senkung der Gewinne. Im Steuerrecht sind niedrigere Wertansätze erlaubt, die von den Unternehmen in Ansatz gebracht werden sollten.

11.8 Bewertung der Bilanzpositionen

11.8.1 Bewertung des Anlagevermögens

Bei der Bewertung des Anlagevermögens gilt das gemilderte Niederstwertprinzip nach Handels- und Steuerrecht. Für die Wirtschaftsgüter, deren Nutzung zeitlich begrenzt ist, gelten folgende Grundsätze:

1. Im Zeitpunkt der Anschaffung oder Herstellung werden die Wirtschaftsgüter mit den Anschaffungs- oder Herstellungskosten angesetzt.
2. Zum Abschlußstichtag sind die Anschaffungs- oder Herstellungskosten um die planmäßigen Abschreibungen zu mindern.
3. Die Abschreibungen sind im Rahmen vernünftiger kaufmännischer Beurteilung zulässig.

4. Außerplanmäßige Abschreibungen können vorgenommen werden, um die Wirtschaftsgüter mit dem niedrigeren Wert anzusetzen, der ihnen am Abschlußstichtag zukommt.
5. Außerplanmäßige Abschreibungen müssen durchgeführt werden, wenn die Wertminderung am Stichtag voraussichtlich von dauernder Wirkung ist.
6. Abschreibungen können vorgenommen werden, um die Wirtschaftsgüter mit dem niedrigeren Teilwert anzusetzen, der auf einer nur steuerrechtlich zulässigen Abschreibung beruht.
7. Fallen Gründe für eine außerplanmäßige Abschreibung oder für eine ausschließlich steuerrechtlich zulässige Abschreibung später weg, kann der niedrigere Wertansatz beibehalten werden.
8. Soweit der niedrigere Wertansatz nicht beibehalten werden soll, können Zuschreibungen vorgenommen werden. Der Höchstwert dieser Zuschreibungen ergibt sich aus den ursprünglichen Anschaffungs- oder Herstellungskosten minus den planmäßigen Abschreibungen.

11.8.2 Bewertung des Umlaufvermögens

Bei der Bewertung des Umlaufvermögens müssen wir zwischen den Vorräten, den Forderungen und den Wertpapieren unterscheiden. Es gilt das strenge Niederstwertprinzip nach Handels- und Steuerrecht. Die Anschaffungs- oder Herstellungskosten bilden die absolute Obergrenze der Bewertung.

11.8.2.1 Vorräte

Die Vorräte werden zu Anschaffungs- oder Herstellungskosten nach Handels- und Steuerrecht bewertet, soweit nicht ein niedrigerer Wertansatz geboten ist (§ 253 Abs. 3 HGB, § 6 Abs. 1 Nr. 2 Satz 2 EStG). Die obere Grenze der Anschaffungs- oder Herstellungskosten darf nicht überschritten werden. Liegt der Börsen- oder Marktpreis am Abschlußstichtag unter den Anschaffungs- oder Herstellungskosten, muß der niedrigere Wert angesetzt werden (§ 253 Abs. 3 Satz 1 HGB).

Bei den Vorräten sind folgende Vereinfachungsverfahren für die Bewertung möglich:

1. Durchschnittsbewertung
2. Gruppenbewertung
3. Festbewertung
4. Verbrauchsfolgeverfahren (Lifo, Fifo)
5. Retrograde Bewertung

11.8.2.2 Forderungen

Die Forderungen sind zum Nennwert (Rechnungsbetrag) anzusetzen (§ 253 Abs. 1 HGB). Ist der Wert der Forderungen am Abschlußstichtag niedriger als der Nennwert, dann ist die Forderung auf diesen niedrigeren Wert abzuschreiben (§ 253 Abs. 3 Satz 2 HGB).

Bei den Forderungen aus Lieferungen und Leistungen unterscheiden wir normale Forderungen, zweifelhafte Forderungen und uneinbringliche Forderungen.

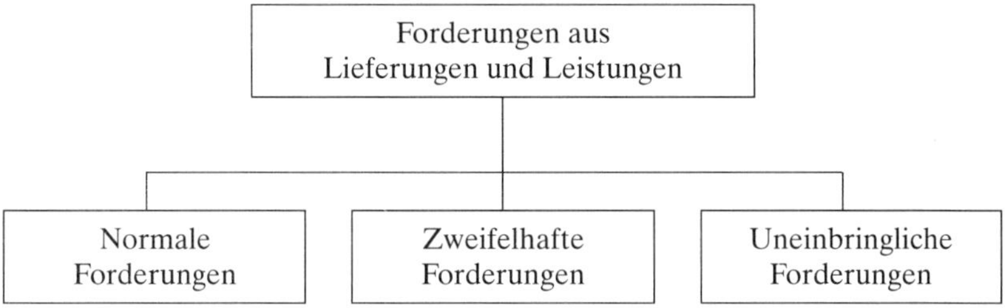

Abb.: Arten der Forderungen aus Lieferungen und Leistungen

Die Abschreibungen von Forderungen auf den niedrigeren Teilwert nennen wir Wertberichtigungen. Wir unterscheiden Einzel- und Pauschalwertberichtigungen.

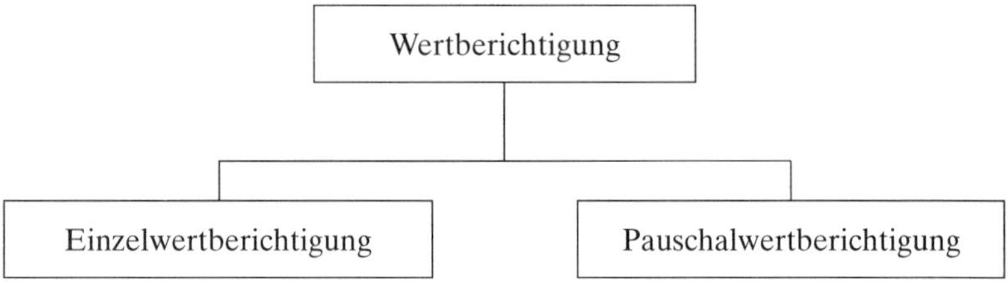

Abb.: Arten von Wertberichtigungen

Die Einzelwertberichtigung gilt grundsätzlich für alle Forderungen. Da aber die Einzelbewertung aller Forderungen einen großen Arbeitsaufwand mit sich bringt, ist auch eine Pauschalwertberichtigung zulässig. Die Höhe der Pauschalwertberichtigung richtet sich nach den durchschnittlichen Forderungsausfällen der vergangenen Jahre. Das Finanzamt akzeptiert generell eine Pauschalwertberichtigung in Höhe von 2 bis 3 % der am Abschlußstichtag ausstehenden Forderungen. Für die normalen Forderungen aus Lieferungen und Leistungen sind also Einzel- oder Pauschalwertberichtigungen möglich.

Die zweifelhaften Forderungen müssen einzeln bewertet werden. Sie sind unter Berücksichtigung des Ausfallrisikos, der Mahnkosten, der Unverzinslichkeit der Forderungen sowie der Skonto- und Rabattabzüge mit einem niedrigeren Teilwert anzusetzen.

Die uneinbringlichen Forderungen dürfen in der Bilanz nicht ausgewiesen werden, da ihr Teilwert gleich Null ist. Diese Forderungen sind voll abzuschreiben. Die hierauf entrichtete Umsatzsteuer wird vom Finanzamt zurückerstattet (§ 17 Abs. 2 UST).

11.8.2.3 Wertpapiere

Die Wertpapiere werden mit den Anschaffungskosten angesetzt (§ 253 Abs. 1 HGB). Neben der Einzelbewertung ist auch eine Durchschnittsbewertung zulässig.

Sind die Anschaffungskosten der Wertpapiere höher als der Börsenkurs am Abschlußstichtag, dann muß der niedrigere Börsenkurs angesetzt werden.

11.8.3 Bewertung der Passiva

11.8.3.1 Eigenkapital

Bei den Eigenkapitalpositionen ergeben sich keine Bewertungsprobleme.

11.8.3.2 Rückstellungen

Die Rückstellungen dürfen nur in Höhe des Betrages angesetzt werden, der nach vernünftiger kaufmännischer Beurteilung notwendig ist. Deshalb sind die Rückstellungen nur so zu bemessen, daß das zu erwartende Risiko abgedeckt werden kann.

Die Höhe der Rückstellungen wird grundsätzlich geschätzt. Bei den Pensionsrückstellungen dagegen können exakte Berechnungsmethoden angewendet werden. Die Berechnung des Teilwertes der Pensionsverpflichtungen beruht auf dem Rechnungszinsfuß von 6 % im Steuerrecht.

Neben den Einzelrückstellungen sind auch Pauschalrückstellungen möglich.

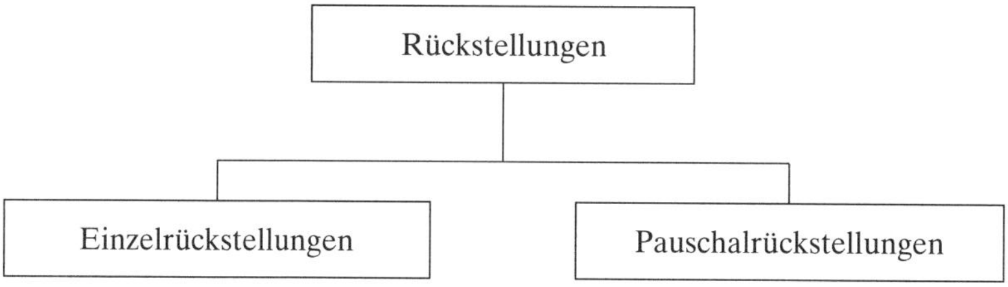

Abb.: Einzel- und Pauschalwertberichtigungen

Einzelrückstellungen beziehen sich beispielsweise auf die Prozeßrückstellungen. Für Garantieleistungen können wegen der Vereinfachung auch Pauschalrückstellungen gebildet werden.

Nach Handels- und Steuerrecht müssen Rückstellungen zwingend für folgende Fälle gebildet werden (§ 249 Abs. 1 und Abs. 2 HGB):

1. Für ungewisse Verbindlichkeiten
2. Für drohende Verluste aus schwebenden Geschäften
3. Für im Geschäftsjahr unterlassene Aufwendungen für Instandhaltungen, die im folgenden Geschäftsjahr innerhalb von 3 Monaten nachgeholt werden
4. Für Gewährleistungen, die ohne rechtliche Verpflichtung erbracht werden
5. Für im Geschäftsjahr unterlassene Aufwendungen für Abraumbeseitigungen, die im folgenden Geschäftsjahr nachgeholt werden
6. Für die Gewerbesteuer
7. Für Produkthaftung
8. Für Garantien, die auf gesetzlichen oder vertraglichen Regelungen beruhen
9. Für Patentverletzungen
10. Für Prozeßkosten
11. Für Pensionszusagen
12. Für Wechselobligo
13. Für Jahresabschluß- und Prüfungskosten
14. Für den Ausgleichsanspruch des Handelsvertreters
15. Für noch nicht genommenen Urlaub

11.8.3.3 Verbindlichkeiten

Die Verbindlichkeiten sind zu ihren Rückzahlungsbeträgen im Handels- und Steuerrecht am Bilanzstichtag anzusetzen (§ 253 Abs. 1 Satz 2 HGB, Abschnitt 37 Abs. 1 EStR, § 6 Abs. 1 Nr. 2 EStG). Als Anschaffungskosten der Verbindlichkeiten gilt der Nennwert der Verbindlichkeit, der grundsätzlich dem Rückzahlungsbetrag entspricht.

Der Rückzahlungsbetrag muß auch dann angesetzt werden, wenn dem Unternehmen gar nicht der volle Rückzahlungsbetrag zugeflossen ist. Banken gewähren öfter Darlehen mit einem Disagio (Damnum) von beispielsweise 10 %.

Beispiel:	Darlehen	100.000,– DM
	Disagio 10 %	10.000,– DM
	Auszahlungsbetrag	90.000,– DM
	Rückzahlungsbetrag	100.000,– DM
	Differenz	10.000,– DM

Das Darlehen muß wegen des Höchstwertprinzips in der Bilanz zum Rückzahlungsbetrag von 100.000,– DM bilanziert werden. Das Disagio von 10.000,– DM ist in die Rechnungsabgrenzungsposten auf der Aktivseite einzustellen. Die Abschreibung des Disagios erfolgt dann über die Laufzeit des Kredits.

MERKE

Für das Anlagevermögen gilt das gemilderte Niederstwertprinzip. Neben planmäßigen Abschreibungen sind in begründeten Fällen außerplanmäßige Abschreibungen möglich. Steuerrechtlich werden die Wirtschaftsgüter mit dem niedrigeren Teilwert angesetzt. Der niedrigere Wertansatz kann beibehalten werden, wenn die Gründe für die außerplanmäßigen oder außergewöhnlichen Abschreibungen wegfallen. Zuschreibungen sind aber auch möglich.

Für das Umlaufvermögen kommt das strenge Niederstwertprinzip in Frage. Die Anschaffungs- oder Herstellungskosten bilden die oberen Grenzen. Wenn die Börsen- oder Marktpreise niedriger liegen, muß der niedrigere Wert angesetzt werden.

Bei den Vorräten gibt es auch Vereinfachungsverfahren für die Bewertung. Neben der Einzelbewertung sind Gruppenbewertung, Durchschnittsbewertung, Festbewertung und Verbrauchsfolgeverfahren möglich. Wegen der Bewertung müssen wir bei den Forderungen zwischen normalen, zweifelhaften und uneinbringlichen Forderungen unterscheiden. Bei den Wertpapieren ist neben der Einzelbewertung auch eine Durchschnittsbewertung erlaubt.

Die Eigenkapitalpositionen stellen keine Bewertungsprobleme dar. Die Rückstellungen dürfen nur in der Höhe des Betrages angesetzt werden, der nach vernünftiger kaufmännischer Beurteilung notwendig ist. Die Höhe der Rückstellungen wird grundsätzlich geschätzt.

Die kleineren und mittleren Unternehmen nutzen oft nicht die Möglichkeiten zur Bildung von Rückstellungen aus. Die Unternehmensleitung und die Führungskräfte sollten die Vorschläge zur Bildung von Rückstellungen selbst erarbeiten und nicht dem Steuerberater oder dem Wirtschaftsprüfer überlassen, die die Risiken im Unternehmen meist nicht kennen. Die Verbindlichkeiten werden zu ihren Rückzahlungsbeträgen am Bilanzstichtag angesetzt. Auch bei Darlehen, die mit einem Disagio ausgezahlt werden, ist der Rückzahlungsbetrag zu nehmen. Das Disagio wird in die aktiven Rechnungsabgrenzungsposten eingestellt und über die Laufzeit des Kredits abgeschrieben.

12 Jahresabschluß

12.1 Betrieblicher Wertekreislauf

In den Unternehmen findet ein betrieblicher Wertekreislauf statt. Mit dem zur Verfügung stehenden Kapital werden Gebäude, Maschinen, Mitarbeiter, Rohstoffe, Fremdleistungen und sonstige Dienste beschafft, um Produkte herzustellen. Diese Vorgänge bezeichnen wir auch als Investitionen. Die erstellten Produkte werden dann am Markt verkauft. Wenn die Umsatzerlöse höher sind als die Aufwendungen, entsteht ein Gewinn. Sollten die Aufwendungen die Umsatzerlöse übersteigen, ergibt sich ein Verlust.

Durch den Verkauf der Produkte erhält das Unternehmen Zahlungsmittel, die wiederum eingesetzt werden müssen, um weitere Rohstoffe zu kaufen. Bei diesem Wertekreislauf ist zu beachten, daß die Unternehmen grundsätzlich vorleisten müssen. Es sind also zuerst die Anschaffungen zu tätigen und die Leistungen zu erbringen, bevor eine Vergütung für die Ausgaben erfolgt. Die Unternehmen haben die Zeitspanne zwischen den vorausgehenden Ausgaben und den nachfolgenden Einnahmen finanziell zu überbrücken.

Wir unterscheiden also leistungs- und finanzwirtschaftliche Kreisläufe. Der finanzwirtschaftliche Kreislauf beginnt allerdings erst, wenn der leistungswirtschaftliche Kreislauf bereits abgeschlossen ist. Zur Überbrückung der Zeitspanne (Time Lag) benötigen die Unternehmen eine Finanzierung.

Um die komplexen Finanzierungsvorgänge im Unternehmen zu verstehen, sollten wir die betrieblichen Kreisläufe genauer betrachten. Dabei können wir feststellen, daß es in den Unternehmen verschiedene Kreisläufe und Schnittstellen gibt.

In der Betriebswirtschaftslehre unterscheiden wir folgende Kreisläufe:

1. Leistungswirtschaftlicher Kreislauf
2. Finanzwirschaftlicher Kreislauf

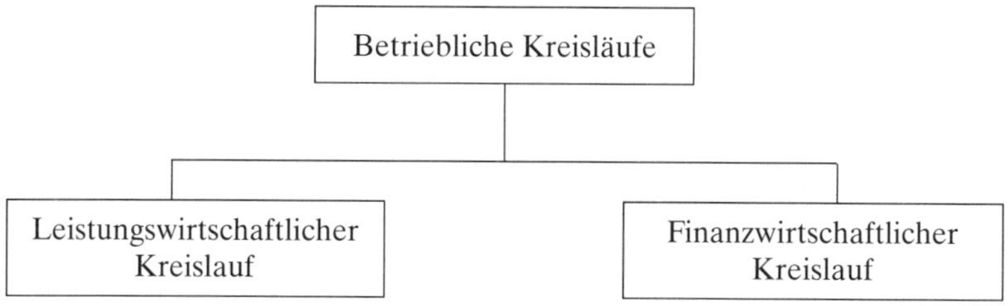

Abb.: Betriebliche Kreisläufe

12.1.1 Leistungswirtschaftlicher Kreislauf

Der leistungswirtschaftliche Kreislauf umfaßt im wesentlichen folgende Bereiche:

1. Materialwirtschaft
2. Produktionswirtschaft
2. Absatzwirtschaft

Im Rahmen der Materialwirtschaft werden Roh-, Hilfs-, und Betriebsstoffe sowie Investitionsgüter für das Unternehmen beschafft. In der Produktion stellen die Mitarbeiter aus dem Fertigungsmaterial unter Einsatz von Maschinen neue Produkte her. Diese Produkte kommen dann auf den Markt und werden über verschiedene Vertriebswege abgesetzt.

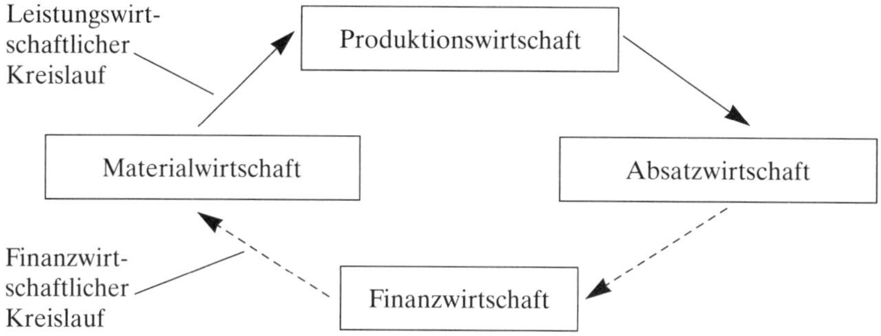

Abb.: Leistungs- und finanzwirtschaftliche Kreisläufe

12.1.2 Finanzwirtschaftlicher Kreislauf

Der finanzwirtschaftliche Kreislauf beginnt hauptsächlich bei der Absatzwirtschaft. Der Verkauf der hergestellten Produkte führt zu Umsatzerlösen, die als Einnahmen einen wesentlichen Teil des Finanzflusses im Unternehmen ausmachen. Ein Teil der Umsatzerlöse wird benötigt, um Löhne, Gehälter, Steuern und sonstige Ausgaben zu bezahlen. Die übrigen Einnahmen dienen dazu, wieder Roh-, Hilfs- und Betriebsstoffe sowie Maschinen zu kaufen, um weitere Produkte herzustellen.

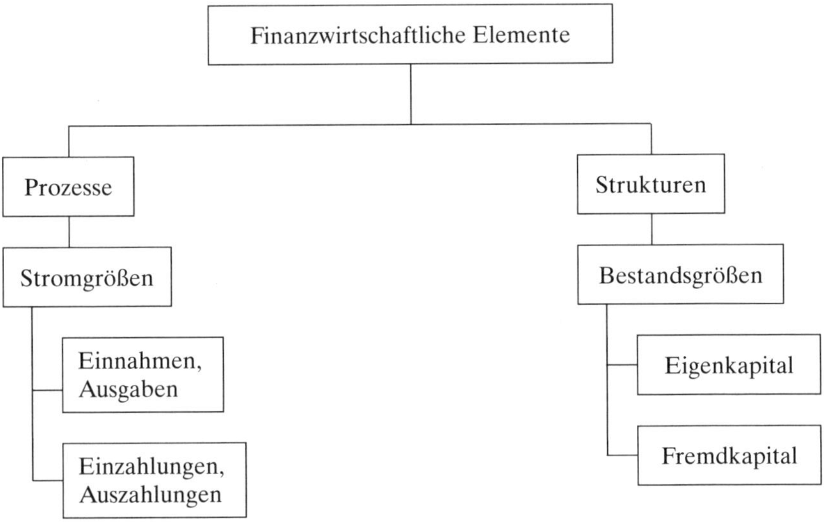

Abb.: Finanzwirtschaftliche Elemente

Die finanzwirtschaftlichen Elemente teilen wir in Prozesse und Strukturen auf. Bei den Prozessen werden Stromgrößen erfaßt. Die Strukturen dagegen können wir anhand der Bestandsgrößen erkennen.

Zu den Stromgrößen gehören die Einnahmen und Ausgaben sowie die Einzahlungen und Auszahlungen. Wenn wir von den Einnahmen die Ausgaben im Finanzplan abziehen, ergibt sich entweder eine Über- oder Unterdeckung. Das Ergebnis der Einzahlungen minus der Auszahlungen im Liquiditätsplan ist ein Überschuß oder ein Fehlbetrag (Defizit).

Neben den Stromgrößen unterscheiden wir also noch die Bestandsgrößen, die auf der Passivseite der Bilanz zu erkennen sind. Die Passivseite können wir in Eigen- und Fremdkapital aufteilen. Diese beiden Größen geben Aufschluß über die Struktur der Bilanz.

Das betriebliche Rechnungswesen kennt eine Reihe von Grundbegriffen, deren Kenntnis das Verständnis und die Konsequenzen bei Entscheidungen in den Unternehmen erleichtern. Wir unterscheiden:

1. Einzahlungen – Auszahlungen

Einzahlungen und Auszahlungen bedeuten die Erhöhung oder Verminderung der liquiden Mittel des Unternehmens. Bei der Liquiditätsplanung kommen diese beiden Begriffe zum Einsatz.

Einzahlungen	Beispiel:	Bareinlagen
Auszahlungen	Beispiel:	Barzahlung einer Rechnung

2. Einnahmen – Ausgaben

Bei den Einnahmen und Ausgaben erfolgt eine Erweiterung der tatsächlichen Zu- und Abflüsse liquider Mittel um Forderungen und Schulden. Diese beiden Begriffe werden bei der Finanzplanung verwendet.

Einnahmen können sein:	Einzahlungen Forderungszugänge Schuldenabgänge	
	Beispiel:	Verkauf von Produkten auf Ziel
Ausgaben können sein:	Auszahlungen Forderungsabgänge Schuldenzugänge	
	Beispiel:	Kauf von Waren auf Ziel

3. Erträge – Aufwendungen

Die Erträge und Aufwendungen kommen in der Finanzbuchhaltung vor. In der Gewinn- und Verlustrechnung werden nur Erträge (Umsatzerlöse) und Aufwendungen erfaßt.

Erträge	Wertzuwachs einer Periode	
	Beispiel:	Verkauf von Produkten
Aufwendungen	Wertverzehr einer Periode	
	Beispiel:	Materialverbrauch

4. Leistungen – Kosten

Die Leistungen und Kosten sind Begriffe, die wir in der Kosten- und Leistungsrechnung verwenden. Diese Begriffe decken sich nicht mit den Erträgen und Aufwendungen in der GuV. Die Leistungen und Kosten beziehen sich nur auf den Produktions- und Umsatzprozeß.

Leistungen	Leistungsbezogener Wertzuwachs einer Periode Beispiel: Herstellung von Produkten
Kosten	Leistungsbezogener Wertverzehr einer Periode Beispiel: Löhne und Gehälter

MERKE

In den Unternehmen findet ein betrieblicher Wertekreislauf statt. Wir unterscheiden leistungs- und finanzwirtschaftliche Kreisläufe. Der finanzwirtschaftliche Kreislauf beginnt erst, wenn der leistungswirtschaftliche Kreislauf bereits abgeschlossen ist. Zur Überbrückung der Zeitspanne benötigen die Unternehmen eine Finanzierung.

Der leistungswirtschaftliche Kreislauf erstreckt sich von der Materialwirtschaft über die Produktion bis hin zur Absatzwirtschaft. Der finanzwirtschaftliche Kreislauf hingegen beginnt mit der Absatzwirtschaft und verläuft über die Finanzierung wieder zur Materialwirtschaft. In den Unternehmen kommt es besonders auf die Schnittstellen an.

12.2 Wichtige Teile der Bilanz

Unter Finanzierung verstehen wir die Beschaffung von Kapital. Wir unterscheiden Eigen- und Fremdkapital. Die Bereitstellung von finanziellen Mitteln ist für die Unternehmen erforderlich, um den Zahlungsverpflichtungen nachkommen zu können.

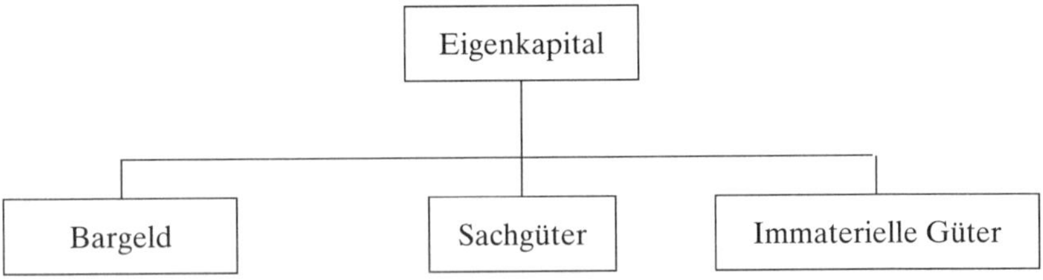

Abb.: Formen der Eigenkapitalüberlassung

Das Eigenkapital wird in Form von Bargeld, Sachgütern (Maschinen, Pkw) oder immateriellen Gütern (Patente, Know-How) zur Verfügung gestellt. Das Fremdkapital stammt von Banken (Darlehen) oder von anderen Kreditgebern (Kunden, Lieferanten).

Bilanz

Aktiva	Passiva
Vermögen	Kapital
Anlagevermögen Umlaufvermögen	Eigenkapital Fremdkapital
Mittelverwendung	Mittelherkunft
Investitionen	Finanzierung

Abb.: Wichtige Teile der Bilanz

Wenn wir in die Bilanz eines Unternehmens sehen, können wir uns einen Überblick über die Aktiva und Passiva des Unternehmens verschaffen. Auf der linken Seite der Bilanz steht das Vermögen und auf der rechten Seite das Kapital. Die Aktivseite der Bilanz gibt genauere Auskunft darüber, welches Anlage- und Umlaufvermögen im Unternehmen vorhanden sind. Auf der Passivseite wird deutlich, wieviel Eigen- und Fremdkapital dem Unternehmen zur Verfügung stehen.

Die Mittelherkunft ist auf der Passivseite zu ersehen. Allerdings wird auch deutlich, daß auf der Passivseite nur abstrakte Größen vorhanden sind. Die konkreten Vorgänge können wir der Aktivseite entnehmen. Wir erkennen, daß sich das Anlagevermögen aus immateriellen Gegenständen (Patente, Lizenzen), Sachanlagen (Grundstücke, Gebäude) und Finanzanlagen (Beteiligungen, Ausleihungen) zusammensetzt. Das Umlaufvermögen gliedert sich in Vorräte, Forderungen und flüssige Mittel. Die Aktivseite gibt also einen Einblick, in welcher konkreten Form das zur Verfügung gestellte Kapital im Unternehmen genutzt wird. Die Mittelverwendung geht somit aus der Aktivseite hervor.

Bilanz

Aktiva	Passiva
Anlagevermögen	Eigenkapital
Immaterielle Werte	Gezeichnetes Kapital
Sachanlagen	Kapitalrücklage
Finanzanlagen	Gewinnrücklagen
	Bilanzgewinn/Bilanzverlust
Umlaufvermögen	Fremdkapital
Vorräte	Rückstellungen
Forderungen	Verbindlichkeiten
Flüssige Mittel	
Bilanzsumme	Bilanzsumme

Abb.: Wichtige Positionen der Bilanz

Das Eigenkapital setzt sich aus dem gezeichneten Kapital, der Kapitalrücklage, den Gewinnrücklagen sowie dem Bilanzgewinn/Bilanzverlust zusammen. Das gezeichnete Kapital bezeichnen wir bei den Kapitalgesellschaften als Grundkapital, das aus dem Nennwert der einzelnen Aktien besteht. Bei der GmbH heißt das gezeichnete Kapital dagegen Stammkapital.

Die Kapitalrücklagen werden dadurch gebildet, daß die Aktien mit einem Agio, also über Pari ausgegeben werden. Die zusätzlichen Beträge, die nicht zur Abdeckung der Kosten für die Kapitalerhöhung verwendet werden, kommen in die Kapitalrücklage. Die Gewinne, die eine Aktiengesellschaft pro Jahr nicht ausschüttet, werden in die Gewinnrücklagen eingestellt. Der ausgewiesene Bilanzgewinn, der bei Aktiengesellschaften mit der Dividendenzahlung übereinstimmt, erscheint als separate Position in der Bilanz.

Das Fremdkapital besteht im wesentlichen aus den Rückstellungen und den Verbindlichkeiten. Bei den Rückstellungen unterscheiden wir Pensionsrückstellungen, die Rückstellungen für Steuern und die sonstigen Rückstellungen. Zu den Verbindlichkeiten zählen insbesondere die Verbindlichkeiten gegenüber Kreditinstituten, die Verbindlichkeiten aus Lieferungen und Leistungen und die sonstigen Verbindlichkeiten.

Wenn wir entscheidungsorientiert vorgehen, können wir feststellen, daß die meisten Finanzierungsvorgänge auf der Passivseite und die meisten Investitionsvorgänge auf der Aktivseite zu erkennen sind. Eine Verbesserung der Finanzstruktur eines

Unternehmens ist nur dadurch zu erreichen, daß auf der Aktivseite der Bilanz wesentliche Positionen verändert werden. Sollte dies nicht möglich sein, dann muß beispielsweise zusätzliches Eigenkapital in das Unternehmen eingebracht werden, damit die Ziele der Finanzierungsregeln wieder erreicht werden.

MERKE

Auf der Aktivseite der Bilanz steht das Vermögen, das sich aus dem Anlage- und Umlaufvermögen zusammensetzt. Wir erkennen, wie die im Unternehmen vorhandenen Finanzmittel verwendet wurden. Die meisten Investitionen, die ein Unternehmen tätigt, schlagen sich auf der Aktivseite nieder.

Die Passivseite enthält das Kapital, das aus dem Eigen- und dem Fremdkapital besteht. Wir können sehen, wo die investierten Finanzmittel herkommen. Die Passivseite gibt also Aufschluß über die Finanzierung des Unternehmens und über die Herkunft des Kapitals.

12.3 Bestandteile des Jahresabschlusses

Der Jahresabschluß eines Unternehmens setzt sich aus der Bilanz sowie der Gewinn- und Verlustrechnung zusammen. Die Kapitalgesellschaften haben ihren Jahresabschluß noch durch einen Anhang zu ergänzen (§ 264 Abs. 1 HGB). Die mittelgroßen und großen Kapitalgesellschaften müssen auch noch einen Lagebericht erstellen (§ 289 HGB).

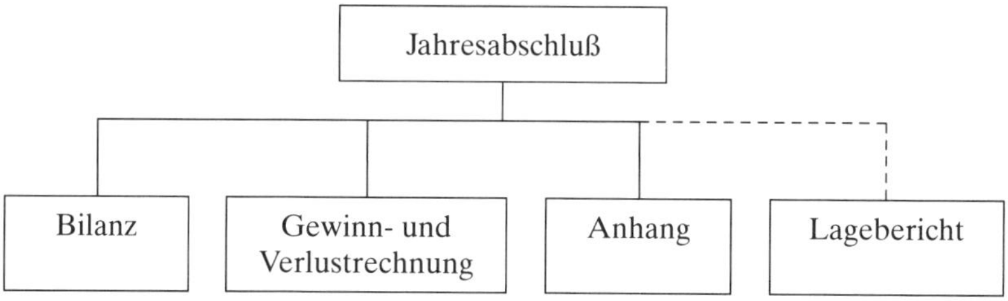

Abb.: Bestandteile des Jahresabschlusses

12.3.1 Bilanz

Die Bilanz ist eine Zeitpunktrechnung. In ihr kommen nur Bestandsgrößen vor. Alle Aktiv- und Passivpositionen der Bilanz werden stets am Ende des Geschäftsjahres ermittelt. Das Geschäftsjahr eines Unternehmens muß nicht mit dem Kalenderjahr identisch sein. Ein Unternehmen kann beispielsweise sein Geschäftsjahr auch am 30. 9. eines jeden Jahres beenden.

Für die Analyse reicht die Zeitpunktrechnung nicht aus, da die Veränderungen der einzelnen Positionen der Bilanz während des Jahres nicht ersichtlich sind. Deshalb sollte auch jeweils eine Kapitalflußrechnung erstellt werden, um einen besseren Einblick in das Finanzgebaren der Unternehmensleitung zu erhalten. Für die Kapitalflußrechnung werden jeweils die letzten beiden Bilanzen benötigt.

Die Gliederungspunkte der Bilanz können dem § 266 HGB entnommen werden. Das allgemeine Gliederungsschema für die Bilanz geht aus der Abbildung auf der folgenden Seite hervor.

Der formale Aufbau des Bilanzschemas für Kapitalgesellschaften ist im § 266 HGB festgelegt. Die Einzel- und Personengesellschaften sollten sich an diesem Schema orientieren.

Die Grobgliederung der Bilanz enthält die folgenden wesentlichen Positionen (§ 266 Abs. 2 und 3 HGB):

Bilanz

Aktiva	Passiva
A. Anlagevermögen I. Immaterielle Vermögensgegenstände II. Sachanlagen III. Finanzanlagen B. Umlaufvermögen I. Vorräte II. Forderungen und sonstige Vermögensgegenstände III. Wertpapiere IV. Schecks, Kassenbestand, Bundesbank- und Postgiroguthaben, Guthaben bei Kreditinsituten C. Rechnungsabgrenzungsposten	A. Eigenkapital I. Gezeichnetes Kapital II. Kapitalrücklage III. Gewinnrücklagen IV. Gewinnvortrag/Verlustvortrag V. Jahresüberschuß/Jahresfehlbetrag B. Rückstellungen C. Verbindlichkeiten D. Rechnungsabgrenzungsposten

Abb.: Grobgliederung der Bilanz nach § 266 Abs. 2 und 3 HGB

In den Geschäftsberichten der Kapitalgesellschaften finden wir im wesentlichen folgendes Gliederungsschema, das der Abbildung auf der folgenden Seite entnommen werden kann.

Bilanz

Aktiva	Passiva
A. **Anlagevermögen**	A. **Eigenkapital**
I. **Immaterielle Vermögensgegenstände**	I. Gezeichnetes Kapital
1. Konzessionen, gewerbliche Schutzrechte	II. Kapitalrücklage
2. Geschäfts- oder Firmenwert	III. Gewinnrücklagen
II. **Sachanlagen**	IV. Bilanzgewinn/Bilanzverlust
1. Grundstücke + Gebäude	B. **Sonderposten mit Rücklageanteil**
2. Maschinen	C. **Rückstellungen**
3. Betriebs- und Geschäftsausstattung	D. **Verbindlichkeiten**
III. **Finanzanlagen**	1. Verbindlichkeiten mit einer Laufzeit von mehr als 5 Jahren
1. Ausleihungen	2. Verbindlichkeiten aus Lieferungen und Leistungen
2. Beteiligungen	3. Sonstige Verbindlichkeiten
B. **Umlaufvermögen**	E. **Rechnungsabgrenzungsposten**
I. **Vorräte**	
1. Roh-, Hilfs- und Betriebsstoffe	
2. Unfertige und fertige Erzeugnisse, Waren	
II. **Forderungen und sonstige Vermögensgegenstände**	
1. Forderungen aus Lieferungen und Leistungen	
2. Sonstige Vermögensgegenstände	
III. **Wertpapiere**	
IV. **Flüssige Mittel**	
C. **Rechnungsabgrenzungsposten**	
Bilanzsumme	Bilanzsumme

Abb.: Gliederungsschema der Bilanz

Unter der Bilanz oder im Anhang sind noch folgende Positionen auszuweisen (§§ 251, 268 Abs. 7 HGB):

1. Eventualverbindlichkeiten
   1.1 Wechselobligo
   1.2 Bürgschaften
   1.3 Gewährleistungsverträge
2. Sonstige finanzielle Verpflichtungen (§ 285 Abs. 3 HGB)
   2.1 Miet- und Pachtverträge
   2.2 Leasingverträge
   2.3 Begonnene Investitionsvorhaben
   2.4 Künftige Großreparaturen
   2.5 Größere Abnahmeverpflichtungen

Der Jahresabschluß hat ein den tatsächlichen Verhältnissen entsprechendes Bild der Vermögens-, Finanz- und Ertragslage der bilanzierenden Unternehmen zu vermitteln (§ 264 Abs. 2 HGB).

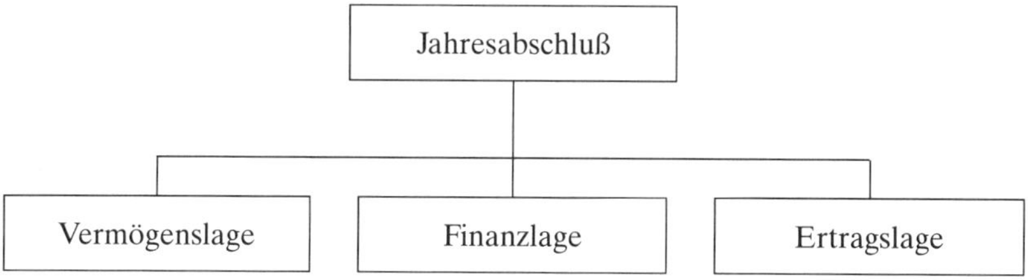

Abb.: Bild des Jahresabschlusses

MERKE

Der Jahresabschluß setzt sich aus der Bilanz, aus der GuV sowie aus dem Anhang zusammen. Die Kapitalgesellschaften müssen noch einen Lagebericht erstellen.

Die Bilanz ist eine Zeitpunktrechnung. Die Aktiva werden in Anlagevermögen, in Umlaufvermögen und in Rechnungsabgrenzungsposten unterteilt. Für das Anlagevermögen und das Umlaufvermögen erfolgen noch weitere Aufteilungen, um einen besseren Einblick in die Vermögensseite zu erhalten. Die Passiva gliedern sich in Eigenkapital, Sonderposten mit Rücklageanteil, Rückstellungen, Verbindlichkeiten und Rech-

nungsabgrenzungsposten. Das Eigenkapital, die Rückstellungen und die Verbindlichkeiten werden noch weiter aufgeteilt, um sich einen besseren Überblick über die Zusammensetzung dieser Positionen zu verschaffen.

Unter der Bilanz oder im Anhang erscheinen die Eventualverbindlichkeiten und die sonstigen finanziellen Verpflichtungen, die in der Bilanz nicht enthalten sind.

12.3.2 Gewinn- und Verlustrechnung

Die Gewinn- und Verlustrechnung stellt im Gegensatz zur Bilanz eine Zeitraumrechnung dar, in der es nur Erfolgsgrößen gibt. Alle Erträge und Aufwendungen des Unternehmens werden von Januar bis Dezember eines jeden Jahres zusammengefaßt und in der Gewinn- und Verlustrechnung datailliert aufgeführt. Die wichtigsten Positionen erscheinen in der Gewinn- und Verlustrechnung separat, damit ein Außenstehender sich ein genaues Bild über die Ertragskraft eines Unternehmens machen kann.

Am Ende eines jeden Geschäftsjahres schließen wir die Gewinn- und Verlustrechnung ab. Ab dem 1. Januar des folgenden Geschäftsjahres werden wieder alle Erträge und Aufwendungen im Unternehmen von neuem aufgezeichnet und kumuliert. Das Gliederungsschema der Gewinn- und Verlustrechnung ist im § 275 HGB festgelegt.

Die Gewinn- und Verlustrechnung kann in Konten- oder in Staffelform dargestellt werden. Bei Kapitalgesellschaften ist die Staffelform gesetzlich vorgeschrieben. Wegen der besseren Übersichtlichkeit sollten auch kleinere und mittlere Unternehmen die Staffelform wählen.

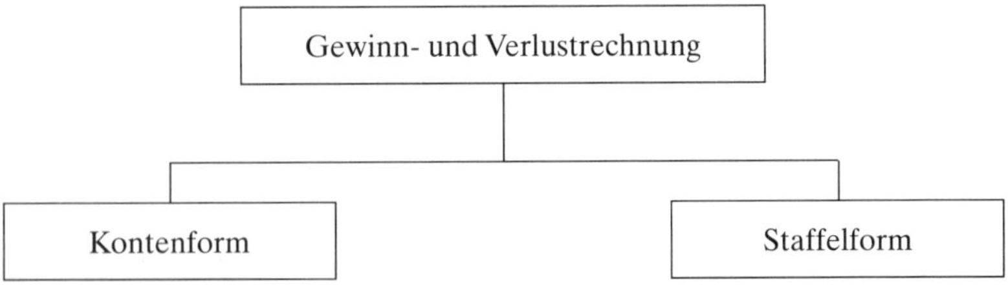

Abb.: Darstellungsformen der GuV

Die kleineren und mittleren Unternehmen verwenden immer noch oft die Kontenform. Die Staffelform dagegen ist für viele Mitarbeiter leichter zu verstehen, da auch separate Zwischensummen ausgewiesen werden können, wie Gesamtleistung, Betriebsergebnis, Finanzergebnis, Ergebnis der gewöhnlichen Geschäftstätigkeit, außerordentliches Ergebnis, Jahresüberschuß und Bilanzgewinn.

Das neue Gliederungsschema der Gewinn- und Verlustrechnung enthält nach dem Gesamtkostenverfahren folgende Erfolgsgrößen:

1. Gesamtleistung
2. Betriebsergebnis
3. Finanzergebnis
4. Ergebnis der gewöhnlichen Geschäftstätigkeit
5. Außerordentliches Ergebnis
6. Jahresüberschuß
7. Bilanzgewinn

Der Erfolgsnachweis wird also aufgespalten. Das Betriebsergebnis und das Finanzergebnis werden zum Ergebnis der gewöhnlichen Geschäftstätigkeit zusammengefaßt. Die Abgrenzung der Erfolgsgrößen entspricht jedoch nicht in allen Einzelheiten den Begriffsinhalten der Betriebswirtschaftslehre.

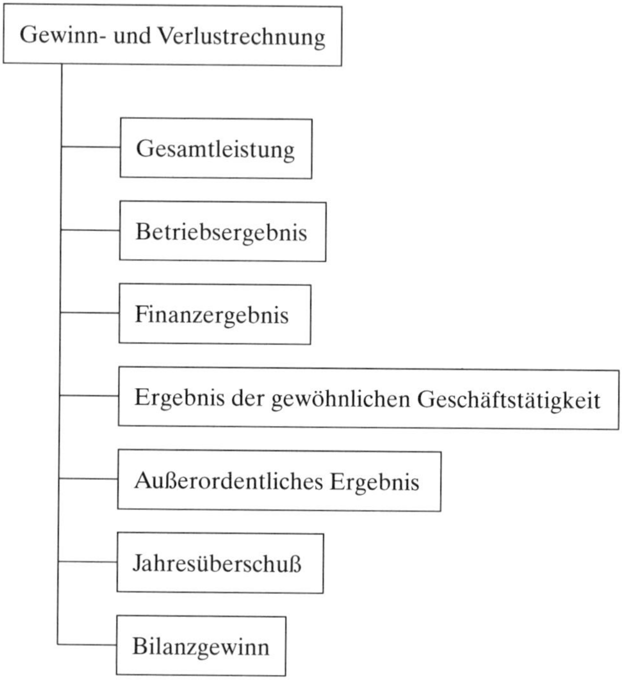

Abb.: Zwischenergebnisse in der GuV

Bei der Gewinn- und Verlustrechnung können wir das Gesamt- und das Umsatzkostenverfahren unterscheiden. Vor der Einführung des neuen Bilanzrichtliniengesetzes im Jahre 1987 war für die Unternehmen nur das Gesamtkostenverfahren gesetzlich erlaubt. Seit dieser Zeit verwenden die gut geführten Unternehmen öfter das Umsatzkostenverfahren, das für marktorientierte Unternehmen viel informativer ist.

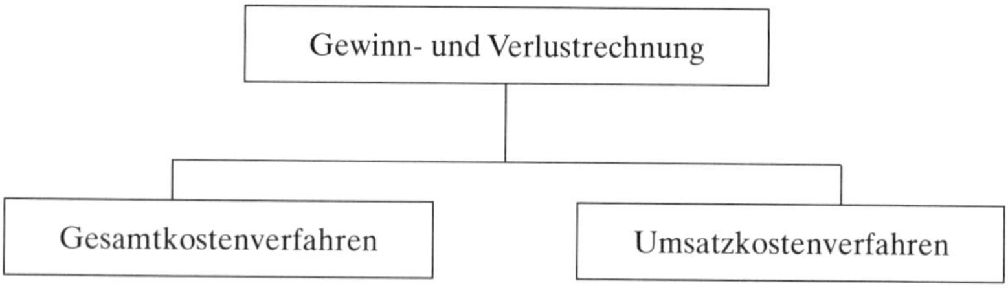

Abb.: Unterschiedliche Darstellung der GuV

Das Gliederungsschema nach dem Gesamtkostenverfahren sieht für Kapitalgesellschaften wie folgt aus (§ 275 Abs. 2 HGB):

Gesamtkostenverfahren

1. Umsatzerlöse
2. Erhöhung oder Verminderung des Bestands an fertigen und unfertigen Erzeugnissen
3. andere aktivierte Eigenleistungen
4. sonstige betriebliche Erträge
5. Materialaufwand:
   a) Aufwendungen für Roh-, Hilfs- und Betriebsstoffe und für bezogene Waren
   b) Aufwendungen für bezogene Leistungen
6. Personalaufwand:
   a) Löhne und Gehälter
   b) soziale Abgaben und Aufwendungen für Altersversorgung und Unterstützung, davon für Altersversorgung
7. Abschreibungen:
   a) auf immaterielle Vermögensgegenstände des Anlagevermögens und Sachanlagen sowie auf aktivierte Aufwendungen für die Ingangsetzung und Erweiterung des Geschäftsbetriebes
   b) auf Vermögensgegenstände des Umlaufvermögens, soweit diese die in der Kapitalgesellschaft üblichen Abschreibungen überschreiten
8. sonstige betriebliche Aufwendungen
9. Erträge aus Beteiligungen, davon aus verbundenen Unternehmen
10. Erträge aus anderen Wertpapieren und Ausleihungen des Finanzanlagevermögens, davon aus verbundenen Unternehmen
11. sonstige Zinsen und ähnliche Erträge, davon aus verbundenen Unternehmen
12. Abschreibungen auf Finanzanlagen und auf Wertpapiere des Umlaufvermögens
13. Zinsen und ähnliche Aufwendungen, davon an verbundene Unternehmen
14. Ergebnis der gewöhnlichen Geschäftstätigkeit
15. außerordentliche Erträge
16. außerordentliche Aufwendungen
17. außerordentliches Ergebnis
18. Steuern vom Einkommen und vom Ertrag
19. sonstige Steuern
20. Jahresüberschuß/Jahresfehlbetrag

Abb.: Gliederungsschema nach dem Gesamtkostenverfahren gemäß § 275 Abs. 2 HGB

In den Geschäftsberichten der Kapitalgesellschaften wird das Gesamtkostenverfahren meist folgendermaßen dargestellt, wie aus der folgenden Abbildung hervorgeht.

Das neue Gliederungsschema des Gesamtkostenverfahrens sieht folgendermaßen aus:

Gesamtkostenverfahren

1. Umsatzerlöse
2. Erhöhung oder Verminderung des Bestandes an fertigen und unfertigen Erzeugnissen
3. Aktivierte Eigenleistungen

4. Gesamtleistung

5. Sonstige betriebliche Erträge
6. Materialaufwand
7. Personalaufwand
8. Abschreibungen auf immaterielle Vermögensgegenstände und Sachanlagen
9. Sonstige betriebliche Aufwendungen

10. Betriebsergebnis

11. Erträge aus Beteiligungen, Wertpapieren
12. Sonstige Zinsen und ähnliche Erträge
13. Abschreibungen auf Finanzanlagen und auf Wertpapiere des Umlaufvermögens

14. Zinsen und ähnliche Aufwendungen

15. Finanzergebnis

16. Ergebnis der gewöhnlichen Geschäftstätigkeit

17. Außerordentliche Erträge
18. Außerordentliche Aufwendungen

19. Außerordentliches Ergebnis

20. Steuern vom Einkommen und vom Ertrag
21. Sonstige Steuern

22. Jahresüberschuß

23. Einstellungen in die Gewinnrücklagen

24. Bilanzgewinn

Abb.: Gewinn- und Verlustrechnung nach dem Gesamtkostenverfahren

Das Gliederungsschema nach dem Umsatzkostenverfahren sieht für Kapitalgesellschaften wie folgt aus (§ 275 Abs. 3 HGB):

Umsatzkostenverfahren

1. Umsatzerlöse
2. Herstellungskosten der zur Erzielung der Umsatzerlöse erbrachten Leistungen
3. Bruttoergebnis vom Umsatz
4. Vertriebskosten
5. allgemeine Verwaltungskosten
6. sonstige betriebliche Erträge
7. sonstige betriebliche Aufwendungen
8. Erträge aus Beteiligungen, davon aus verbundenen Unternehmen
9. Erträge aus anderen Wertpapieren und Ausleihungen des Finanzanlagevermögens, davon aus verbundenen Unternehmen
10. sonstige Zinsen und ähnliche Erträge, davon aus verbundenen Unternehmen
11. Abschreibungen auf Finanzanlagen und auf Wertpapiere des Umlaufvermögens
12. Zinsen und ähnliche Aufwendungen, davon an verbundene Unternehmen
13. Ergebnis der gewöhnlichen Geschäftstätigkeit
14. außerordentliche Erträge
15. außerordentliche Aufwendungen
16. Steuern vom Einkommen und vom Ertrag
17. sonstige Steuern
18. Jahresüberschuß/Jahresfehlbetrag

Abb.: Gliederungsschema nach dem Umsatzkostenverfahren gemäß § 275 Abs. 3 HGB

Da die Aussagefähigkeit des Umsatzkostenverfahrens für die marktorientierte Unternehmensleitung größer als bei dem Gesamtkostenverfahren ist, sollten die Unternehmen in Zukunft dieses Verfahren wählen. Das Umsatzkostenverfahren der Gewinn- und Verlustrechnung weist in den Geschäftsberichten meist folgende Positionen aus:

Umsatzkostenverfahren

1.	Umsatzerlöse
2.	Herstellungskosten der zur Erzielung der Umsatzerlöse erbrachten Leistung
3.	**Bruttoergebnis von Umsatz**
4.	Vertriebskosten
5.	Allgemeine Verwaltungskosten
6.	Sonstige betriebliche Erträge
7.	Sonstige betriebliche Aufwendungen
8.	**Betriebsergebnis**
9.	Erträge aus Beteiligungen, Wertpapieren
10.	Sonstige Zinsen und ähnliche Erträge
11.	Abschreibungen auf Finanzanlagen
12.	Zinsen auf ähnliche Aufwendungen
13.	**Finanzergebnis**
14.	**Ergebnis der gewöhnlichen Geschäftstätigkeit**
15.	Außerordentliche Erträge
16.	Außerordentliche Aufwendungen
17.	**Außerordentliches Ergebnis**
18.	Steuern vom Einkommen und vom Ertrag
19.	Sonstige Steuern
20.	**Jahresüberschuß**
21.	Einstellung in die Gewinnrücklagen
22.	**Bilanzgewinn**

Abb.: Gewinn- und Verlustrechnung nach dem Umsatzkostenverfahren

Beim Umsatzkostenverfahren sind die Material- und Personalaufwendungen zusätzlich im Anhang anzugeben. Die Abschreibungen auf immaterielle Vermögensgegenstände des Anlagevermögens und auf Sachanlagen können dem Anlagespiegel entnommen werden. Die Abschreibungen auf Gegenstände des Finanzanlagevermögens und auf Wertpapiere des Umlaufvermögens werden separat ausgewiesen.

MERKE

Die GuV stellt eine Zeitraumrechnung dar und wird jeweils am Ende des Geschäftsjahres abgeschlossen. Die Darstellung kann in Staffelform oder in Kontenform erfolgen. Für die Kapitalgesellschaften ist nur die Staffelform erlaubt, die die anderen Unternehmen wegen der Übersichtlichkeit auch verwenden sollten.

Wir unterscheiden das Gesamtkosten- und das Umsatzkostenverfahren. Bis 1986 war nur das Gesamtkostenverfahren erlaubt. Die marktorientierten Unternehmen sollten das Umsatzkostenverfahren wählen, das von den Mitarbeitern leichter verstanden wird und das für Außenstehende nicht einen so guten Einblick erlaubt. Außerdem kann beim Umsatzkostenverfahren eine Analyse nach Produktgruppen, Verkaufsgebieten und Kundengruppen durchgeführt werden.

12.3.3 Anhang

Im Anhang werden die wichtigsten Positionen der Bilanz sowie der Gewinn- und Verlustrechnung erläutert. Ein außenstehender Dritter kann dann meist erkennen, wie sich die einzelnen Positionen zusammensetzen und wie sie bewertet wurden.

Die Vorschriften über den Inhalt des Anhangs sind in den §§ 284, 285, 286 und 288 HGB geregelt. Für die kleinen und mittelgroßen Kapitalgesellschaften gibt es größenabhängige Erleichterungen.

Bei der Anhang-Aufstellung von kleinen Kapitalgesellschaften ergeben sich Veränderungen. Die kleinen Kapitalgesellschaften müssen weiterhin einen Anhang erstellen und veröffentlichen. Es besteht aber die Möglichkeit, ab 1994 zahlreiche Erleichterungen in Anspruch zu nehmen.

Folgende Punkte können bei der Aufstellung des Anhangs bei kleinen Kapitalgesellschaften in Zukunft entfallen:

1. Aufstellung eines Anlagengitters
2. Erläuterung bestimmter Forderungen
3. Erläuterung bestimmter Verbindlichkeiten
4. Erläuterung der Rechnungsabgrenzungsposten
5. Erläuterung von Aufwendungen für die Ingangsetzung und Erweiterung des Geschäftsbetriebes
6. Erläuterungen zu den Posten „Außerordentliche Erträge“ und „Außerordentliche Aufwendungen“
7. Gesamtbetrag der sonstigen finanziellen Verpflichtungen, die nicht in der Bilanz erscheinen
8. Aufgliederung der Umsatzerlöse nach Tätigkeitsbereichen
9. Auswirkungen von Abschreibungen aufgrund steuerrechtlicher Vorschriften
10. Belastung des Betriebsergebnisses durch Steuern vom Einkommen und Ertrag
11. Durchschnittliche Zahl der beschäftigten Arbeitnehmer
12. Erläuterung des Materialverbrauches bei der Anwendung des Umsatzkostenverfahrens
13. Erläuterung der sonstigen Rückstellungen

Die Angaben über die Gesamtbezüge von Geschäftsführungsorganen (Geschäftsführer, Aufsichtsräte und Beiräte) wie Gehälter, Gewinnbeteiligungen und Aufwandsentschädigungen können entfallen, wenn sich anhand der Angaben die Bezüge eines einzelnen Mitglieds feststellen lassen.

Dasselbe gilt auch für die Angaben der Ergebnisverwendung. Die Angaben über die Ergebnisverwendung brauchen von allen Gesellschaften mit beschränkter Haftung dann nicht gemacht werden, wenn sich anhand der gesamten Angaben die Gewinnanteile von Einzelpersonen feststellen lassen (§ 375 Abs. 1 Satz 1 HGB).

Im Anhang werden also die wichtigsten Positionen der Bilanz und der GuV erläutert. Für die Bilanzanalyse sind die Angaben im Anhang von großer Bedeutung. Wir finden im Anhang Erläuterungen, zusätzliche Angaben, Darstellungen, Aufgliederungen und Begründungen zur Bilanz sowie zur GuV. Außerdem gibt es Informationen zu einzelnen Posten, zum Inhalt, zu den angewandten Bewertungs- und Abschreibungsmethoden sowie zur Unterbrechung der Ausweis- und Bewertungsstetigkeit.

12.3.4 Lagebericht

Die mittelgroßen und großen Kapitalgesellschaften sind verpflichtet, auch einen Lagebericht zu erstellen, der im Geschäftsbericht aufzuführen ist. Über den Inhalt des Lageberichts gibt § 289 HGB Auskunft.

Kleine Kapitalgesellschaften brauchen den Lagebericht nicht mehr aufzustellen (§ 264 Abs. 1 Satz 3 HGB). Nach der alten Gesetzeslage war es schon nicht mehr erforderlich, daß der Lagebericht veröffentlicht oder beim Amtsgericht hinterlegt werden mußte.

Im Lagebericht sind der Geschäftsverlauf und die Lage der Kapitalgesellschaft so darzustellen, daß ein den tatsächlichen Verhältnissen entsprechendes Bild vermittelt wird. Der Lagebericht soll auch auf folgende Punkte eingehen:

1. Vorgänge von besonderer Bedeutung, die nach dem Schluß des Geschäftsjahres eingetreten sind.
2. Voraussichtliche Entwicklung der Kapitalgesellschaft.
3. Forschungs- und Entwicklungsaktivitäten.

MERKE

Der Anhang enthält die Erläuterungen für die wichtigen Positionen der Bilanz sowie der GuV. Für die Bilanzanalyse sind die Angaben im Anhang von großer Bedeutung, da im Anhang noch zusätzliche Informationen über die Bilanzierung, die Bewertung und die Zusammensetzung der einzelnen Positionen enthalten sind.

Die mittelgroßen und großen Kapitalgesellschaften müssen auch einen Lagebericht erstellen. Es wird der Geschäftsverlauf und die Lage der Kapitalgesellschaft dargestellt, um ein den tatsächlichen Verhältnissen entsprechendes Bild des Unternehmens zu vermitteln. Auf die Vorgänge von besonderer Bedeutung nach dem Schluß des Geschäftsjahres, auf die voraussichtliche Entwicklung sowie auf die Forschungs- und Entwicklungstätigkeiten sollte ebenfalls eingegangen werden.

13. Aufbereitung der Daten

Die Bilanz sowie die GuV entsprechen in der Form der Erstellung und der Veröffentlichung nicht den Erfordernissen für eine Bilanzanalyse und Bilanzkritik. Die Daten des Jahresabschlusses müssen daher zur Bildung von aussagefähigen Kennzahlen erst aufbereitet werden. Durch die Errechnung von Kennzahlen können dann weitere Erkenntnisse über die erfolgs- und finanzwirtschaftliche Lage der Unternehmen gewonnen werden.

Die Aufbereitung erfolgt durch Bereinigungen, Umgruppierungen, Saldierungen, Umbewertungen, Aufspaltungen und Verdichtungen der Positionen der Bilanz sowie der GuV. Die Zuordnungen und Zusammenfassungen der einzelnen Positionen müssen nach wirtschaftlichen Gesichtspunkten vorgenommen werden.

Folgende Gesichtspunkte sollten dabei beachtet werden:

1. Bei den Einzel- und Personengesellschaften sowie bei den Kapitalgesellschaften sind die rechtsformspezifischen Unterschiede zu berücksichtigen.
2. Die verschiedenen Aktiv- und Passivposten haben unter bilanzanalytischen Gesichtspunkten eine andere Bedeutung als unter juristischen Aspekten.
3. Das umfangreiche Zahlenmaterial ist zu verdichten, um die Strukturen der Bilanz sowie der GuV besser erkennen zu können.
4. Die stillen Reserven sollten aufgedeckt werden. Mögliche Unterbewertungen müssen erkannt und eventuelle Überbewertungen sollten ermittelt werden.
5. Die Aktivposten müssen nach der Liquidierbarkeit geordnet werden. Alle Passivposten sind nach der Fristigkeit aufzuführen.

13.1 Rahmenbedingungen

Bevor wir den Jahresabschluß analysieren, sollten wir uns einen guten Überblick über das Unternehmen verschaffen, das untersucht werden soll. Die Rahmenbedingungen sind wichtig für die Bilanzanalyse und für die Bilanzkritik, da von ihnen Einflüsse auf das Gesamtbild des Jahresabschlusses ausgehen.

Rahmenbedingungen

1. Kapitalverhältnisse
2. Rechtsform des Unternehmens
3. Größe
4. Produktionsprogramm
5. Marktanteil
6. Wachstum
7. Konkurrenz
8. Branche
9. Geschäftsentwicklung

Abb.: Rahmenbedingungen eines Unternehmens

Zu den wichtigen Daten eines Unternehmens gehören vor allem die Kapitalverhältnisse, die Rechtsform des Unternehmens, die Größe, das Produktionsprogramm, der Marktanteil, das Wachstum und die Konkurrenz.

Die Kapitalverhältnisse geben einen Überblick über die Zusammensetzung der Gesellschafter, die die Bilanzpolitik des Unternehmens wesentlich beeinflussen können. Die errechneten Kennzahlen werden dann entsprechend interpretiert. Die Unternehmensleitung läßt auch oft Rückschlüsse auf die Art zu, wie das Unternehmen geführt und wie die Geschäftspolitik betrieben wird.

Die Größe des Unternehmens, das Produktionsprogramm, der Marktanteil sind weitere Indikatoren, die auf die Bedeutung des Unternehmens am Markt schließen lassen.

Auch die Konkurrenz des Unternehmens sollte sorgfältig untersucht werden. Die Konkurrenzsituation hat unmittelbaren Einfluß auf die Preisgestaltung und den Umsatz. Die Investitionstätigkeit, die Innovationen und die Werbung können ebenfalls durch die Konkurrenz stark beeinflußt werden.

Die Branche und die Geschäftsentwicklung sollten auch untersucht werden. Es ist von großer Bedeutung, ob sich ein Unternehmen in einer Branche mit hohem Wachstum befindet oder ob die Branche mit einer Stagnation oder gar mit einer Rezession zu rechnen hat.

Diese Informationen sind bei der Analyse des Unternehmens wichtig und erlauben eine bessere Beurteilung des Unternehmens. Es kommt insbesondere darauf an, wie sich das Unternehmen in Zukunft entwickeln wird und welche Potentiale im Unternehmen vorhanden sind.

13.2 Vorbereitungsarbeiten

Die Aufbereitung des Zahlenmaterials gehört zu den Vorbereitungsarbeiten. Sie sind eine wesentliche Voraussetzung für die Durchführung einer Bilanzanalyse und einer Bilanzkritik. Wir unterscheiden die quantitative und wertmäßige Aufbereitung des Zahlenmaterials.

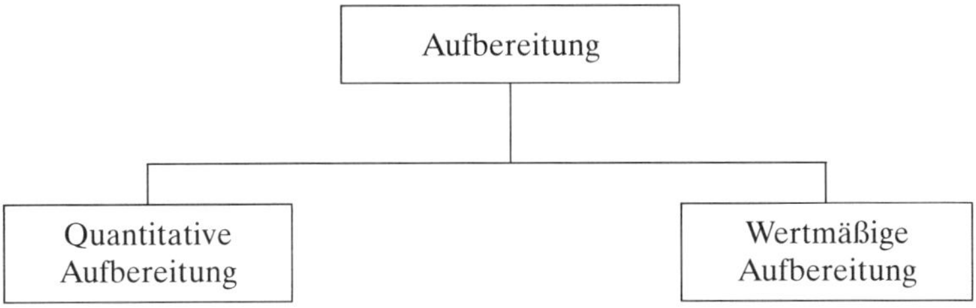

Abb.: Quantitative und wertmäßige Aufbereitungsmöglichkeiten

13.2.1 Quantitative Aufbereitungen

Die quantitative Aufbereitung können wir in folgende Maßnahmen aufteilen, ohne daß der Inhalt verändert wird:

1. Bereinigungen oder Verkürzungen des Zahlenmaterials
2. Umgruppierungen oder Aufspaltungen der Positionen
3. Untergliederungen oder Zusammenfassungen der Wertangaben

13.2.1.1 Bereinigungen oder Verkürzungen

Bereinigungen
Bilanzpositionen, die auf unterschiedlichen Bilanzseiten stehen und zwischen denen eine direkte Beziehung besteht, sollten saldiert werden. Aus bilanzanalytischen Gründen sind Bereinigungen vorzunehmen.

Beispiel: Darlehen an Gesellschafter
Bei größeren Beträgen sind die Darlehen an Gesellschafter vom haftenden Kapital abzuziehen.

Verkürzungen
Die Zahlen des Jahresabschlusses sollten auf volle DM-Beträge oder auf Tausend-DM verkürzt werden. Dadurch wird die Übersichtlichkeit des Zahlenmaterials erhöht.

Beispiel:	Anlagevermögen	=	2.386.258,30 DM
	Verkürzung	=	2.386.000 DM
		=	2.386 TDM

13.2.1.2 Umgruppierungen oder Aufspaltungen

Umgruppierungen
Eine Umgruppierung findet statt, wenn der ganze Wert aus dem gegebenen Bilanzgefüge herausgenommen und an einer anderen Stelle der Bilanz wieder eingefügt wird.

Beispiel: Bilanzgewinn bei der AG
Der Bilanzgewinn bei der AG entspricht den Dividendenzahlungen und ist eine Position des Eigenkapitals. Da die Dividendenzahlungen einen Tag nach der Hauptversammlung fällig sind, sollte diese Position besonders unter den kurzfristigen Verbindlichkeiten ausgewiesen werden.

Aufspaltungen
Bei der Aufspaltung erfolgt die Trennung einer Bilanzposition in zwei Teile. Die einzelnen Teile werden dann unterschiedlichen Positionen zugeordnet.

Beispiel: Sonderposten mit Rücklageanteil
Die Sonderposten mit Rücklageanteil beinhalten Eigen- und Fremdkapital. Deshalb sollte eine Aufteilung im Verhältnis 50:50 vorgenommen werden. 50 % werden dann dem Eigenkapital und 50 % den Rückstellungen zugeordnet.

13.2.1.3 Untergliederungen oder Zusammenfassungen

Untergliederungen
Einige Bilanzpositionen werden nach bestimmten Gesichtpunkten weiter untergliedert, um einen besseren Einblick in die Entwicklung der einzelnen Positionen zu erhalten.

Beispiel: Anlagevermögen
Um einen besseren Einblick in das Anlagevermögen zu erhalten, sollte ein Anlagespiegel erstellt werden. Die einzelnen Positionen gehen aus der folgenden Aufstellung hervor:

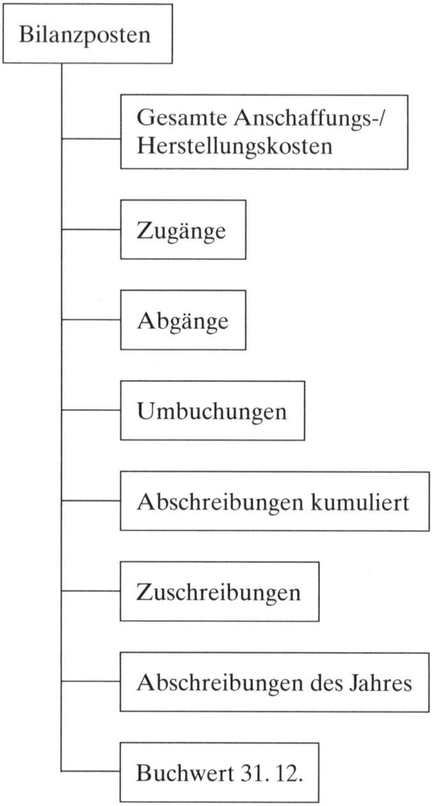

Abb.: Anlagespiegel

Zusammenfassungen
Bilanzpositionen der gleichen oder der vergleichbaren Art werden zu Zwischensummen zusammengefaßt. Dadurch ist die Struktur der Bilanz leichter erkennbar.

Beispiel: Immaterielle Vermögensgegenstände, Sachanlagen, Finanzanlagen

Für diese Positionen können Zwischensummen gebildet werden. Die Summe dieser Zwischensummen stellt das Anlagevermögen dar.

	Immaterielle Vermögensgegenstände
+	Sachanlagen
+	Finanzanlagen
=	Anlagevermögen

Abb.: Zusammenfassung des Anlagevermögens

13.2.2 Wertmäßige Aufbereitungen

Bei der wertmäßigen Aufbereitung geht es um die Neubewertung oder Umbewertung von Positionen des Jahresabschlusses. Durch die wertmäßige Umformung der Daten sollten zusätzliche Informationen gewonnen werden. Dabei ist aber darauf zu achten, daß bestimmte Informationen nicht inhaltlich verfälscht werden. Externe Analytiker können meist keine Aussagen über die Bewertung einzelner Bilanzpositionen machen.

MERKE

Die Aufbereitung des Zahlenmaterials im Jahresabschluß ist sehr wichtig, damit die Daten den Erfordernissen der Bilanzanalyse und der Bilanzkritik entsprechen. Es sollten Bereinigungen, Umgruppierungen, Saldierungen, Aufspaltungen, Verdichtungen und Umbewertungen der Positionen der Bilanz sowie der GuV vorgenommen werden.

Die Rahmenbedingungen eines Unternehmens sind zu klären, da von ihnen Einflüsse auf das Gesamtbild des Unternehmens ausgehen. Diese Informationen haben für die Bilanzanalyse und die Bilanzkritik eine große Bedeutung und erlauben eine bessere Beurteilung des Unternehmens.

Bei den Vorbereitungsarbeiten müssen wir zwischen den quantitativen und den wertmäßigen Aufbereitungen des Zahlenmaterials unterscheiden. Die quantitativen Aufbereitungen sind relativ einfach durchzuführen. Ein externer Analytiker hat oft erhebliche Schwierigkeiten bei den wertmäßigen Aufbereitungen, weil er meist keine Informationen über die Bewertung der einzelnen Positionen hat.

14. Untersuchung der Positionen des Jahresabschlusses

Die einzelnen Positionen des Jahresabschlusses müssen genau untersucht werden, um sich Klarheit über den Inhalt dieser Positionen zu verschaffen.

14.1 Aufbereitungen der Bilanz

Die Gliederung der Bilanz ist für große Kapitalgesellschaften gesetzlich vorgeschrieben (§ 266 HGB). Kleine und mittelgroße Kapitalgesellschaften können eine vereinfachte Darstellungsform der Bilanz wählen (§§ 266 Abs. 1, 267 HGB). Die Einzel- und Personengesellschaften sollten sich am Gliederungsschema der Kapitalgesellschaften orientieren.

Die Gliederung der Bilanz sieht wie folgt aus (§ 266 HGB):

Gliederung der Bilanz

Aktiva

Ausstehende Einlagen auf das gezeichnete Kapital

A. Anlagevermögen
   I. Immaterielle Vermögensgegenstände:
      1. Konzessionen, gewerbliche Schutzrechte und ähnliche Rechte und Werte sowie Lizenzen an solchen Rechten und Werten;
      2. Geschäfts- oder Firmenwert;
      3. geleistete Anzahlungen;
   II. Sachanlagen:
      1. Grundstücke, grundstücksgleiche Rechte und Bauten einschließlich der Bauten auf fremden Grundstücken;
      2. technische Anlagen und Maschinen;
      3. andere Anlagen, Betriebs- und Geschäftsausstattung:
      4. geleistete Anzahlungen und Anlagen im Bau;
   III. Finanzanlagen:
      1. Anteile an verbundenen Unternehmen;
      2. Ausleihungen an verbundene Unternehmen;
      3. Beteiligungen;
      4. Ausleihungen an Unternehmen, mit denen ein Beteiligungsverhältnis besteht;
      5. Wertpapiere des Anlagevermögens;
      6. sonstige Ausleihungen.

B. Umlaufvermögen:
   I. Vorräte:
      1. Roh-, Hilfs- und Betriebsstoffe;
      2. unfertige Erzeugnisse, unfertige Leistungen;
      3. fertige Erzeugnisse und Waren;
      4. geleistete Anzahlungen;
   II. Forderungen und sonstige Vermögensgegenstände;
      1. Forderungen aus Lieferungen und Leistungen;
      2. Forderungen gegen verbundene Unternehmen;
      3. Forderungen gegen Unternehmen, mit denen ein Beteiligungsverhältnis besteht;
      4. sonstige Vermögensgegenstände;
   III. Wertpapiere;
      1. Anteile an verbundenen Unternehmen;

2. eigene Anteile;
3. sonstige Wertpapiere;

IV. Schecks, Kassenbestand, Bundesbank- und Postgiroguthaben, Guthaben bei Kreditinstituten.

C. Rechnungsabgrenzungsposten:

Bilanzsumme

Passiva

A. Eigenkapital:

I. Gezeichnetes Kapital;

II. Kapitalrücklage;

III. Gewinnrücklagen;

IV. Gewinnvortrag/Verlustvortrag;

V. Jahresüberschuß/Jahresfehlbetrag.

B. Rückstellungen:
1. Rückstellungen für Pensionen und ähnliche Verpflichtungen;
2. Steuerrückstellungen;
3. Sonstige Rückstellungen.

C. Verbindlichkeiten:
1. Anleihen;
2. Verbindlichkeiten gegenüber Kreditinstituten;
3. Erhaltene Anzahlungen auf Bestellungen;
4. Verbindlichkeiten aus Lieferungen und Leistungen;
5. Verbindlichkeiten aus der Annahme gezogener Wechsel und der Ausstellung eigener Wechsel;
6. Verbindlichkeiten gegenüber verbundenen Unternehmen;
7. Verbindlichkeiten gegenüber Unternehmen, mit denen ein Beteiligungsverhältnis besteht;
8. Sonstige Verbindlichkeiten.

D. Rechnungsabgrenzungsposten:

Bilanzsumme

Abb.: Gliederung der Bilanz

14.1.1 Aktivseite

Auf der Aktivseite der Bilanz müssen wir folgende Positionen unterscheiden:

Ausstehende Einlagen auf das gezeichnete Kapital

Diese Position finden wir in Bilanzen, wenn die Gesellschafter zwar Anteile gezeichnet, aber die entsprechenden Beträge noch nicht eingezahlt haben. Diese Beträge dienen bereits als Haftungskapital, stehen aber dem Unternehmen für das laufende Geschäftsjahr noch nicht zur Verfügung.

In der Strukturbilanz sind die ausstehenden Einlagen zu eliminieren. Die ausstehenden Einlagen werden mit dem gezeichneten Kapital saldiert und erscheinen nicht mehr auf der Aktivseite der Bilanz. Das gezeichnete Kapital auf der Passivseite verringert sich um den saldierten Betrag. Die bereits eingeforderten Einlagen sind in den Forderungen gesondert auszuweisen (§ 272 Abs. 1 HGB).

A. Anlagevermögen

Das Anlagevermögen eines Unternehmens umfaßt die Vermögensgegenstände, die dem Geschäftsbetrieb dauernd dienen (§ 247 Abs. 2 HGB). Diese Vermögensgegenstände sind nicht zur Verarbeitung oder zum Verkauf, sondern zur dauerhaften Nutzung bestimmt. Maßgebend ist die Zweckbestimmung des Vermögensgegenstandes.

Die in der Bilanz ausgewiesenen Positionen des Anlagevermögens werden zu den Anschaffungs- oder Herstellungskosten der Vermögensgegenstände bewertet (§ 255 Abs. 1 und 2 HGB). Diese Positionen vermindern sich um die Abschreibungen und erhöhen sich durch erfolgte Zuschreibungen.

Ob die Abschreibungen betriebsnotwendig sind oder nur bilanzpolitischen Charakter haben, ist nur den internen Betrachtern bekannt. Der externe Analytiker kann die aus steuerlichen Gründen vorgenommenen Abschreibungen als nicht betriebsbedingt ansehen, wenn sie nicht in einer Beziehung zum geschätzten Wertminderungsverlauf stehen. Dadurch wird eine Verminderung der Besteuerungsgrundlage bewirkt. In den jeweiligen Vermögensgegenständen stecken dann stille Reserven. Dies ist auch der Fall bei Sofortabschreibungen der geringwertigen Wirtschaftsgüter (§ 6 Abs. 2 EStG).

Derartige Abschreibungen sind im Anhang anzugeben (§ 281 Abs. 2 HGB). Die Differenz zwischen den handelsrechtlichen und steuerrechtlichen Abschreibungen sollte bei der Bilanzanalyse berücksichtigt werden. In der Strukturbilanz ist dann das Anlagevermögen und das Eigenkapital entsprechend zu erhöhen.

Neben den überhöhten Abschreibungen können in den Unternehmen durch unterlassene Zuschreibungen stille Reserven gebildet werden. Dann werden zuvor vorgenommene außerplanmäßige Abschreibungen nicht nach oben korrigiert (Wertaufholung). Da ein Zuschreibungswahlrecht besteht, müssen außerplanmäßige Abschreibungen bei Fortfall des Grundes nicht rückgängig gemacht werden (§§ 5 Abs. 1, 6 Abs. 1 EStG, § 280 HGB). Die aus steuerlichen Gründen unterlassenen Zuschreibungen in der Abrechnungsperiode sind aus dem Anhang ersichtlich, da sie angabepflichtig sind (§ 280 Abs. 3 HGB). Der zu niedrige Wertansatz kann bei der Bilanzanalyse korrigiert werden.

I. Immaterielle Vermögensgegenstände

Die körperlich nicht faßbaren Vermögensgegenstände, die von den Unternehmen käuflich erworben werden, erfassen wir in dieser Position.

1. Konzessionen, gewerbliche Schutzrechte und ähnliche Rechte und Werte sowie Lizenzen an solchen Rechten und Werten

Zu den Konzessionen gehören Wegerechte und Wassernutzungsrechte. Gewerbliche Schutzrechte umfassen Patente, Urheberrechte und Warenzeichen. Ähnliche Rechte betreffen Nutzungsrechte (Nießbrauch). Zu den ähnlichen Werten zählen Erfindungen, Software und Kundenkarteien.

2. Geschäfts- oder Firmenwert

Der Geschäfts- oder Firmenwert ist der Unterschiedsbetrag zwischen dem bei dem Kauf eines Unternehmens bezahlten Kaufpreis und dem Substanzwert des Unternehmens. Dieser Wert beinhaltet vor allem den guten Namen des Unternehmens, den Kundenstamm und die Absatzorganisation.

Der aktivierte Betrag kann planmäßig über die voraussichtliche Nutzungsdauer von 15 Jahren abgeschrieben werden (§ 7 Abs. 1 Satz 3 EStG). Da der Firmenwert keinen realisierbaren Gegenwert darstellt, sollte dieser Betrag bei der Aufbereitung eliminiert werden. Das Eigenkapital ist dann entsprechend zu kürzen. In der Praxis verfahren so insbesondere die Banken.

3. Geleistete Anzahlungen

Die geleisteten Anzahlungen beziehen sich auf aktivierungspflichtige immaterielle Wirtschaftsgüter. Planmäßige Abschreibungen kommen auf Anzahlungen nicht in Betracht. Bei Leistungsstörungen hingegen sind außerplanmäßige Abschreibungen vorzunehmen.

II. Sachanlagen

Zu den Sachanlagen gehören die körperlichen Vermögensgegenstände, die dem Geschäftsbetrieb dauernd dienen. Die Anlageentwicklung während des Geschäftsjahres wird bei Kapitalgesellschaften im Anlagespiegel dargestellt, der in der Bilanz oder im Anhang enthalten sein muß (§ 268 HGB). Die Abschreibungen sind zu jedem Posten anzugeben. Außerplanmäßige Abschreibungen werden jeweils gesondert ausgewiesen oder im Anhang angegeben (§ 277 Abs. 3 HGB).

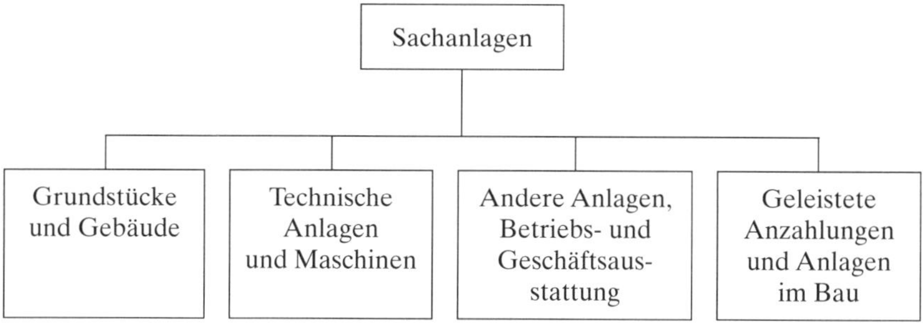

Abb.: Zusammensetzung der Sachanlagen

Die Sachanlagen beinhalten die Grundstücke und Gebäude, die technischen Anlagen und Maschinen, die anderen Anlagen sowie die Betriebs- und Geschäftsausstattung sowie die geleisteten Anzahlungen und Anlagen im Bau.

1. Grundstücke, grundstücksgleiche Rechte und Bauten, einschließlich der Bauten auf fremden Grundstücken

Neben den Grundstücken zählen die grundstücksgleichen Rechte zu dieser Position, die Abbaurechte oder Erbbaurechte umfassen. Zu den grundstücksgleichen Bauten gehören Gebäude ohne die Bauten, die Betriebsvorrichtungen sind. Die Bauten auf fremden Grundstücken fallen auch unter diese Position.

2. Technische Anlagen und Maschinen

Diese Position umfaßt die technischen Anlagen und Maschinen sowie die Betriebsvorrichtungen und die Ersatz- und Reserveteile für Maschinen.

3. Andere Anlagen, Betriebs- und Geschäftsausstattung

Unter dieser Position werden die Vermögensgegenstände des Anlagevermögens ausgewiesen, die keiner anderen Position zugeordnet werden können. Zu den anderen Anlagen zählen Transportanlagen und Gleisanlagen. Die Betriebs- und Geschäftsausstattung umfassen die Fahrzeuge, die Büroeinrichtungen und die geringwertigen Wirtschaftsgüter.

4. Geleistete Anzahlungen und Anlagen im Bau

Diese Position bezieht sich auf geleistete Vorauszahlungen auf Vermögensgegenstände des Anlagevermögens und auf noch nicht zum Bilanzstichtag abgeschlossene Investitionen.

III. Finanzanlagen

Die Finanzanlagen umfassen die dauerhaften Anlagen und Geldvermögen der Unternehmen in Form von Beteiligungen und Ausleihungen.

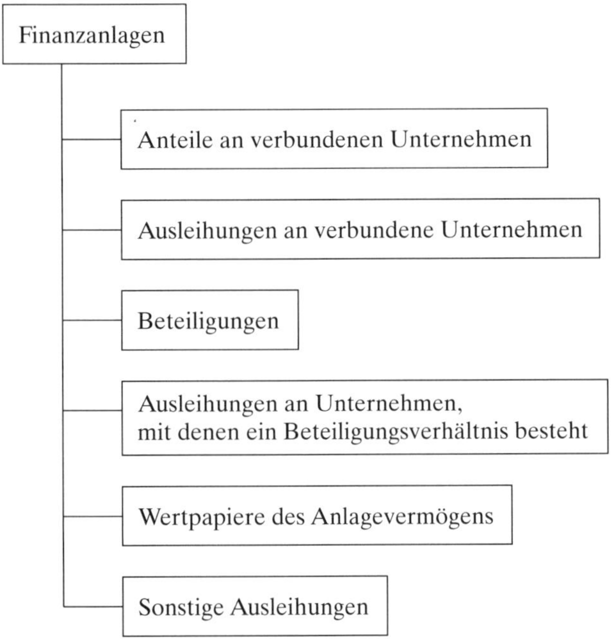

Abb.: Zusammensetzung der Finanzanlagen

1. Anteile an verbundene Unternehmen

Bei diesen Anteilen handelt es sich grundsätzlich um Mitgliedschaftsrechte, die Vermögensrechte (Anspruch auf Gewinn) und Verwaltungsrechte (Mitspracherechte) einschließen. Verbundene Unternehmen sind solche Unternehmen, zwischen denen ein Mutter/Tochterverhältnis besteht sowie die Tochtergesellschaften untereinander (§ 271 Abs. 2 HGB).

2. Ausleihungen an verbundene Unternehmen

Die Ausleihungen beinhalten langfristige Finanz- und Kapitalforderungen. Sie können in Wertpapieren verbrieft sein (Anleihen, Schuldverschreibungen) sowie Schuldscheindarlehen oder Hypothekenforderungen sein.

3. Beteiligungen

Beteiligungen sind Anteile an anderen Unternehmen, die dem eigenen Geschäftsbetrieb durch die Herstellung einer dauerhaften Verbindung zu jenem Unternehmen dienen (§ 271 Abs. 1 Satz 1 HGB). Mit der Beteiligung muß mehr verfolgt werden, als eine Kapitalanlage gegen eine angemessene Verzinsung. Es soll ein gewisser Einfluß auf das Unternehmen ausgeübt werden.

4. Ausleihungen an Unternehmen, mit denen ein Beteiligungsverhältnis besteht

Bei diesen Ausleihungen handelt es sich um Ausleihungen an das Unternehmen, das die Beteiligung hält, und an das Unternehmen, an dem die Beteiligung gehalten wird. Die Bilanzposition umfaßt beide Seiten eines Beteiligungsverhältnisses, um die unterschiedlichen Grade von Unternehmensverflechtungen deutlich zu machen.

5. Wertpapiere des Anlagevermögens

Diese Wertpapiere dienen langfristig dem Geschäftsbetrieb des Unternehmens, ohne daß eine Beteiligungsabsicht an anderen Unternehmen besteht und ohne daß ein gesonderter Ausweis erforderlich ist.

Zu diesen Wertpapieren zählen festverzinsliche Wertpapiere (Bundesanleihen, Pfandbriefe, Obligationen) und Wertpapiere mit Gewinnbeteiligungsansprüchen (Aktien).

6. Sonstige Ausleihungen

Zu den sonstigen Ausleihungen gehören alle langfristigen Finanz- und Kapitalforderungen, die nicht gegenüber Beteiligungsunternehmen oder verbundenen Unternehmen bestehen. Die Rückdeckungsansprüche aus Lebensversicherungen im Zusammenhang mit Pensionsverpflichtungen gegenüber den Mitarbeitern oder Ausleihungen an Gesellschafter zählen zu den sonstigen Ausleihungen.

B. Umlaufvermögen

Die Vermögensgegenstände des Umlaufvermögens dienen der Verarbeitung im Rahmen der Produktion oder dem Verkauf. Das Hauptmerkmal dieser Vermögensgegenstände ist die kurzfristige Betriebszugehörigkeit und die Veräußerungsabsicht. Die Bewertung des Umlaufvermögens erfolgt nach dem strengen Niederstwertprinzip.

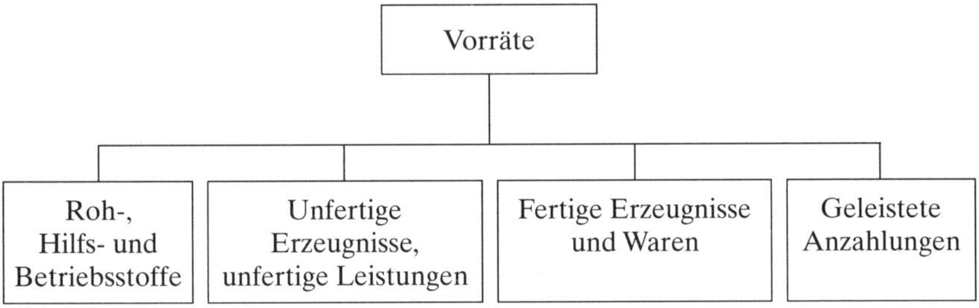

Abb.: Zusammensetzung der Vorräte

I. Vorräte

Die Vorräte beinhalten den Bestand der zur Verarbeitung oder zum Verkauf erworbenen Vermögensgegenstände. Wenn an den Vorräten Eigentumsvorbehalte (§ 455 BGB) bestehen oder die Lagerbestände zur Sicherung einer Bank übereignet sind (§ 929 f. BGB), bleiben die dinglichen Belastungen in der Bilanz ohne Beachtung. Für die Bilanzierung gilt prinzipiell die wirtschaftliche und nicht die juristische Betrachtungsweise.

Im Rahmen der Bewertung der Vorräte besteht wie beim Anlagevermögen die Möglichkeit, stille Reserven zu bilden. Die Verbrauchsfolgeverfahren (Lifo, Fifo) sind Vereinfachungen der Bewertung und erlauben die Bildung von stillen Reserven. Der Wertansatz der Vorräte erfolgt dann nicht nach dem Prinzip der Einzelbewertung (§ 252 Abs. 1 Nr. 3 HGB), es werden vielmehr bestimmte Verbrauchsfolgen unterstellt. Beim Lifo-Verfahren gehen wir davon aus, daß die zuletzt gekauften Rohstoffe als erste wieder verbraucht werden. Die restlichen Rohstoffe werden dann stets zu den niedrigeren Anschaffungskosten bei einer Inflation bewertet. Dadurch ergeben sich erhebliche Unterschiede zwischen den bilanzierten Werten und den Börsen- oder Marktpreisen.

Bei Vermögensgegenständen des Umlaufvermögens können neben den Bewertungsvereinfachungen auch durch außerplanmäßige Abschreibungen stille Reserven gebildet werden, da die niedrigeren Werte auch beim Wegfall der Gründe beibehalten werden dürfen. Diese Abschreibungen können aufgrund des strengen Niederstwertprinzips vorgenommen werden. Die Unternehmen dürfen diese Wertansätze zur Vorwegnahme künftiger Wertschwankungen aus Gründen der kaufmännischen Vorsicht sogar noch unterschreiten. Dadurch können weitere stille Reserven entstehen, die aber beim Verbrauch der Rohstoffe wieder aufgelöst werden.

Neben der erlaubten Unterbewertung der Vorräte muß allerdings auch eine mögliche Überbewertung der Vorräte berücksichtigt werden. Nicht alle Unternehmen bemühen sich, stille Reserven zu bilden. Beim Verkauf von großen Unternehmen kam es immer wieder vor, daß die ausgewiesenen Vorräte erheblich überbewertet waren. Da die Abschlußprüfer die Vorräte öfter nicht sorgfältig prüfen, wird die Überbewertung meist nicht erkannt.

1. Roh-, Hilfs- und Betriebsstoffe

Die Rohstoffe gehen unmittelbar in die unfertigen Produkte ein und bilden deren Hauptbestandteile.

Die Hilfsstoffe werden ebenfalls für die Produktion unmittelbar verbraucht. Sie erfüllen aber lediglich eine Hilfsfunktion im Vergleich zu den Rohstoffen. Schrauben, Lacke und Leime gehören in der Möbelindustrie zu den Hilfsstoffen.

Die Betriebsstoffe bilden keinen Bestandteil der fertigen Produkte, sondern werden bei der Herstellung der Produkte verbraucht. Schmiermittel, Kraftstoffe und Brennstoffe sind Betriebsstoffe.

2. Unfertige Erzeugnisse, unfertige Leistungen

Die unfertigen Erzeugnisse sind jene Vorräte, die noch nicht verkaufsfertige Produkte darstellen. Durch die Be- oder Verarbeitung sind aber bereits Aufwendungen im eigenen Unternehmen angefallen. Die unfertigen Erzeugnisse sind bereits im Produktionsprozeß bearbeitet worden.

Die unfertigen Leistungen umfassen die Leistungen, die bis zum Bilanzstichtag nocht nicht abgeschlossen sind. Die unfertigen Bauten eines Bauunternehmens gehören zu dieser Position.

Im Gegensatz zu den unfertigen Erzeugnissen sind unfertige Leistungen noch nicht fertiggestellte oder noch nicht abgerechnete Dienstleistungen.

3. Fertige Erzeugnisse und Waren

Die fertigen Erzeugnisse sind die versandfertigen Vorräte, die im eigenen Unternehmen be- oder verarbeitet wurden. Die Waren umfassen die Handelswaren, die von fremden Unternehmen hergestellt wurden und die ohne wesentliche Weiterverarbeitung verkauft werden.

Die fertigen Erzeugnisse und die Waren unterliegen einer unterschiedlichen Bewertung. Die fertigen Erzeugnisse werden zu Herstellungskosten angesetzt. Für die Waren dagegen gilt der Einstandspreis als Wertansatz.

4. Geleistete Anzahlungen

Diese Position enthält nur Anzahlungen auf Vorräte. Die Zahlungen für noch nicht gelieferte Vorräte werden bis zum Zeitpunkt des Gefahrenübergangs als Anzahlungen und danach als Vorräte ausgewiesen.

II. Forderungen und sonstige Vermögensgegenstände

Bei den Forderungen handelt es sich um Geldforderungen, die aus den Umsatzerlösen stammen, die aber noch nicht zu Einnahmen geführt haben. Die Forderungen sind in der Bilanz bereits wertberichtigt. Die Höhe der Wertberichtigungen ist aber für externe Analytiker nicht erkennbar.

1. Forderungen aus Lieferungen und Leistungen

Die Forderungen aus Lieferungen und Leistungen stellen den Gegenwert für die erbrachten Lieferungen und Leistungen dar. Sie sind Ausdruck einer erfolgswirksamen Vermögensumformung. An die Stelle von Produkten oder Waren tritt der Anspruch auf Gelder.

2. Forderungen gegenüber verbundenen Unternehmen

In dieser Position sind alle dem Umlaufvermögen zurechenbaren Forderungen gegen verbundene Unternehmen auszuweisen. Dazu gehören sowohl die Forderungen aus Lieferungen und Leistungen als auch die Forderungen aus kurzfristigen Darlehen.

3. Forderungen gegenüber verbundenen Unternehmen, mit denen ein Beteiligungsverhältnis besteht

Alle zum Umlaufvermögen gehörenden Forderungen gegen Unternehmen sind in dieser Position zu erfassen, mit denen ein Beteiligungsverhältnis besteht. Wenn der Schuldner zugleich ein verbundenes Unternehmen ist, dann hat der Ausweis dort zu erfolgen.

4. Sonstige Vermögensgegenstände

In dieser Bilanzposition werden alle Vermögensgegenstände des Umlaufvermögens erfaßt, die keinem der anderen Posten zuzuordnen sind. Zu den sonstigen Vermögensgegenständen zählen Darlehen an Arbeitnehmer, Vorschüsse und Steuererstattungsansprüche.

III. Wertpapiere

Unter den Wertpapieren des Umlaufvermögens werden die Wertpapiere erfaßt, deren Anschaffung und Besitz aus vorübergehenden Finanzierungs- oder Gewinnerzielungsabsichten erfolgt. Die Absicht der Einflußnahme auf das beteiligte Unternehmen liegt nicht vor.

1. Anteil an verbundenen Unternehmen

Bei den Anteilen an verbundenen Unternehmen handelt es sich um Wertpapiere, die nicht zum Anlagevermögen gehören.

2. Eigene Anteile

Der Erwerb eigener Anteile ist nur beschränkt zulässig (§ 71 AktG, § 33 GmbHG). Ein gesonderter Ausweis ist deshalb vorgeschrieben. Eigene Anteile können zur Ausgabe an die Arbeitnehmer des Unternehmens oder zur Abfindung von Aktionären gehalten werden.

3. Sonstige Wertpapiere

Zu den sonstigen Wertpapieren gehören alle Wertpapiere, die nicht zum Anlagevermögen und nicht unter 1. und 2. fallen. Schatzwechsel des Bundes, kurzfristige Geldanlagen und Finanzwechsel werden in dieser Bilanzposition erfaßt.

IV. Flüssige Mittel

Unter dieser Position werden Schecks, Kassenbestand, Bundesbank- und Postgiroguthaben sowie Guthaben bei Kreditinstituten erfaßt. Diese Position beinhaltet also alle sofort oder kurzfristig fälligen Mittel. Die einzeln aufgeführten Posten sind auch in mittelgroßen und großen Kapitalgesellschaften nicht aufzugliedern. Zum Kassenbestand zählen auch alle Bestände an in- und ausländischen Geldsorten und an Wertmarken (Briefmarken).

C. Rechnungsabgrenzungsposten

Bei den Rechnungsabgrenzungsposten handelt es sich um Ausgaben vor dem Bilanzstichtag, die Aufwendungen betreffen, die erst nach dem Bilanzstichtag anfallen. Als Rechnungsabgrenzungsposten werden für zukünftige Perioden vorausgezahlte Beträge ausgewiesen. Zu den Rechnungsabgrenzungsposten gehören beispielsweise die vorausbezahlten Mieten oder die vorausbezahlten Versicherungsprämien.

Das Disagio (Damnum) zählt ebenfalls zu den Rechnungsabrenzungsposten. Bei der Aufnahme eines Darlehens kann beispielsweise ein Disagio von 10 % mit der Bank vereinbart werden. Das Unternehmen erhält bei einer Darlehenssumme von 100.000,– DM dann nur 90.000,– DM ausbezahlt, muß aber 100.000,– DM an die Bank zurückzahlen. Der Differenzbetrag von 10.000,– DM muß steuerrechtlich über die Laufzeit des Darlehens gleichmäßig abgeschrieben werden. Der Betrag von 10.000,– DM wird unter den Rechnungsabgrenzungsposten gesondert aufgeführt.

14.1.2 Passivseite

Die Positionen der Passivseite sind wie die Positionen der Aktivseite aufzubereiten. Einzelne Positionen sollten in Gruppen zusammengefaßt oder gegebenenfalls korrigiert werden.

A. Eigenkapital

Das Eigenkapital steht den Unternehmen ohne zeitliche Begrenzung zur Verfügung. Die Erhöhung des Eigenkapitals kann durch Zuführung von außen oder durch die Einbehaltung von Gewinnen erfolgen.

I. Gezeichnetes Kapital

Das gezeichnete Kapital ist das Haftungskapital. Die Haftung der Gesellschafter für die Verbindlichkeiten der Kapitalgesellschaften ist also gegenüber den Gläubigern beschränkt. Das gezeichnete Kapital wird zum Nennbetrag ausgewiesen.

Bei der AG heißt das gezeichnete Kapital Grundkapital. Vom Stammkapital sprechen wir bei der GmbH. Der Mindestnennbetrag des Grundkapitals beträgt 100.000,– DM (§ 7 AktG). Das Stammkapital muß mindestens 50.000,– DM betragen, wobei 25.000,- DM in bar eingezahlt werden müssen. Der Nennbetrag pro Aktie macht 50,– DM aus. Ab dem 1. 8. 1994 wurde der Nennbetrag pro Aktie auf 5,– DM gesenkt. Bei Stammeinlagen ist ein Mindestbetrag von 500,– DM vorgeschrieben. Der Ausweis des gezeichneten Kapitals am Bilanzstichtag richtet sich nach der Handelsregistereintragung.

Das Grund- oder Stammkapital sind feste Größen. Bei Aktiengesellschaften kann eine Kapitaländerung aufgrund von Beschlüssen der Hauptversammlung oder der Gesellschafter über eine Kapitalerhöhung oder Kapitalherabsetzung erfolgen.

Einzel- und Personengesellschaften haben dagegen variable Eigenkapitalkonten. Die einzelnen Eigenkapitalkonten können durch Gewinngutschriften oder Verlustbelastungen sowie durch Einlagen oder durch Entnahmen im Laufe des Geschäftsjahres verändert werden.

II. Kapitalrücklage

Bei der Kapitalrücklage geht es um die Mehrbeträge, die bei der Ausgabe von Aktien, von Wandelschuldverschreibungen und von Optionsanleihen von außen der AG zugeführt werden. Die AG gibt diese Wertpapiere meist über Pari aus. Der Betrag, der den Nennbetrag übersteigt, heißt Agio (Aufgeld).

III. Gewinnrücklagen

Als Gewinnrücklagen dürfen nur die Beträge ausgewiesen werden, die im Geschäftsjahr oder in früheren Geschäftsjahren aus dem Jahresüberschuß gebildet wurden (§ 272 Abs. 3 HGB). Im Gegensatz zu der Kapitalrücklage kommen die Gewinnrücklagen nicht aus den von außen zufließenden Beträgen, sondern stammen vom Jahresüberschuß.

1. Gesetzliche Rücklagen

Die gesetzlichen Rücklagen gibt es nur bei der AG und der KGaA (§ 150 Abs. 1 AktG). In diese Rücklagen sind jeweils 5 % des Jahresüberschusses einzustellen, bis die gesetzlichen Rücklagen und die Kapitalrücklage zusammen 10 % oder den in der Satzung bestimmten höheren Teil des Grundkapitals erreichen (§ 272 Abs. 2 Nr. 1 bis 3 HGB, § 150 Abs. 3 AktG).

2. Rücklage für eigene Anteile

Die Rücklage für eigene Anteile korrespondiert mit dem Posten eigene Anteile auf der Aktivseite. Zweck dieser Rücklage ist die Ausschüttungssperre. Diese Rücklage darf nur aufgelöst werden, wenn die eigenen Anteile ausgegeben, verkauft oder eingezogen werden. Die Höhe dieser Rücklage hängt von der Bewertung der eigenen Aktien auf der Aktivseite ab.

3. Satzungsmäßige Rücklagen

Die satzungsmäßigen Rücklagen umfassen die Gewinnrücklagen, die aufgrund der Satzung (Gesellschaftervertrag) gebildet werden müssen. Diese Rücklagen können zweckgebunden oder zweckfrei gebildet werden.

4. Andere Gewinnrücklagen

Zu den anderen Gewinnrücklagen zählen alle Gewinnrücklagen, die nicht gesondert in den bereits erwähnten Rücklagen zu erfassen sind. Diese Rücklagen können nach freiem Ermessen gebildet werden.

Die Positionen gezeichnetes Kapital, Kapitalrücklage und Gewinnrücklagen stellen keine Probleme bei der Bewertung dar. Sie können in die Strukturbilanz übernommen werden, ohne daß Aufbereitungsmaßnahmen notwendig sind. Hinzurechnungen und Kürzungen können für den Gewinnvortrag/Verlustvortrag, für den Jahresüberschuß/Jahresfehlbetrag und für den Bilanzgewinn/Bilanzverlust vorgenommen werden.

Der Gewinnvortrag/Verlustvortrag und der Jahresüberschuß/Jahresfehlbetrag werden angesetzt, wenn noch keine Ergebnisverwendung erfolgt ist.

IV. Gewinnvortrag/Verlustvortrag

Der Gewinnvortrag oder der Verlustvortrag stammen aus früheren Berichtsjahren und sind noch keiner Ergebnisverwendung zugeführt worden. Sie werden entweder in der laufenden oder in den folgenden Perioden verwendet. Diese Beträge sind mit dem Eigenkapital zu saldieren.

Der Gewinnvortrag ergibt sich aus der Beschlußfassung der Hauptversammlung oder der Gesellschafterversammlung über die Verwendung des Bilanzgewinns des Vorjahres. Der Verlustvortrag stellt den Bilanzverlust der Vorjahres dar.

V. Jahresüberschuß/Jahresfehlbetrag

Wenn in der Bilanz ein Jahresüberschuß ausgewiesen wird, ist noch keine Entscheidung über die Gewinnverwendung getroffen worden. Sind keine Informationen über den zu erwartenden Beschluß über die Gewinnverwendung vorhanden, wird der Jahresüberschuß zum Eigenkapital hinzugerechnet. Ist bereits bekannt, wie der Jahresüberschuß auf die Gewinnrücklagen und auf die Ausschüttungen verteilt werden soll, dann zählt der in die Gewinnrücklagen einzustellende Betrag zum Eigenkapital. Der zur Ausschüttung vorgesehene Teil wird zu den kurzfristigen Verbindlichkeiten hinzugefügt, da dieser Betrag nach dem Beschluß der Hauptversammlung an die Gesellschafter ausgezahlt wird. Ein Jahresfehlbetrag dagegen reduziert das Eigenkapital.

Bilanzgewinn/Bilanzverlust

Die Bilanz darf auch unter Berücksichtigung der vollständigen oder teilweisen Verwendung des Jahresergebnisses aufgestellt werden (§ 268 Abs. 1 HGB). Dann erscheint nur der Posten Bilanzgewinn/Bilanzverlust in der Bilanz. Dieser Posten ergibt sich wie folgt:

	Jahresüberschuß/Jahresfehlbetrag
+ –	Gewinnvortrag/Verlustvortrag
– +	Ergebnisverwendung
=	Bilanzgewinn/Bilanzverlust

Der Bilanzgewinn wird als Teil des Eigenkapitals in der Bilanz ausgewiesen. Bei der AG ist der ausgewiesene Bilanzgewinn identisch mit der Dividendenzahlung, die einen Tag nach der Hauptversammlung fällig ist. Deshalb rechnen wir den zur Ausschüttung vorgesehenen Bilanzgewinn zu den kurzfristigen Verbindlichkeiten.

Sonderposten mit Rücklageanteil

Die Sonderposten mit Rücklageanteil beinhalten Passivposten, die für die Zwecke der Steuer vom Einkommen und vom Ertrag zulässig sind.

Ursachen für Sonderposten mit Rücklageanteil

1. Sonderabschreibungen
2. Erhöhte Absetzungen
3. Übertragung stiller Reserven

Die wesentlichen Ursachen zur Bildung von Sonderposten mit Rücklageanteil umfassen Sonderabschreibungen, erhöhte Absetzungen und die Übertragung von stillen Reserven (§ 6 b EStG, Abschnitt 35 EStR). Diese Sonderposten unterliegen keiner Besteuerung am Bilanzstichtag. Die vorläufig unversteuerten Rücklagen können später der Besteuerung unterliegen. Die künftige Steuerbelastung ist nicht genau bekannt.

Bei der Bilanzanalyse sollten die Sonderposten mit Rücklageanteil je zur Hälfte dem Eigenkapital und den Rückstellungen zugeordnet werden.

B. Rückstellungen

Rückstellungen sind Verbindlichkeiten, die bereits verursacht sind, deren Höhe und Fälligkeit aber noch ungewiß sind.

In den großen Kapitalgesellschaften müssen folgende Rückstellungen separat ausgewiesen werden (§ 266 Abs. 3 HGB):

1. Rückstellungen für Pensionen und ähnliche Verpflichtungen
2. Steuerrückstellungen
3. Sonstige Rückstellungen

Die kleinen Kapitalgesellschaften sowie die Einzel- und Personalgesellschaften brauchen die Rückstellungen nicht zu untergliedern (§ 267 Abs. 1 HGB). In diesen Gesellschaften werden alle Rückstellungen nur in einer Position ausgewiesen.

1. Rückstellungen für Pensionen und ähnliche Verpflichtungen

Die Pensionsrückstellungen haben vor allem in den größeren Unternehmen eine besondere Bedeutung, da sie meist einen großen Betrag ausmachen und zur Finanzierung verwendet werden können.

In der Steuerbilanz besteht eine Passivierungspflicht für Pensionszusagen, wenn folgende Voraussetzungen vorliegen:

1. Die Pensionszusage muß rechtsverbindlich vorliegen (§ 6 a Abs. 1 Nr. 1 EStG).
2. Die Pensionszusage darf keine steuerschädlichen Vorbehalte enthalten (§ 6a Abs. 1 Nr. 2 EStG).
3. Die Pensionszusage muß schriftlich erfolgen (§ 6 a Abs. 1 Nr. 3 EStG).

Seit dem 1. 1. 1987 besteht für Pensionszusagen eine Passivierungspflicht in der Steuerbilanz. Der steuerliche Rechnungszinssatz beträgt 6 %. Für die vor diesem Zeitpunkt erfolgten Pensionszusagen dürfen nachträglich noch Rückstellungen gebildet werden. Unterlassene Pensionsrückstellungen, die im Anhang anzugeben sind, sollten vom Eigenkapital abgezogen werden.

Im Rahmen der handelsbilanziellen Bewertung der Pensionsrückstellungen wählen viele Unternehmen einen Zinssatz, der unter 6 % liegt. Generell werden in der Handelsbilanz Abszinsungssätze zwischen 3 % und 6 % für zulässig erachtet. Für die Unternehmen ergibt sich mit der Wahl des Abzinsungssatzes ein wichtiges bilanzpolitisches Gestaltungspotential. In der Handelsbilanz können also höhere Beträge für Pensionsrückstellungen als in der Steuerbilanz ausgewiesen werden.

In den vergangenen Jahren haben viele Unternehmen in ihren Jahresabschlüssen einen Zinssatz von 3 % bis 5,5 % zur Bewertung der Pensionsrückstellungen angesetzt. Die Abweichung vom steuerlichen Zinssatz in Höhe von 6 % kann also mehrere Prozentpunkte betragen. Die Zinssenkung von 6 % auf 4 %, also um zwei Prozentpunkte, führt beispielsweise zu einer Erhöhung des Barwertes um ca. 20 %. Dadurch wird deutlich, daß die Unternehmen in der Handelsbilanz einen beträchtlichen Bewertungsspielraum bei den Pensionsrückstellungen haben.

2. Steuerrückstellungen

Alle ungewissen Verbindlichkeiten aus Steuern müssen von der Gesellschaft als Steuerschuldnerin erfaßt werden. Die Steuerschulden (Körperschaftsteuer, Gewerbesteuer) sind unter Abzug der Vorauszahlungen bis zum Erlaß des Steuerbescheides als Rückstellungen auszuweisen.

Die Steuerrückstellungen umfassen auch die Rückstellungen für latente Steuern. Wenn der Gewinn der Steuerbilanz niedriger als das handelsrechtliche Ergebnis ist, muß die Kapitalgesellschaft eine Rückstellung bilden (§ 249 Abs. 1 Satz 1 HGB). Die effektive Steuerzahlung ist dann niedriger als die errechnete Steuer, die auf der Basis des höheren handelsrechtlichen Gewinns errechnet wurde. Für den Differenzbetrag muß dann eine Rückstellung gebildet werden.

3. Sonstige Rückstellungen

Die sonstigen Rückstellungen umfassen alle Rückstellungen, die nicht unter 1 und 2 fallen. Folgende Rückstellungen gehören dazu:

1. Prozeßkosten
2. Garantieverpflichtungen
3. Wechselobligo
4. Abschlußkosten
5. Bürgschaftsverpflichtungen
6. Ausgleichsanspruch der Handelsvertreter (§ 89 b HGB)
7. Rabatte
8. Boni
9. Drohende Verluste aus schwebenden Geschäften
10. Unterlassene Instandhaltung (3 Monate)
11. Abraumbeseitigung
12. Wiederherstellung in den ursprünglichen Zustand
13. Produzentenhaftung

C. Verbindlichkeiten

Die Verbindlichkeiten werden in unterschiedlichen Postengruppen zusammengefaßt (§ 266 Abs. 3 HGB). Bei kleinen Kapitalgesellschaften können die Verbindlichkeiten ohne Untergliederung ausgewiesen werden (§§ 267 Abs. 1, 266 Abs. 1 Satz 3 HGB). Die Restlaufzeiten bis zu einem Jahr sowie von mehr als 5 Jahren müssen separat vermerkt werden (§§ 268 Abs. 5 Satz 1, 285 Nr. 1 a HGB). Die Vermerke sind bei jedem Posten in der Bilanz anzubringen oder im Anhang zu vermerken.

Die Verbindlichkeiten sind hinsichtlich der Fristigkeit aufzubereiten. Die entsprechenden Informationen finden wir in der Bilanz oder im Anhang bei den Kapitalgesellschaften.

Wir unterscheiden für die Bilanzanalyse die langfristigen und kurzfristigen Verbindlichkeiten. Das Fremdkapital mit einer Laufzeit von über einem Jahr gehört zu den langfristigen Verbindlichkeiten. Die kurzfristigen Verbindlichkeiten beinhalten insbesondere die Verbindlichkeiten aus Lieferungen und Leistungen sowie die sonstigen Verbindlichkeiten.

1. Anleihen

Anleihen sind alle Schuldverpflichtungen, die am öffentlichen Kapitalmarkt aufgenommen werden. Dazu gehören die Schuldverschreibungen, die Wandelobligationen, die Optionsanleihen und die Gewinnschuldverschreibungen.

2. Verbindlichkeiten gegenüber Kreditinstituten

Die Verbindlichkeiten gegenüber Kreditinstituten sind separat auszuweisen. Dabei spielt es keine Rolle, wie lange die Gesamtlaufzeiten oder die Restlaufzeiten sind.

3. Erhaltene Anzahlungen auf Bestellungen

Bei Anzahlungen auf Bestellungen handelt es sich um Anzahlungen aufgrund abgeschlossener Lieferungs- und Leistungsverträge, für die die Lieferungen oder Leistungen noch ausstehen. Anzahlungen auf Bestellungen beziehen sich nur auf die Lieferungen oder Leistungen, die zu Umsatzerlösen führen.

4. Verbindlichkeiten aus Lieferungen und Leistungen

Die Verbindlichkeiten aus Lieferungen und Leistungen umfassen alle Verpflichtungen aus den normalen Geschäften mit den Lieferanten. Unter dieser Position werden alle Verbindlichkeiten aufgrund von Lieferungen und Leistungen erfaßt.

5. Verbindlichkeiten aus der Annahme gezogener Wechsel und der Ausstellung eigener Wechsel

Die Verbindlichkeiten aus der Annahme gezogener Wechsel und der Ausstellung eigener Wechsel beinhalten alle als Schuldwechsel gezogene Wechsel oder eigene Wechsel ohne Rücksicht darauf, ob es sich um Handels- oder Finanzwechsel handelt.

6. Verbindlichkeiten gegenüber verbundenen Unternehmen

Die Position gegenüber verbundenen Unternehmen ist ein Sonderposten. Dazu zählen alle Verbindlichkeiten gegenüber verbundenen Unternehmen.

7. Verbindlichkeiten gegenüber Unternehmen, mit denen ein Beteiligungsverhältnis besteht

Wenn die Gläubiger Unternehmen sind, mit denen ein Beteiligungsverhältnis besteht, müssen diese Verbindlichkeiten in dieser Position erfaßt werden. Sollten es Verbindlichkeiten gegenüber verbundenen Unternehmen sein, dann sind sie unter 6 auszuweisen.

8. Sonstige Verbindlichkeiten

Die sonstigen Verbindlichkeiten stellen einen Sammelposten dar. Sie umfassen alle Schulden, die keinem anderen Posten der Verbindlichkeiten zugeordnet werden können. Dazu gehören insbesondere die Verbindlichkeiten gegenüber den Mitarbeitern (Löhne und Gehälter), Verbindlichkeiten aus Steuern (Einkommen, Ertrag, Umsatz) und Verbindlichkeiten im Rahmen der sozialen Sicherheit (Renten-, Kranken- und Arbeitslosenversicherungen).

D. Rechnungsabgrenzungsposten

Einnahmen vor dem Abschlußstichtag, die einen Ertrag erst im folgenden Geschäftsjahr darstellen, werden als Rechnungsabgrenzungsposten auf der Passivseite ausgewiesen (§ 250 Abs. 2 HGB). Bei den Rechnungsabgrenzungsposten handelt es sich also um Einnahmen vor dem Stichtag, die erst Erträge nach dem Stichtag betreffen. Aus Gründen der periodengerechten Erfolgsermittlung sind diese Vorgänge entsprechend abzugrenzen.

Wenn die Aufbereitungsarbeiten für die Bilanz abgeschlossen sind, können wir eine Strukturbilanz erstellen. Die in der Strukturbilanz zusammengestellten Zahlen werden dann zur Bildung von Kennzahlen verwendet.

14. 2. Aufbereitungen der GuV

14. 2. 1 Gesamtkostenverfahren

Das Gliederungsschema nach dem Gesamtkostenverfahren sieht wie folgt aus (§ 275 Abs. 2 HGB):

Gesamtkostenverfahren

1. Umsatzerlöse
2. Erhöhung oder Verminderung des Bestands an fertigen und unfertigen Erzeugnissen
3. andere aktivierte Eigenleistungen
4. sonstige betriebliche Erträge
5. Materialaufwand:
   a) Aufwendungen für Roh-, Hilfs- und Betriebsstoffe und für bezogene Waren
   b) Aufwendungen für bezogene Leistungen
6. Personalaufwand:
   a) Löhne und Gehälter
   b) soziale Abgaben und Aufwendungen für Altersversorgung und für Unterstützung, davon für Altersversorgung
7. Abschreibungen:
   a) auf immaterielle Vermögensgegenstände des Anlagevermögens und Sachanlagen sowie auf aktivierte Aufwendungen für die Ingangsetzung und Erweiterung des Geschäftsbetriebs
   b) auf Vermögensgegenstände des Umlaufvermögens, soweit diese die in der Kapitalgesellschaft üblichen Abschreibungen überschreiten
8. sonstige betriebliche Aufwendungen
9. Erträge aus Beteiligungen,
   davon aus verbundenen Unternehmen
10. Erträge aus anderen Wertpapieren und Ausleihungen des Finanzanlagevermögens,
    davon aus verbundenen Unternehmen
11. sonstige Zinsen und ähnliche Erträge,
    davon aus verbundenen Unternehmen
12. Abschreibungen auf Finanzanlagen und auf Wertpapiere des Umlaufvermögens
13. Zinsen und ähnliche Aufwendungen,
    davon an verbundene Unternehmen
14. Ergebnis der gewöhnlichen Geschäftstätigkeit
15. außerordentliche Erträge
16. außerordentliche Aufwendungen
17. außerordentliches Ergebnis
18. Steuern vom Einkommen und vom Ertrag
19. sonstige Steuern
20. Jahresüberschuß/Jahresfehlbetrag.

Abb.: Gesamtkostenverfahren

Erfolgsrechnung nach den Rechnungslegungsvorschriften

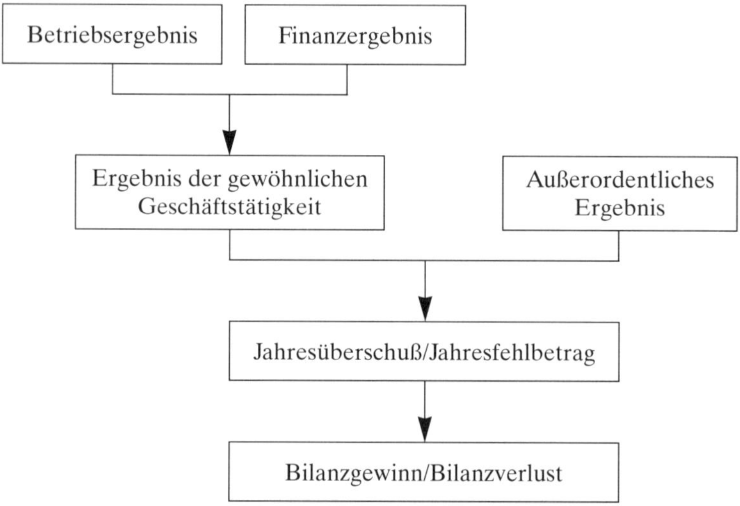

Wenn wir die Inhalte des Begriffs Betriebsergebnis in der Kosten- und Leistungsrechnung und des Begriffs Ergebnis aus der gewöhnlichen Geschäftstätigkeit vergleichen, dann stellen wir fest, daß wesentliche Unterschiede bestehen. Die sonstigen betrieblichen Aufwendungen und Erträge in der GuV beziehen sich in ihrem Inhalt auf die gewöhnliche Geschäftstätigkeit ohne Rücksicht darauf, ob diese Positionen betriebsfremd, periodenfremd oder außerordentlich sind. Alle typischen Aufwendungen und Erträge eines Unternehmens berücksichtigen wir im Ergebnis der gewöhnlichen Geschäftstätigkeit. Die außerordentlichen Aufwendungen und Erträge in der GuV werden nach der Einführung der neuen Bilanzrichtlinien viel enger gefaßt und beinhalten nur noch solche Vorgänge, die für die laufende Geschäftstätigkeit untypisch sind, weil sie ungewöhnlich oder unerwartet auftreten (§ 277 Abs. 4 HGB).

Der Verkauf einer Maschine über Buchwert wurde früher als außerordentlicher Ertrag erfaßt. Heute gehört dieser Vorgang zu den sonstigen betrieblichen Erträgen. Nur ein ungewöhnliches Ereignis wie ein Feuerschaden zählt heute zu den außerordentlichen Aufwendungen in der GuV. In vielen Unternehmen kommt deshalb diese Position außerordentliches Ergebnis überhaupt nicht mehr vor.

Auch die periodenfremden und betriebsfremden Aufwendungen und Erträge, die neben den außerordentlichen Positionen in der Kosten- und Leistungsrechnung zu dem neutralen Ergebnis gehören, werden in der GuV in den sonstigen betrieblichen Aufwendungen und Erträgen erfaßt. Die erhaltene Miete von einem Mietshaus, das ein Teil des Betriebsvermögens ist, gehört jetzt zu den sonstigen betrieblichen Erträgen.

Das Gliederungsschema der GuV kann also nicht für die Bilanzanalyse verwendet werden. Um das richtige ordentliche Betriebsergebnis (Bilanzgewinn/Bilanzverlust) für ein Unternehmen zu ermitteln, müssen verschiedene Korrekturen vorgenommen werden. Allerdings bestehen für einen externen Bilanzanalytiker besondere Schwierigkeiten, weil für ihn keine Einblicke in die Zusammensetzung der einzelnen Positionen der GuV möglich sind.

Eine Trennung der Unternehmenstätigkeit in einen typischen und untypischen Bereich kann von einem externen Analytiker nur mit großen Schwierigkeiten durchgeführt werden. Eine Erfolgsaufspaltung ist daher nur auf der Basis einer Schätzung möglich.

Die Aufteilung der beiden Sammelpositionen sonstige betriebliche Erträge und sonstige betriebliche Aufwendungen ist problematisch. Auch die nicht planmäßigen Abschreibungen, die in der Position Abschreibungen enthalten sind, können von einem externen Bilanzanalytiker nicht herausgerechnet werden, wenn Einblicke in die Zusammensetzung der Abschreibungen fehlen.

Der ausgewiesene Bilanzgewinn wird also durch zahlreiche betriebsfremde, periodenfremde und außerordentliche Vorgänge sowie bilanzpolitische Maßnahmen verändert. Deshalb müssen bei der Aufbereitung der Erträge und Aufwendungen in der GuV diese Einflüsse eliminiert werden, um das ordentliche Betriebsergebnis zu ermitteln, das durch den Produktions- und Umsatzprozeß in einem Geschäftsjahr erzielt wurde. Dieses Ergebnis gibt dann Auskunft über die Ertrags- und Finanzkraft eines Unternehmens. Durch die Aufbereitungsmaßnahmen können die möglichen Manipulationen aufgedeckt werden.

Das Handels- und das Steuerrecht erlauben vielfältige Maßnahmen, um den Bilanzgewinn positiv oder negativ zu beeinflussen. Ein echter Bilanzverlust kann beispielsweise durch die bewußte Auflösung von Rückstellungen in einen Bilanzgewinn umgewandelt werden. Derartige Manipulationen sollten bei den Aufbereitungsarbeiten korrigiert werden, um den erwirtschafteten Bilanzverlust zu ermitteln, der in einem Geschäftsjahr erzielt wurde.

Die GuV gibt Aufschluß über die Erfolgsentwicklung eines Unternehmens. Die Erträge und Aufwendungen einer Periode werden erfaßt und führen zu einem Bilanzgewinn oder zu einem Bilanzverlust einer Periode. Diese Erfolgskennzahlen sind aber nicht identisch mit dem Gewinn oder Verlust einer Periode aus betriebswirtschaftlicher Sicht.

Der Bilanzgewinn kann an die Gesellschafter ausgeschüttet oder zur Thesaurierung einbehalten werden. Außerdem muß berücksichtigt werden, daß der Bilanzgewinn durch bilanzpolitische Maßnahmen beeinflußt werden kann. Durch Wahlrechte und Ermessensspielräume können stille Reserven geschaffen oder aufgelöst werden.

Das Ziel der Erfolgsanalyse muß dann darin bestehen, den Erfolg zu ermitteln, der dem tatsächlichen Ergebnis der unternehmerischen Tätigkeit weitgehend entspricht. Deshalb müssen wir zwischen dem in der GuV ausgewiesenen und dem tatsächlichen Bilanzgewinn unterscheiden.

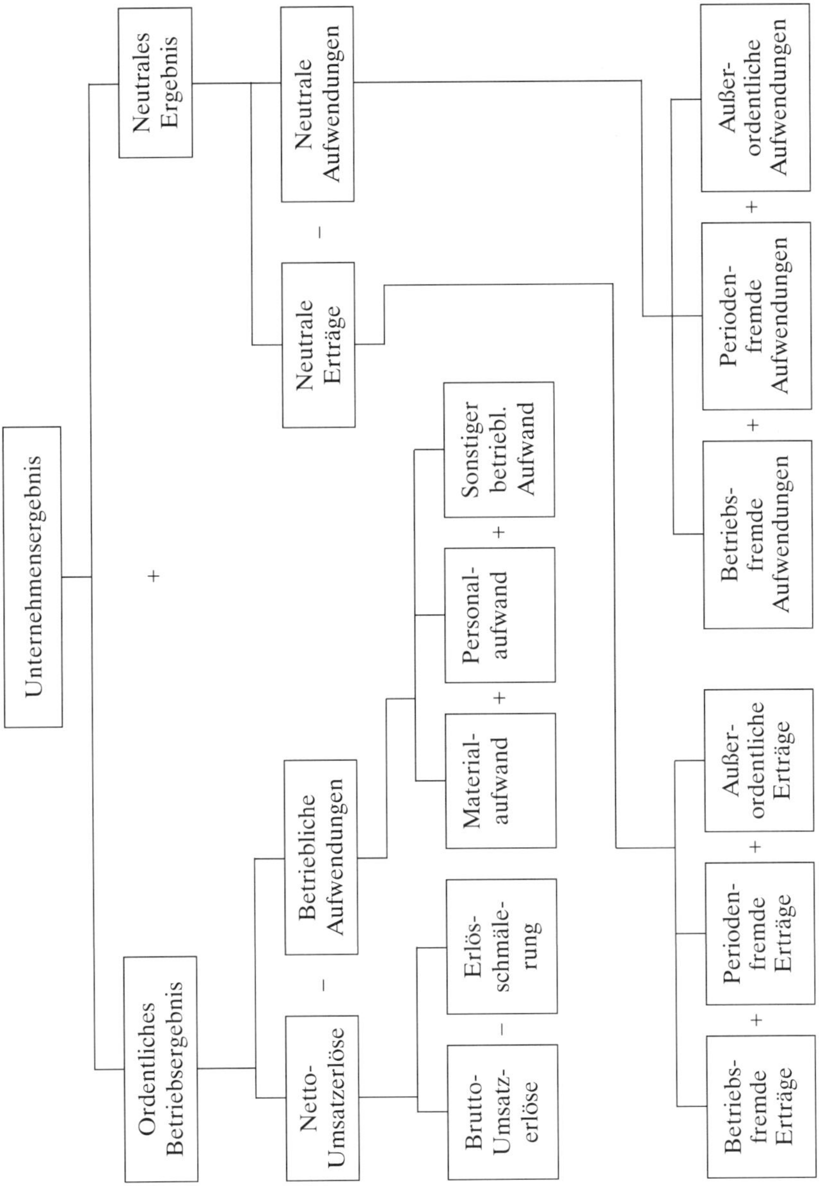

Abb.: Zusammensetzung des Unternehmensergebnisses

Zur Ermittlung des tatsächlichen Bilanzgewinns oder des ordentlichen Betriebsergebnisses müssen die Zahlen der GuV aufbereitet werden. Die einzelnen Positionen der GuV sollten möglicherweise bereinigt, aufgespalten, umbewertet oder umgruppiert werden. Die Höhe des Erfolges ist möglichst unabhängig von bilanzpolitischen Maßnahmen sowie von handels- und steuerrechtlichen Einflüssen zu ermitteln.

Die grundlegende Informationsquelle für die Erfolgsanalyse bildet also die GuV. Sie kann nach dem Gesamtkostenverfahren (§ 275 Abs. 2 HGB) und nach dem Umsatzkostenverfahren (§ 275 Abs. 3 HGB) aufgebaut werden. Die einzelnen Positionen der unterschiedlichen Verfahren müssen genau untersucht werden.

Die Aufgabe der GuV besteht darin, die Erträge und Aufwendungen einer Periode offenzulegen. Dadurch ist es möglich, die Ursachen für den Erfolg oder Mißerfolg einer Periode zu erkennen. Die GuV ist eine Zeitraumrechnung und erfaßt alle Erträge und Aufwendungen während des Geschäftsjahres. Am Ende des Geschäftsjahres wird die GuV jeweils abgeschlossen. Die Erfassung der Erträge und Aufwendungen des neuen Jahres beginnt wieder von neuem.

Die GuV ist in der für Kapitalgesellschaften vorgeschriebenen Staffelform nicht dazu geeignet, den tatsächlichen Erfolg einer Periode zu ermitteln. Deshalb ist es erforderlich, die einzelnen Positionen der GuV genauer zu untersuchen und gegebenenfalls aufzubereiten.

Der Erfolg eines Unternehmens kommt im Bilanzgewinn oder im Bilanzverlust zum Ausdruck. Wir müssen allerdings zwischen dem ordentlichen Betriebsergebnis und dem neutralen Ergebnis unterscheiden. Das ordentliche Betriebsergebnis ergibt sich aufgrund des sich regelmäßig wiederholenden Produktions- und Umsatzprozesses eines Unternehmens. Im neutralen Ergebnis werden alle betriebsfremden, periodenfremden und außerordentlichen Vorgänge erfaßt. In der gesetzlich vorgeschriebenen GuV wird diese Trennung nicht konsequent durchgeführt. Außerdem müssen noch die bewertungstechnischen Erfolgskomponenten berücksichtigt werden, die zu stillen Reserven führen können. Der Erfolg sollte also auch um erkennbare bilanzpolitische Maßnahmen bereinigt werden. Deshalb ist eine Aufbereitung des Zahlenmaterials der GuV erforderlich.

In der Betriebswirtschaftslehre unterteilen wir das Unternehmenergebnis in das ordentliche Betriebsergebnis (Gewinn/Verlust) und das neutrale Ergebnis auf. Das ordentliche Betriebsergebnis ist identisch mit dem betriebswirtschaftlichen Ergebnis, das durch den Produktions- und Umsatzprozeß entsteht. Wenn wir von den Umsatzerlösen die Kosten abziehen, erhalten wir das ordentliche Betriebsergebnis.

	Umsatzerlöse
–	Kosten
=	ordentliches Betriebsergebnis

Abb.: Entstehung des ordentlichen Betriebsergebnisses

Das neutrale Ergebnis hat mit dem Produktions- und Umsatzprozeß des Geschäftsjahres nichts zu tun. Deshalb müssen alle Vorgänge, die nicht unmittelbar das ordentliche Betriebsergebnis beeinflußt haben, separat erfaßt werden. Das neutrale Ergebnis setzt sich aus dem betriebsfremden Ergebnis, aus dem periodenfremden Ergebnis und aus dem außerordentlichen Ergebnis zusammen. Die neutralen Vorgänge werden in neutrale Erträge und neutrale Aufwendungen unterteilt. Das neutrale Ergebnis erhalten wir, wenn wir alle neutralen Aufwendungen von den neutralen Erträgen abziehen.

	Neutrale Erträge
–	Neutrale Aufwendungen
=	Neutrales Ergebnis

Abb.: Entstehung des neutralen Ergebnisses

	Betriebsfremde Erträge
+	Periodenfremde Erträge
+	Außerordentliche Erträge
=	Neutrale Erträge

Abb.: Zusammensetzung der neutralen Erträge

Die betriebsfremden, periodenfremden und außerordentlichen Erträge ergeben als Summe die neutralen Erträge. Von den neutralen Erträgen werden die neutralen Aufwendungen abgezogen, die sich wiederum aus betriebsfremden, periodenfremden und außerordentlichen Aufwendungen zusammensetzen.

Der Inhalt der Positionen des Gesamtkostenverfahrens sieht wie folgt aus:

1. Umsatzerlöse

Die Umsatzerlöse aus dem Verkauf von Produkten und Dienstleistungen im Rahmen der gewöhnlichen Geschäftstätigkeit gehören zu dieser Position (§ 277 Abs. 1 HGB). Die Preisnachlässe werden direkt von den Bruttoumsatzerlösen abgesetzt. Zu den Preisnachlässen zählen insbesondere Rabatte, Skonti, Boni und Gutschriften wegen Mängelrügen. Die Umsatzsteuer ist ein durchlaufender Posten und gehört nicht zu den Umsatzerlösen.

Die Umsatzerlöse sind bei großen Kapitalgesellschaften nach Tätigkeitsbereichen (Produktgruppen) und nach geographisch bestimmten Märkten im Anhang aufzuteilen (§ 285 Nr. 4 HGB), wenn sich erhebliche Unterschiede ergeben. Dadurch können besondere Risiken erkannt und unterschiedliche Entwicklungen der Umsätze aufgezeigt werden.

2. Erhöhung oder Verminderung des Bestandes an fertigen und unfertigen Erzeugnissen

Die betriebliche Leistung beinhaltet in Produktionsbetrieben auch die Bestände an fertigen und unfertigen Erzeugnissen. Deshalb sind die Erhöhung und die Verminderung dieser Bestände in der GuV auch auszuweisen.

Die Bestandsmehrungen sind den Erlösen hinzuzurechnen, da es sich um Betriebsleistungen handelt, für die Aufwendungen angefallen sind, die aber noch nicht zu Umsatzerlösen geführt haben. Bei den Bestandsminderungen muß ein entsprechender Betrag von den Umsatzerlösen abgezogen werden, weil dieser Betrag den Gegenwert für die in vorherigen Perioden hergestellten Halb- und Fertigfabrikate darstellt. Deshalb darf dieser Betrag nicht den Aufwendungen der jetzigen Abrechnungsperiode gegenübergestellt werden. Die fertigen und unfertigen Erzeugnisse werden zu Herstellungskosten bewertet.

Die Analyse der Bestandsveränderungen läßt erkennen, ob Absatzschwierigkeiten bestehen oder ob die Produkte gut verkauft wurden. Die Erhöhung der Bestände läßt auf nachlassende Nachfrage schließen oder eine positive zukünftige Chance am Markt erkennen. Die Bestandsminderungen geben an, daß das Lager geräumt wurde oder daß eine erhöhte Nachfrage nach den Produkten bestand.

3. Andere aktivierte Eigenleistungen

Die anderen aktivierten Eigenleistungen umfassen insbesondere die selbsterstellten Maschinen und Werkzeuge. Die bei der Erstellung der Eigenleistung angefallenen Aufwendungen (Material, Löhne) sind in den Aufwandspositionen der GuV enthalten. Deshalb müssen die Eigenleistungen aktiviert werden, um die betriebliche Gesamtleistung nicht zu niedrig auszuweisen. Die anderen aktivierten Eigenleistungen werden ebenfalls zu Herstellungskosten bewertet.

4. Sonstige betriebliche Erträge

Die sonstigen betrieblichen Erträge stellen eine Sammelposition dar (§ 281 Abs. 2 Satz 2 HGB). Es handelt sich um Erträge, die Bestandteile des Ergebnisses der gewöhnlichen Geschäftstätigkeit sind.

Zu den sonstigen betrieblichen Erträgen gehören sehr unterschiedliche Erträge. Folgende Vorgänge zählen dazu:

1. Erträge aus der Auflösung der Sonderposten mit Rücklageanteil
2. Erträge aus dem Abgang von Vermögensgegenständen des Anlagevermögens
3. Zuschreibungen zu Vermögensgegenständen des Anlagevermögens
4. Eingänge aus bereits abgeschriebenen Forderungen
5. Auflösung von Rückstellungen

Die neuen Bilanzrichtlinien unterscheiden also nicht zwischen sonstigen Erträgen, die mit dem Produktions- und Umsatzprozeß zusammenhängen, und den neutralen Erträgen, die mit dem Produktions- und Umsatzprozeß dieses Jahres nichts zu tun haben. Deshalb müssen von dieser Position der sonstigen betrieblichen Erträge die neutralen Erträge abgezogen werden.

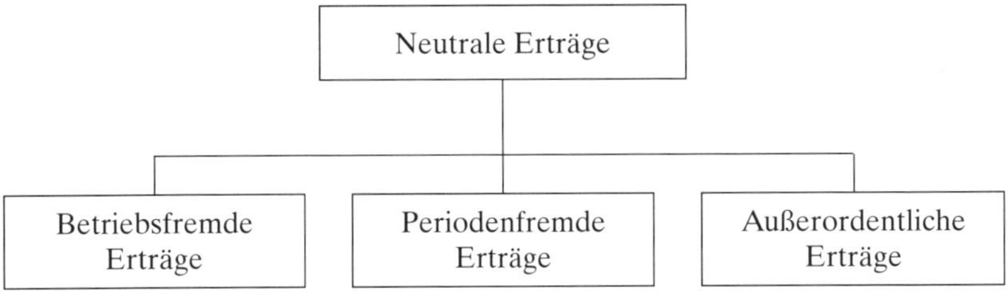

Abb.: Neutrale Erträge

Die neutralen Erträge unterteilen wir in folgende Kategorien:

1. **Betriebsfremde Erträge**
   z. B. Mieterträge aus Mietwohnungen
2. **Periodenfremde Erträge**
   z. B. Auflösung von Rückstellungen
3. **Außerordentliche Erträge**
   z. B. Verkauf von Maschinen über Buchwert, Verkauf eines Teilbetriebes

5. Materialaufwand

Die Erhöhung des Materialaufwandes im Vergleich zu den Umsatzerlösen läßt erkennen, ob in diesem Geschäftsjahr mehr materialintensive Produkte hergestellt wurden. Es kann aber auch eine Verteuerung des Materials vorliegen, wobei die höheren Materialkosten nicht über erhöhte Verkaufspreise kompensiert werden konnten.

Eine weitere Möglichkeit besteht darin, daß mehr Teile oder Module nicht mehr selbst hergestellt, sondern von Dritten bezogen wurden. Dann müssen aber die Lohnkosten sinken, da in den fremdbezogenen Teilen bereits der Lohnanteil enthalten ist.

a) Aufwendungen für Roh-, Hilfs- und Betriebsstoffe und für bezogene Waren

In dieser Position werden alle Aufwendungen für Roh-, Hilfs- und Betriebsstoffe sowie für bezogene Waren ausgewiesen. Dazu gehören auch Inventurdifferenzen.

b) Aufwendungen für bezogene Leistungen

Die Aufwendungen für die Lohnbearbeitungen durch Fremde, die Aufwendungen für Leiharbeitskräfte und die Fremdreparaturen gehören zu dieser Position. Es handelt sich grundsätzlich um produktionsbezogene Fremdleistungen.

6. Personalaufwand

Ein gestiegener Personalaufwand im Vergleich zu den Umsatzerlösen läßt auf höhere Personalkosten schließen. Es kann aber auch eine sinkende Produktivität im Unternehmen vorliegen.

Die Steigerung der Personalkosten wird auch durch nachgeholte Pensionsrückstellungen verursacht. Dann liegt keine schlechtere Produktivität, sondern eine Versorgungsmaßnahme für die Mitarbeiter vor.

a) Löhne und Gehälter

Zu dieser Position zählen die Bruttobeträge für alle Löhne und Gehälter der Arbeiter, der Angestellten und der Geschäftsleitung bezogen auf das Geschäftsjahr. Die Bruttobeträge umfassen die laufenden Vergütungen, die Nebenbezüge und die Sachwertbezüge (Deputate, Firmenwagen).

b) Soziale Abgaben und Aufwendungen für Altersversorgung und für Unterstützung, davon für Altersversorgung

Zu den sozialen Abgaben gehören die Arbeitgeberanteile zur Renten-, Kranken- und Arbeitslosenversicherung, die Berufsgenossenschaftsbeiträge und die Beiträge zur Insolvenzversicherung für Versorgungszusagen.

Die Aufwendungen für Altersversorgung und für Unterstützung umfassen die Pensionszahlungen, die Zuführung zu Pensionsrückstellungen, die Krankheits- und Unfallunterstützungen sowie die übernommenen Kur- und Arztkosten.

Die Pensionszahlungen, die Zuführungen zu Pensionsrückstellungen und die Zuweisungen zu anderen Versorgungseinrichtungen (Pensionskasse) müssen gesondert ausgewiesen werden.

7. Abschreibungen

Die Abschreibungen sind eine wichtige Position für die Bilanzanalyse. Höhere Abschreibungen lassen darauf schließen, daß zusätzliche Investitionen vorgenommen wurden. Aber auch eine intensivere Nutzung der Kapazität kann zu höheren Abschreibungen führen. Durch bilanzpolitische Maßnahmen ist es möglich, die Abschreibungen zu erhöhen. Niedrigere Abschreibungen deuten darauf hin, daß weniger investiert wurde oder daß die Abschreibungsmethode geändert wurde. Höhere Abschreibungen können zu stillen Reserven führen. Dadurch kann das Betriebsergebnis verringert werden.

a) Auf immaterielle Vermögensgegenstände des Anlagevermögens und Sachanlagen sowie auf aktivierte Aufwendungen für die Ingangsetzung und Erweiterung des Geschäftsbetriebs

Die im Geschäftsjahr vorgenommenen Abschreibungen auf die genannten Bilanzpositionen gehören zu diesem Posten. Zunächst sind die planmäßigen Abschreibungen auf die immateriellen Vermögensgegenstände des Anlagevermögens und die Sachanlagen aufzuführen. Dann müssen die außerplanmäßigen Abschreibungen berücksichtigt werden (§ 253 Abs. 2 Satz 3 HGB), die auch im Anhang angegeben werden können (§ 277 Abs. 3 Satz 1 HGB). Die Sofortabschreibungen für geringwertige Wirtschaftsgüter werden hier ebenfalls erfaßt.

b) Auf Vermögensgegenstände des Umlaufvermögens, soweit diese die in der Kapitalgesellschaft üblichen Abschreibungen überschreiten

In dieser Position werden nur Abschreibungen erfaßt, die über das übliche Maß hinausgehen. Auch die steuerlichen Abschreibungen gehören bei einer direkten Abschreibung dazu, soweit sie ungewöhnlich hoch sind.

Übliche Abschreibungen werden überschritten, wenn von den bisherigen Abschreibungsmethoden stark abgewichen wird oder wenn sehr seltene Abschreibungen vorgenommen werden.

Bei üblichen Abschreibungen erfolgt die Erfassung wie folgt:

1. Unfertige und fertige Erzeugnisse unter Position 2
2. Vorräte und Handelswaren unter Position 5
3. Forderungen unter Position 8
4. Finanzanlagen und Wertpapiere des Umlaufvermögens unter Position 12

8. Sonstige betriebliche Aufwendungen

Diese Position ist ein Sammelposten für alle betrieblichen Aufwendungen, die anderen Aufwandsposten nicht zuzuordnen sind.

Die sonstigen betrieblichen Aufwendungen erfassen Reisekosten, Telefonkosten, Porti, Rechts- und Beratungskosten, Mieten, Versicherungsbeiträge, Bewirtungskosten, Gebühren und Ausgangsfrachten. Zu dieser Position gehören aber auch die Einstellungen in bestimmte Rückstellungen, die Verluste aus dem Abgang von Gegenständen des Anlagevermögens, die Einstellungen in die Sonderposten mit Rücklageanteil und die Verluste aus dem Abgang von Gegenständen des Umlaufvermögens.

Diese Position muß sorgfältig aufbereitet werden. Die betrieblichen Aufwendungen des Geschäftsjahres sind von den neutralen Aufwendungen zu trennen und abzuziehen.

Zu den neutralen Aufwendungen gehören:

1. **Betriebsfremde Aufwendungen**
   z. B. Reparaturen am Mietshaus

2. **Periodenfremde Aufwendungen**
   z. B. Verluste aus einem Schadensfall aus dem Vorjahr

3. **Außerordentliche Aufwendungen**
   z. B. Verluste aus dem Verkauf einer Maschine unter Buchwert

9. Erträge aus Beteiligungen, davon aus verbundenen Unternehmen

Zu dieser Position zählen die Dividenden, Gewinnanteile und in sonstiger Weise ausgeschüttete Gewinne aus Beteiligungen. Die Angabe dieser Beträge erfolgt brutto. Die einbehaltene Kapitalertragsteuer wird unter Nr. 18 berücksichtigt. Die Erträge aus verbundenen Unternehmen sind gesondert auszuweisen.

10. Erträge aus anderen Wertpapieren und Ausleihungen des Finanzanlagevermögens, davon aus verbundenen Unternehmen

Die Bruttobeträge der Zinsen, der Dividenden und der anderen Erträge aus Finanzanlagen werden unter dieser Position erfaßt. Die Erträge aus verbundenen Unternehmen sind besonders zu berücksichtigen.

11. Sonstige Zinsen und ähnliche Erträge, davon aus verbundenen Unternehmen

Die sonstigen Zinsen umfassen Zinsen für Einlagen bei Banken und für Forderungen an Dritte. Auch die Zinsen und Dividenden auf Wertpapiere des Umlaufvermögens gehören in diese Position.

Zu den ähnlichen Erträgen zählen Erträge aus einem Agio, Kreditprovisionen und Erträge für Kreditgarantien.

12. Abschreibungen auf Finanzanlagen und auf Wertpapiere des Umlaufvermögens

Unter dieser Position werden alle Abschreibungen auf die Finanzanlagen und Wertpapiere des Umlaufvermögens erfaßt. Außerplanmäßige Abschreibungen sind gesondert auszuweisen oder im Anhang anzugeben.

13. Zinsen und ähnliche Aufwendungen, davon an verbundene Unternehmen

Alle Zinsaufwendungen und ähnliche Aufwendungen für kurz- und langfristige Verbindlichkeiten werden in dieser Position erfaßt. Eine Saldierung mit den Zinserträgen ist nicht erlaubt. Zu den Zinsen und ähnlichen Aufwendungen gehören die Zinsen für Kredite aller Art, Diskontbeträge für Wechsel, Bereitstellungsgebühren, Überziehungsprovisionen und Umsatzprovisionen.

14. Ergebnis der gewöhnlichen Geschäftstätigkeit

Diese Position ist die Zwischensumme aus allen vorhergehenden Erträgen und Aufwendungen. Dieses Ergebnis wird insbesondere durch die periodenfremden und betriebsfremden Posten verfälscht.

15. Außerordentliche Erträge

Die außerordentlichen Erträge umfassen nur noch die Erträge, die außerhalb der gewöhnlichen Geschäftstätigkeit anfallen (§ 277 Abs. 4 Satz 2 HGB). Dies sind Erträge, die ungewöhnlich in der Art sind, selten vorkommen oder eine größere materielle Bedeutung haben. Zu diesen Erträgen gehören Gewinne aus der Veräußerung eines Betriebes, Erträge aus dem Forderungsverzicht bei Sanierungen und einmalige Zuschüsse des Staates.

16. Außerordentliche Aufwendungen

Auch die außerordentlichen Aufwendungen fallen nur außerhalb der gewöhnlichen Geschäftstätigkeit an. Dazu zählen beispielsweise Verluste aus dem Verkauf eines Betriebes und außerordentliche Abschreibungen wegen der Stillegung von Betriebsteilen oder wegen eines Feuerschadens.

17. Außerordentliches Ergebnis

Das außerordentliche Ergebnis stellt den Saldo aus den außerordentlichen Erträgen und den außerordentlichen Aufwendungen dar. Diese Positionen 15 und 16 beschränken sich nur noch auf Ausnahmefälle. Deshalb ist das außerordentliche Ergebnis aus betriebswirtschaftlicher Sicht wenig aussagefähig und in vielen Unternehmen nicht mehr vorhanden.

18. Steuern vom Einkommen und vom Ertrag

Die Körperschaftsteuer, die Gewerbeertragsteuer und die Kapitalertragsteuer gehören zu dieser Position. Steuererstattungen und Steuernachzahlungen auf diese

Steuern fallen ebenfalls unter diese Position. Die Bildung und die Auflösung von Rückstellungen zu Steuern vom Einkommen und vom Ertrag werden hier ebenfalls erfaßt.

19. Sonstige Steuern

Alle übrigen erfolgswirksamen Steuern werden unter dieser Position ausgewiesen. Dazu zählen die Gewerbekapitalsteuern, die Vermögensteuer, die Grundsteuer, die Kfz-Steuer, die Gesellschaftssteuer und die Versicherungssteuer.

20. Jahresüberschuß/Jahresfehlbetrag

Der Jahresüberschuß/Jahresfehlbetrag ist die Schlußposition der GuV, wenn die Ergebnisverwendung nicht in der GuV ausgewiesen wird.

Unter Berücksichtigung der Ergebnisverwendung kommen noch folgende Positionen hinzu:

1. Gewinnvortrag/Verlustvortrag aus dem Vorjahr
2. Entnahmen aus der Kapitalrücklage
3. Entnahmen aus den Gewinnrücklagen
4. Einstellungen in die Gewinnrücklagen

---

5. Bilanzgewinn/Bilanzverlust

14.2.2 Umsatzkostenverfahren

Das Gliederungsschema nach dem Umsatzkostenverfahren sieht wie folgt aus (§ 275 Abs. 3 HGB):

1. Umsatzkostenverfahren

1. Umsatzerlöse
2. Herstellungskosten der zur Erzielung der Umsatzerlöse erbrachten Leistungen
3. Bruttoergebnis vom Umsatz
4. Vertriebskosten
5. allgemeine Verwaltungskosten
6. sonstige betriebliche Erträge
7. sonstige betriebliche Aufwendungen
8. Erträge aus Beteiligungen,
   davon aus verbundenen Unternehmen
9. Erträge aus anderen Wertpapieren und Ausleihungen des Finanzanlagevermögens,
   davon aus verbundenen Unternehmen
10. sonstige Zinsen und ähnliche Erträge, davon aus verbundenen Unternehmen
11. Abschreibungen auf Finanzanlagen und auf Wertpapiere des Umlaufvermögens

12. Zinsen und ähnliche Aufwendungen,
    davon an verbundene Unternehmen
13. Ergebnis der gewöhnlichen Geschäftstätigkeit
14. außerordentliche Erträge
15. außerordentliche Aufwendungen
16. außerordentliches Ergebnis
17. Steuern vom Einkommen und vom Ertrag
18. sonstige Steuern
19. Jahresüberschuß/Jahresfehlbetrag.

Abb.: Umsatzkostenverfahren

Die Gliederung des Umsatzkostenverfahrens (§ 275 Abs. 3 HGB) enthält nicht folgende Posten des Gesamtkostenverfahrens (§ 275 Abs. 2 HGB):

2. Erhöhung oder Verminderung des Bestandes an fertigen und unfertigen Erzeugnissen
3. Andere aktivierte Eigenleistungen
5. Materialaufwand
6. Personalaufwand
7. Abschreibungen

Beim Umsatzkostenverfahren sind als Ersatz folgende Posten ausgewiesen:

2. Herstellungskosten der zur Erzielung der Umsatzerlöse erbrachten Leistungen
3. Bruttoergebnis vom Umsatz
4. Vertriebskosten
5. Allgemeine Verwaltungskosten

Die identischen Posten der beiden Verfahren der GuV haben den gleichen Inhalt.

Der Inhalt der abweichenden Begriffe des Umsatzkostenverfahrens sieht wie folgt aus:

2. Herstellungskosten der zur Erzielung der Umsatzerlöse erbrachten Leistungen

Diese Position enthält die Herstellungskosten aller Produkte, die in einem Geschäftsjahr produziert und verkauft werden.

Wenn Produkte abgesetzt werden, die bei Beginn des Geschäftsjahres bereits auf Lager waren, dann sind sie mit den aktivierten Werten zusätzlich der bis zum Verkauf noch angefallenen Kosten auszuweisen. Die Kosten der Produkte, die zwar im Geschäftsjahr hergestellt, aber noch nicht verkauft wurden, zählen nicht zu dieser Position 2. Diese noch nicht verkauften Produkte werden in der Bilanz aktiviert.

Die Gliederung der GuV richtet sich nach den produzierenden Unternehmen. Bei Handelsunternehmen werden die Anschaffungskosten der Waren angesetzt, die für die Erzielung der Umsatzerlöse verwendet werden. Für Dienstleistungsunternehmen gelten die für Produktionsunternehmen maßgebenden Grundsätze zur Ermittlung der Herstellungskosten.

3. Bruttoergebnis vom Umsatz

Das Bruttoergebnis vom Umsatz ist die Differenz von den Umsatzerlösen minus den Herstellungskosten der zur Erzielung der Umsatzerlöse erbrachten Leistungen.

Für die Bilanzanalyse ist das Bruttoergebnis eine wichtige Kennzahl. Im Zeitvergleich kann die Entwicklung der Produktivität der Unternehmen beobachtet werden.

4. Vertriebskosten

Diese Position enthält alle Vertriebskosten, die während des abgelaufenen Geschäftsjahres angefallen sind. Die Vertriebskosten werden an der Kostenstelle Vertrieb erfaßt.

Die Vertriebskosten können wir in Vertriebseinzelkosten und Vertriebsgemeinkosten aufteilen. Zu den Vertriebseinzelkosten gehören beispielsweise die Transportkosten, die Verpackungskosten und die Provisionen für freie Handelsvertreter. Die Vertriebsgemeinkosten umfassen die Personalkosten der Abteilungen Vertrieb und Marketing, die Reisekosten, die Werbung, die Kosten der Auslieferungslager und die anteiligen Abschreibungen.

5. Allgemeine Verwaltungskosten

Zu den allgemeinen Verwaltungskosten gehören alle im Geschäftsjahr angefallenen Verwaltungskosten, die nicht zu den Herstellungskosten und Vertriebskosten zählen.

Die allgemeinen Verwaltungskosten umfassen alle Kosten der Unternehmensleitung, des Finanz- und Rechnungswesens, des Personalwesens und des Controlling.

15 Aufstellung der Strukturbilanz sowie der Struktur-GuV

15.1 Strukturbilanz

Die Strukturbilanz wird unter Berücksichtigung der Aufbereitungsarbeiten erstellt. Die Bilanzanalyse und die Bilanzkritik erfolgen dann auf der Grundlage der Strukturbilanz.

Das Schema der Strukturbilanz hat bestimmte Anforderungen zu erfüllen. Die Übersichtlichkeit und die Vergleichbarkeit sollten sich über längere Zeiträume erstrecken. Die wesentlichen Grundzusammenhänge sind besonders herauszustellen, um die Beziehungen von Ursachen und Wirkungen in vertikaler und horizontaler Weise deutlich zu machen. Dadurch wird die Überprüfung der Finanzierungsregeln vereinfacht. Die Strukturbilanz ist die Grundlage für die Kennzahlenbildung.

In der Strukturbilanz sollten die Abschlußwerte und die Prozentsätze aufgeführt werden. Die Basis für die Prozentsätze stellt die Bilanzsumme (100 %) dar. Dadurch kann der Informationsgehalt der Strukturbilanz wesentlich verbessert werden. Auch die Daten des Vorjahres sollten in der Strukturbilanz enthalten sein.

Die Informationsmöglichkeiten können noch verfeinert werden, wenn Zeitvergleiche und Branchenvergleiche hergestellt werden. Sobald die Kennzahlen der einzelnen Jahre miteinander verglichen werden, können Aussagen darüber gemacht werden, ob sich die Verhältnisse der aufeinanderfolgenden Jahre insgesamt oder in einzelnen Bereichen verbessert oder verschlechtert haben. Die Branchenvergleiche erlauben Aussagen darüber, ob das analysierte Unternehmen besser geführt wird und erfolgreicher tätig ist als der Durchschnitt der Branchen.

Die Strukturbilanz sollte in komprimierter Form wie folgt aussehen:

Strukturbilanz

Aktiva	Passiva
A Anlagevermögen 1. Immaterielle Vermögensgegenstände 2. Sachanlagen 3. Finanzanlagen	**A Eigenkapital** 1. Gezeichnetes Kapital 2. Kapitalrücklage 3. Gewinnrücklagen 4. Bilanzgewinn/Bilanzverlust
Summe Anlagevermögen	Summe Eigenkapital
B Umlaufvermögen 1. Vorräte 1.1 Roh-, Hilfs- und Betriebsstoffe 1.2 Fertige und unfertige Erzeugnisse und Waren 2. Forderungen und sonstige Vermögensgegenstände 2.1 Forderungen aus Lieferungen und Leistungen 2.2 Sonstige Forderungen 3. Flüssige Mittel **C Rechnungabgrenzungsposten**	**B Rückstellungen** 1. Pensionsrückstellungen 2. Steuerrückstellungen 3. Sonstige Rückstellungen **C Verbindlichkeiten** 1. Langfristige Verbindlichkeiten 2. Verbindlichkeiten aus Lieferungen und Leistungen 3. Sonstige Verbindlichkeiten **D Rechnungsabgrenzungsposten**
Summe Umlaufvermögen	Summe Fremdkapital
Bilanzsumme	Bilanzsumme

Abb.: Strukturbilanz

Für die Bilanzanalyse und die Bilanzkritik sollte in den Unternehmen möglichst ein standardisiertes Formular der Strukturbilanz eingesetzt werden. Die Spalte für das Geschäftsjahr ist in eine Spalte für die Daten der eigenen Firma und in eine Spalte für die Branchendaten zu unterteilen. Neben den Bilanzzahlen der eigenen Firma sind also auch möglichst die Branchendaten in TDM und in Prozent in das standardisierte Formular einzutragen. Die einzelnen Positionen werden mit der Bilanzsumme in Beziehung gesetzt, die gleich 100 % ausmacht.

Aktivseite

Die Aktivseite sollte in das Anlage- und Umlaufvermögen sowie in die Rechnungsabgrenzungsposten aufgeteilt werden.

Anlagevermögen

Das gesamte Anlagevermögen kann in immaterielle Vermögensgegenstände, in Sachanlagen und in Finanzanlagen unterteilt werden. Eine weitere Aufgliederung sollte nur vorgenommen werden, wenn sich besondere Probleme in den einzelnen Bereichen ergeben.

Umlaufvermögen

Das Umlaufvermögen ist in Vorräte, Forderungen und sonstige Vermögensgegenstände sowie in flüssige Mittel aufzuteilen, um einen besseren Einblick in die Struktur des Umlaufvermögens zu erhalten.

Die Vorräte sollten in zwei Gruppen untergliedert werden, da sich im Vorratsbereich in vielen Unternehmen Probleme ergeben. Deshalb sind die Roh-, Hilfs- und Betriebsstoffe separat zu analysieren. Spezielle Schwachstellen können aber auch bei den fertigen und unfertigen Erzeugnissen sowie Waren auftreten. Die Umschlagshäufigkeit und die Lagerdauer der Vorräte geben oft Aufschluß über spezielle Probleme, die in den einzelnen Unternehmen vorhanden sein können.

Bei den Forderungen und sonstigen Vermögensgegenständen sind die Forderungen aus Lieferungen und Leistungen von besonderer Bedeutung. Deshalb muß diese Position separat aufgeführt werden. Die Umschlagshäufigkeit der Forderungen aus Lieferungen und Leistungen sowie das Kundenziel geben Aufschluß darüber, ob ein Unternehmen das wichtige Aufgabengebiet Marketing und Vertrieb gut im Griff hat oder ob Maßnahmen zur Verbesserung in diesem Bereich eingeleitet werden sollten.

Die anderen Forderungen können in der Position sonstige Forderungen zusammengefaßt werden. Wenn sich allerdings ergeben sollte, daß bestimmte Forderungen oder sonstige Vermögensgegenstände im Vergleich zur Branche ungewöhnlich hoch sind, dann ist eine extra Analyse dieser Problemkreise vorzunehmen.

Die flüssigen Mittel sind ebenfalls separat zu erfassen. Diese Position umfaßt die Kasse, die Guthaben bei den Banken und bei dem Postgiroamt sowie die Schecks und die diskontfähigen Wechsel.

Rechnungsabgrenzungsposten

Die Rechnungsabgrenzungsposten sind meist von geringerer Bedeutung. Sollte sich herausstellen, daß die Rechnungsabgrenzungsposten im Vergleich zur Branche zu hoch sind, dann ist zu prüfen, ob in Zukunft beispielsweise die Zahlungstermine für die Versicherungsbeiträge jeweils auf den Januar gelegt werden sollten.

Passivseite

Auf der Passivseite sind vier größere Bereiche zu unterscheiden. Neben dem Eigenkapital sollten die Rückstellungen, die Verbindlichkeiten und die Rechnungsabgrenzungsposten separat aufgeführt werden.

Eigenkapital

Im Bereich des Eigenkapitals sind Korrekturen vorzunehmen, wenn noch ausstehende Einlagen auf das gezeichnete Kapital auf der Aktivseite der Bilanz stehen. Die noch nicht eingezahlten Einlagen, die noch nicht fällig sind, sollten vom gezeichneten Kapital abgezogen werden.

Die Sonderposten mit Rücklageanteil werden nur aus steuerlichen Gründen gebildet. Da diese Posten zum Teil Eigenkapital und zum Teil Fremdkapital darstellen, sind 50 % der Sonderposten mit Rücklageanteil zum Eigenkapital und 50 % der Sonderposten mit Rücklageanteil zum Fremdkapital zu zählen.

Rückstellungen

Die Rückstellungen werden nur bei den großen Kapitalgesellschaften in Pensions- und Steuerrückstellungen sowie in sonstige Rückstellungen aufgeteilt. Die anderen Kapitalgesellschaften weisen die Rückstellungen nur als eine Position aus.

Wenn eine Aufteilung in der Bilanz vorgenommen wird, dann zählen die Pensionsrückstellungen zum langfristigen Fremdkapital. Die Steuerrückstellungen und die sonstigen Rückstellungen gehören zum kurzfristigen Fremdkapital, da diese Rückstellungen im kommenden Geschäftsjahr meist wieder aufgelöst werden.

Sollten die Rückstellungen nur in einer Position ausgewiesen werden, dann nehmen wir jeweils 50 % der Rückstellungen zum langfristigen Fremdkapital und erfassen 50 % der Rückstellungen als kurzfristiges Fremdkapital. Der externe Analytiker hat meist keinen Einblick in die Zusammensetzung der Rückstellungen. Deshalb sollte er auf diese Weise vorgehen.

Die Rückstellungen bereiten auch in der GuV Probleme, da die Rückstellungen meist nicht separat ausgewiesen werden. Die Erhöhung der Pensionsrückstellungen sind im Personalaufwand enthalten. Die Anhebung der Steuerrückstellungen gehören in die Position Steuern vom Einkommen und vom Ertrag. Die sonstigen Rückstellungen sind in der Position sonstige betriebliche Aufwendungen enthalten. Die einzelnen Positionen müssen dann entsprechend korrigiert werden.

Wenn nur eine Position der Rückstellungen in der Bilanz vorkommt, bilden wir die Differenz der Rückstellungen in diesem Jahr im Vergleich zum Vorjahr. Die Erhöhung der Rückstellungen ziehen wir dann von den sonstigen betrieblichen Aufwendungen ab. Sollten die Rückstellungen niedriger als im Vorjahr sein, muß die Position sonstige betriebliche Erträge korrigiert werden. Die Rückstellungen in der GuV benötigen wir insbesondere für die Cash-Flow-Analyse.

Verbindlichkeiten

Bei den Verbindlichkeiten müssen wir eine Einteilung in langfristige und in kurzfristige Verbindlichkeiten vornehmen. Alle Verbindlichkeiten mit einer Laufzeit von über einem Jahr zählen wir zu den langfristigen Verbindlichkeiten. Dazu gehören insbesondere die Hypotheken- und die Grundschulddarlehen. Die kurzfristigen Verbindlichkeiten umfassen die Verbindlichkeiten aus Lieferungen und Leistungen und die sonstigen Verbindlichkeiten.

Die Verbindlichkeiten aus Lieferungen und Leistungen sollten separat ausgewiesen werden, weil sie eine besondere Bedeutung haben. Die Umschlagshäufigkeit der Verbindlichkeiten aus Lieferungen und Leistungen ist wichtig, da diese Kennzahl einen guten Einblick in die Zahlungsweise eines Unternehmens gewährt. Auch über das Lieferantenziel sollte die Unternehmensleitung Bescheid wissen.

In vielen GmbHs kommen auch Gesellschafterdarlehen vor, da wegen der Steuereinsparung der ganze Bilanzgewinn ausgeschüttet wird und anschließend ganz oder zum Teil wieder als Gesellschafterdarlehen in die GmbHs eingebracht wird. Diesen Vorgang nennen wir das Schütt-Aus-Hol-Zurück-Prinzip. Diese Gesellschafterdarlehen sind zwar langfristige Darlehen, werden aber im Konkursfall wie Eigenkapital behandelt. Deshalb sind die Gesellschafterdarlehen dem Eigenkapital hinzuzufügen. Falls die Banken dies bisher noch nicht gemacht haben, sollten die Unternehmer beim nächsten Gespräch mit den Banken darauf hinweisen. Dadurch wird die Bonität verbessert, weil dann ein höheres Eigenkapital in der Strukturbilanz ausgewiesen wird.

Rechnungsabgrenzungsposten

Die Rechnungsabgrenzungsposten spielen in vielen Unternehmen keine große Rolle. Eine genauere Analyse dieser Position sollte nur dann durchgeführt werden, wenn die Rechnungsabgrenzungsposten im Vergleich zu den Branchenkennzahlen sehr hoch sind.

Das standardisierte Formular der Strukturbilanz sieht wie folgt aus:

Standardisiertes Formular – Strukturbilanz

	Geschäftsjahr:			
	Firma		Branche	
Aktiva	TDM	%	TDM	%
A Anlagevermögen 1. Immaterielle Vermögensgegenstände 2. Sachanlagen 3. Finanzanlagen				
Summe Anlagevermögen				
B Umlaufvermögen 1. Vorräte 1.1 Roh-, Hilfs- und Betriebsstoffe 1.2 Fertige und unfertige Erzeugnisse und Waren 2. Forderungen und sonstige Vermögensgegenstände 2.1 Forderungen aus Lieferungen und Leistungen 2.2 Sonstige Forderungen 3. Flüssige Mittel **C Rechnungsabgrenzungsposten**				
Summe Umlaufvermögen				
Bilanzsumme		100		100

Abb.: Standardisiertes Formular – Strukturbilanz

Standardisiertes Formular – Strukturbilanz

	Geschäftsjahr:			
	Firma		Branche	
Passiva	TDM	%	TDM	%
A Eigenkapital 1. Gezeichnetes Kapital 2. Kapitalrücklage 3. Gewinnrücklagen 4. Bilanzgewinn/Bilanzverlust				
Summe Eigenkapital				
B Rückstellungen 1. Pensionsrückstellungen 2. Steuerrückstellungen 3. Sonstige Rückstellungen **C Verbindlichkeiten** 1. Langfristige Verbindlichkeiten 2. Verbindlichkeiten aus Lieferungen und Leistungen 3. Sonstige Verbindlichkeiten **D Rechnungsabgrenzungsposten**				
Summe Fremdkapital				
Bilanzsumme		100		100

Abb.: Standardisiertes Formular – Strukturbilanz

15.2 Struktur-GuV

Die Struktur-GuV muß ebenfalls klar gegliedert werden, um sofort einen guten Überblick über die Erträge und Aufwendungen zu erhalten. Die Ergebnisse der Aufbereitungsarbeiten sind dabei zu berücksichtigen.

Die Bilanzanalyse kann einmal für das gesamte Unternehmen durchgeführt werden, ohne daß darauf geachtet wird, ob die Erträge und Aufwendungen durch den Produktions- und Umsatzprozeß verursacht wurden oder nicht. Dann besteht aber die Gefahr, daß die Unternehmensleitung und die Führungskräfte nicht bemerken, ob der ausgewiesene Bilanzgewinn/Bilanzverlust aus der betrieblichen Tätigkeit stammt oder aus dem neutralen Bereich.

Manche Unternehmer haben lange Zeit nicht festgestellt, daß sie bereits über Jahre hin einen Betriebsverlust erwirtschaftet haben, weil die Kompensation aus dem neutralen Bereich stammte. Durch die Auflösung von Rückstellungen in Höhe von 150.000,– DM kann beispielsweise aus einem ordentlichen Betriebsverlust von 50.000,– DM ein Bilanzgewinn von 100.000,– DM gemacht werden.

Um einen klaren Überblick über die realistische Situation eines Unternehmens zu erhalten, sollten alle neutralen Erträge und Aufwendungen separat erfaßt und analysiert werden. Erst dann wird deutlich, ob ein Unternehmen durch den Produktions- und Umsatzprozeß ein ordentliches Betriebsergebnis (Bilanzgewinn) erzielt hat oder nicht.

Die Erträge aus Beteiligungen oder Wertpapieren, die Abschreibungen auf Finanzanlagen und Wertpapiere sowie die Zinserträge aus Anleihen sollten im neutralen Bereich erfaßt werden. Auch die Auflösung von Rückstellungen gehört in diesen Bereich. Alle betriebsfremden, periodenfremden und außerordentlichen Erträge und Aufwendungen sollten also extra ermittelt und im neutralen Ergebnis berücksichtigt werden. Dann können wir deutlich machen, welches Betriebsergebnis mit dem Produktions- und Umsatzprozeß erzielt wurde.

Das standardisierte Formular der Struktur-GuV hat folgendes Aussehen:

Standardisiertes Formular – Struktur-GuV

	Geschäftsjahr:			
	Firma		Branche	
Bezeichnung	TDM	%	TDM	%
1. Umsatzerlöse 2. Bestandserhöhung oder Bestandsverminderung an fertigen und unfertigen Erzeugnissen und Waren 3. Aktivierte Eigenleistungen 4. Sonstige betriebliche Erträge (Ordentliche betriebliche Erträge)				
5. Gesamtleistung (1+2+3+4)		100		100
6. Materialaufwand a) Aufwendungen für Roh-, Hilfs- und Betriebsstoffe b) Aufwendungen für bezogene Leistungen 7. Personalaufwand a) Löhne und Gehälter b) Soziale Abgaben und Aufwendungen 8. Abschreibungen a) Auf immaterielle Vermögensgegenstände des Anlagevermögens und Sachanlagen b) Auf Vermögensgegenstände des Umlaufvermögens 9. Rückstellungen 10. Sonstige betriebliche Aufwendungen (Ordentliche betriebliche Aufwendungen)				
11. Betriebsergebnis [5–(6+7+8+7+9+10)]				

12. Erträge aus Beteiligungen und aus anderen Wertpapieren und Ausleihungen des Finanzanlagevermögens				
13. Abschreibungen auf Finanzanlagen und auf Wertpapiere des Umlaufvermögens 14. Zinsen und ähnliche Aufwendungen				
15. Finanzergebnis [12–(13+14)]				
16. Ergebnis der gewöhnlichen Geschäftstätigkeit (11+15)				
17. Steuern vom Einkommen und vom Ertrag 18. Sonstige Steuern				
19. Gewinn/Verlust (Ordentliches Betriebsergebnis)				
20. Neutrale Erträge (Betriebsfremde, periodenfremde, außerordentliche Erträge 21. Neutrale Aufwendungen (Betriebsfremde, periodenfremde, außerordentliche Aufwendungen)				
22. Neutrales Ergebnis (20–21)				
23. Unternehmensergebnis (19+22)				

Abb.: Standardisiertes Formular – Struktur-GuV

15.3 Formblätter

Zu der Bilanzanalyse und der Bilanzkritik können Aufbereitungsbögen, Rechenschemata und Formblätter verwendet werden. Die aufbereiteten Zahlen sollten möglichst in Formblätter eingetragen werden, um die Struktur der Bilanz sowie der GuV zu erkennen und vergleichbar zu machen.

Die standardisierten Formulare erleichtern die Bilanzanalyse und die Bilanzkritik. Bei der Verwendung der gleichen Formulare können die Analysen systematisch durchgeführt werden. Die einzelnen Bilanzpositionen werden dann stets in die gleichen Felder eingetragen.

Die Strukturbilanzen und die Struktur-GuV's stellen die Basis für die Bilanzanalyse und die Bilanzkritik dar. Die Kennzahlen können dann einfach errechnet werden.

Die Banken verwenden auch standardisierte Formulare für die Bilanzanalyse und die Bilanzkritik, um den Mitarbeitern in den Kreditabteilungen die Bilanzanalyse und die Bilanzkritik zu erleichtern. Der Einsatz von Softwareprogrammen kann die Bilanzanalyse und die Bilanzkritik sowie die Kennzahlenbildung weiter vereinfachen und beschleunigen. Die Unternehmensleitung und die Führungskräfte sollten möglichst die einfacheren Formulare unter 15.1 und 15.2 verwenden.

15.3.1 Bilanz

Die folgende Abbildung zeigt ein Formblatt einer Bank für die Bilanz. Die Aufteilung der einzelnen Positionen auf der Aktiv- und Passivseite ist sehr detailliert. In diesem Formular sind auch Spalten für Branchenkennzahlen vorhanden.

Im unteren Teil des Formblattes werden die Liquidität, die Nettoverschuldung und die Bruttoinvestition angegeben. Weiterhin enthält der untere Teil einige Eventualverbindlichkeiten, die in der Bilanz nicht ausgewiesen werden. Außerdem wird vermerkt, welche Verbindlichkeiten durch Pfandrechte und ähnliche Sicherheiten abgedeckt sind.

Firma:

Branche:

Stamm-Nr.:
Rechtsform:
Kons. Umfang:
Erstellt/Testat:
Organschaft:
Konzern:

DLZ:
Währung/Kurs:
Faktor:
BuB-Prüfung bis:

1

	Bilanz: Stichtag / Bilanzart		in %					in %			
			Fa.	Branche				Fa.	Branche		
				M	O	U			M	O	U
1	**Immat. Vermögen (ohne Firmenwert)**										
2	Grundstücke/Gebäude										
3	Maschinen/Inventar										
4	Anlagen im Bau/Anzahlungen										
5	**Sachanlagen**										
6	Anteile verb. Untern./Beteilig.										
7	Ausleihungen verb. Untern./Beteilig.										
8	sonst. Finanzanlagen (Ausleihungen)										
9	**Finanzanlagen**										
10	**Summe Anlagevermögen**										
11	m./lfr. Ford. gg. verb./bet. Untern.										
12	sonst. m./lfr. Ford./Vermögen										
13	**Sonst. mittel-/langfr. Aktiva**										
14	Roh-, Hilfs-, Betriebsstoffe										
15	unfertige Erzeugnisse										
16	fertige Erzeugnisse/Waren										
17	Anzahlungen auf Lieferg. + Leistg.										
18	**Vorräte und Anzahlungen**										
19	kfr. Forderungen aus Lieferg. + Leistg.										
20	kfr. Forderungen gg. verb./bet. Untern.										
21	liquide Mittel										
22	sonst. kfr. Forderungen/Vermögen										
23	**Sonst. kurzfristige Aktiva**										
24	**Bilanzsumme bereinigt**		100					100			
25	Bilanzsumme original										

1

	Bilanz: Stichtag / Bilanzart		in %					in %			
			Fa.	Branche				Fa.	Branche		
				M	O	U			M	O	U
26	Kapital										
27	Rücklagen										
28	Bilanzgewinn/-verlust incl. Vorträge										
29	haftende Ges.-Darlehen/Guthaben										
30	– Geschäfts-/Firmenwert										
31	– Ausst. Einl./sonst. Kapitalberein.										
32	**Haftende Mittel**										
33	Ausgleichsp. f. Ant. i. Fremdbesitz										
34	Eigenmittelanteil SOPOS										
35	nicht haftende Ges.-Darl./Guthaben										
36	**Eigene Mittel insgesamt**										
37	Pensionsrückstellungen										
38	sonstige m./lfr. Rückstellungen										
39	m./lfr. Bankverbindlichkeiten/Darl.										
40	m./lfr. Verb. ggü. verb./bet. Untern.										
41	sonst. m./lfr. Verbindlichkeiten										
42	**Mittel-/langfr. Fremdkapital**										
43	davon Fremdkapital über 5 Jahre										
44	kurzfr. Verbindl. aus Lieferg. + Leistg.										
45	Akzepte										
46	kurzfr. Bankverbindlichkeiten										
47	erhalt. Anzahlungen (brutto)										
48	kfr. Verbindl. ggü. verb./bet. Untern.										
49	sonst. kurzfr. Verbindlichkeiten										
50	kurzfristige Rückstellungen										
51	**Kurzfristiges Fremdkapital**										

1	Bilanz: Stichtag / Bilanzart		in %					in %			
			Fa.	Branche				Fa.	Branche		
				M	O	U			M	O	U
52	Liquidität II										
53	Nettoverschuldung										
54	Bruttoinvestitionen										
55	Unterdot. Altersversorgung										
56	Avale										
57	Giroverbindlichkeiten										
58	Miet-/Leasingverpflichtungen										
59	nicht passivierte Steuerschulden										
60	d. Pfandr. u. ä. gesicherte Verbindl.										

Abb.: Formblatt Bilanz

15.3.2 GuV

Auf dem Formular über die GuV-Rechnung werden neben den wichtigen Positionen auch ausgewählte Kennzahlen aufgeführt. Außerdem ist Raum für Informationen über den Auftragseingang, den Auftragsbestand und die Mitarbeiterzahl vorhanden.

Firma:

Nr.	2 GuV-Rechnung: (Kostenart . . . .)	Zeitraum / Bilanzart		in %*) Fa.	Branche M	O	U		in %*) Fa.	Branche M	O	U
61	**Umsatzerlöse – netto –**											
62	(Rohergebnis)											
63	+/– Bestandsveränderungen											
64	+ aktivierte Eigenleistungen											
65	**Gesamtleistung**			100					100			
66	– Materialaufw./Fremdleistungen											
67	**Rohertrag**											
68	– Personalaufwand inkl. Pens.-Rückst.											
69	– Normalabschreibungen Sach-AV											
70	– Herstellungskosten	UKV										
71	– Vertriebskosten	UKV										
72	– Verwaltungskosten	UKV										
73	– andere sep. ausgew. Kosten	UKV										
74	+ u. a. verr. ao. Abschr./Zinsen	UKV										
75	– sonst. ordentl. Aufwand/Steuern											
76	+ sonst. ordentl. Erträge											
77	**Bereinigtes Betriebsergebnis**											
78	+ Erträge aus Beteiligungen											
79	– Verluste aus Beteiligungen											
80	+ Erträge aus Zinsen u. ä.											
81	– Zinsaufwendungen											
82	**Finanzergebnis**											
83	**Ber. Geschäftsergebnis**	(77+82)										

Firma:

2

	GuV-Rechnung: Zeitraum (Kostenart . . . .) Bilanzart		in %*)					in %*)			
			Fa.	Branche				Fa.	Branche		
				M	O	U			M	O	U
84	– Abschr. Finanzanl./WP im UV										
85	– steuerl./ao. Abschreibungen										
86	– Einstellungen in SOPO										
87	+ Auflösung SOPO										
88	– sonstige ao. Aufwendungen										
89	+ sonstige ao. Erträge										
90	**Außerordentliches Ergebnis**										
91	– Steuern vom Einkommen, Ertrag										
92	+/– Verlustübernahme/Gewinnabf.										
93	**Jahresüberschuß/-fehlbetrag**										
94	Rücklagenveränderung										
95	Ausschüttung (aus Vj.)/Entnahmen										
96	**Brutto-Cash-flow**										
97	Auftragseingang im Geschäftsjahr										
98	Auftragsbestand (Bilanzstichtag)										
99	Mitarbeiterzahl (Durchschnitt)										

*) bei GKV in % der Gesamtleistung / bei UKV in % der Umsatzerlöse

	Kennzahlen:		Firma	Branche			Firma	Branche		
				M	O	U		M	O	U
100	Umsatzveränderung ggü. Vorjahr	%								
101	Anteil Auslandsumsatz	%								
102	Umsatzerlöse je Mitarbeiter	TDM								
103	Kapitalumschlag	-fach								
104	Gesamtkapitalrendite	%								
105	Eigenkapitalrendite	%								
106	Verschuldungsgrad	Jahre								
107	(erh. Anz. i. v. H. Nettoverschuldung)		( )	( )	( )	( )	( )	( )	( )	( )
108	Zinsdeckung	-fach								
109	Liquidität II	i. v. H. kfr. FK								
110	Abschreibungsgrad techn. Anlagen	%								
111	Anlagenfinanzierung d. eig. Mittel	%								
112	Umschlag Vorräte	Tage								
113	Kundenziel	Tage								
114	Lieferantenziel	Tage								
115										

Abb.: Formblatt GuV-Rechnung

16 Teilanalysen

Bei den Teilanalysen (Partialanalysen) wird der Jahresabschluß nach verschiedenen Fragestellungen untersucht. So können beispielsweise die Erfolgsanalyse und anschließend die Finanzanalyse durchgeführt werden.

Diese Vorgehensweise erlaubt eine intensive Bearbeitung einzelner Problemkreisfelder, ohne daß die Vielfalt der Zusammenhänge die Analyse stört. Dadurch kann jedes Analyseziel separat verfolgt werden.

Die einzelnen Zahlen werden speziell zusammengestellt und aufbereitet. Dann sind die wichtigen und sinnvollen Kennzahlen zu bilden. Dadurch ist es möglich, zu Teilurteilen über die Situation eines Unternehmens zu gelangen.

Die Ergebnisse der Teilanalysen müssen anschließend zusammengefaßt werden, um das Gesamtbild eines Unternehmens zu beurteilen.

Die einzelnen Teilanalysen umfassen die Struktur-, die Erfolgs-, die Finanz-, die Cash-Flow-, die Wertschöpfungs-Analyse, die Kapitalflußrechnung und die Aktien-Analyse.

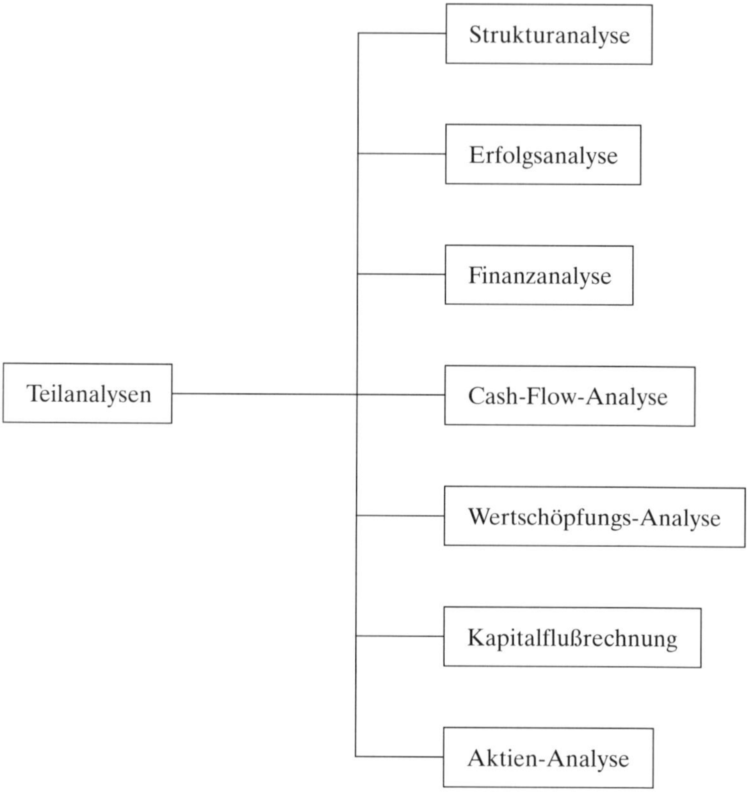

Abb.: Einzelne Teilanalysen

16.1 Strukturanalyse

Bei der Strukturanalyse wird untersucht, wie ein Unternehmen mit Vermögen und Kapital ausgestattet ist, um seine Aufgaben zu erfüllen. Die Strukturanalyse befaßt sich mit der Teilaufgabe des Jahresabschlusses, ein den tatsächlichen Verhältnissen entsprechendes Bild der Vermögenslage zu ermitteln (§ 264 Abs. 2 HGB).

Die Bilanz besteht aus der Aktiv- und Passivseite. Zwischen den Bilanzpositionen gibt es funktionale Beziehungen. Dies gilt für bestimmte Positionen auf einer Bilanzseite und für Positionen auf beiden Bilanzseiten.

Die Aufgabe der Strukturanalyse besteht darin, diese Beziehungen größenmäßig zu bestimmen und zu bewerten. Wir unterscheiden eine vertikale und eine horizontale Analyse, um die Finanzierungsregeln zu überprüfen.

Finanzierungsregeln

1. Vertikale Analyse
- 1.1 Vertikale Vermögensstruktur
- 1.2 Vertikale Kapitalstruktur

2. Horizontale Vermögens- und Kapitalstruktur
- 2.1 Goldene Bankregel
- 2.2 Goldene Bilanzregeln

Abb.: Überblick über die Finanzierungsregeln

Die vertikale Analyse befaßt sich separat mit beiden Seiten der Bilanz. Wir unterscheiden die vertikale Vermögens- und Kapitalstruktur. Die horizontale Analyse erstreckt sich auf die beiden Seiten der Bilanz. Bei der Analyse der Finanzstruktur geht es um die Größen Eigenkapital und langfristiges Fremdkapital sowie um die Größen Anlagevermögen und Vorräte.

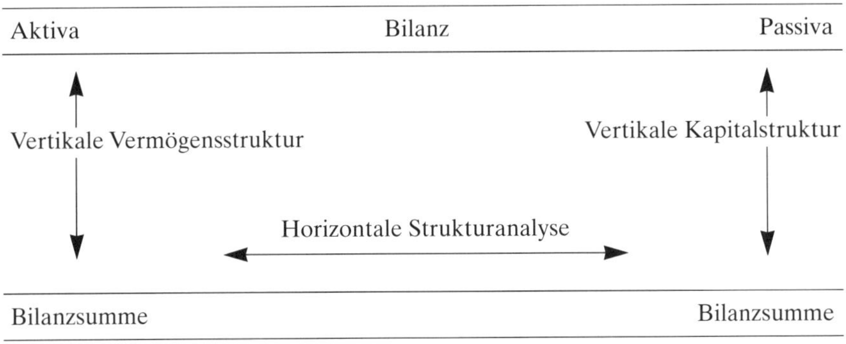

Abb.: Vertikale und horizontale Strukturanalyse

16.1.1 Vermögensstruktur

Bei der vertikalen Vermögensanalyse wird die Aktivseite der Bilanz untersucht, um genauere Aussagen über die Struktur machen zu können. Die Aktivseite umfaßt im wesentlichen das Anlagevermögen, die Vorräte, die Forderungen und die flüssigen Mittel.

Die Vermögensseite können wir in Positionen aufteilen, die vor dem Produktions- und Umsatzprozeß vorhanden sein müssen. Dazu gehören das Anlagevermögen und die Vorräte. Nach dem Produktions- und Umsatzprozeß ergeben sich die Positionen Forderungen und die flüssigen Mittel.

Hinsichtlich der Bindungsdauer der einzelnen Bilanzpositionen können wir feststellen, daß das Anlagevermögen langfristig gebunden ist. Die Vorräte und die Forderungen können kurzfristiger in flüssige Mittel umgewandelt werden. Die flüssigen Mittel sind frei verfügbar.

Bindungsdauer	Vor dem Produktions- und		Nach dem Umsatzprozeß		**Risiko**
	Anlagebereich	Vorratsbereich	Finanzbereich		
Langfristig	Anlagevermögen				Hoch
↓ Kurzfristig		Vorräte			↓ Gering
			Forderungen		↓
↓ Frei verfügbar				Flüssige Mittel	Nicht vorhanden

Abb.: Struktur der Vermögensseite

Die Vermögensseite muß auch nach dem Risiko untersucht werden. Das Risiko ist beim Anlagevermögen hoch. Bei den Vorräten und Forderungen wird das Risiko immer geringer. Sobald die Forderungen in flüssige Mittel umgewandelt sind, ist kein Risiko mehr vorhanden.

Bei der Vermögensstruktur kommt es auf die Art der Vermögensgegenstände an und auf deren Anteil am Gesamtvermögen. Die Anpassungsfähigkeit (Elastizität) des Unternehmens wird stark von der Zusammensetzung des Vermögens beeinflußt. Daraus können sich besondere Risiken für das Unternehmen ergeben.

16.1.1.1 Anlagevermögen

Das Anlagevermögen kann nicht einfach an die Beschäftigungsschwankungen angepaßt werden. Es ist mit Risiken behaftet, da die getätigten Investitionen in die Zukunft hinein reichen. Zum Investitionszeitpunkt ist meist nicht zu erkennen, ob sich die im Anlagevermögen gebundenen flüssigen Mittel ohne Probleme wieder verflüssigen lassen (Desinvestitionen).

Die wertmäßigen Änderungen des Anlagevermögens erfolgen durch Abschreibungen. Dagegen werden die körperlichen Änderungen durch Zugänge oder Abgänge bewirkt.

Das Anlagevermögen wird beispielsweise in Produktionsbetrieben eingesetzt, um Produkte herzustellen. Deshalb kommt es auf die Auslastung der bestehenden Kapazität oder auf den Beschäftigungsgrad des Unternehmens an.

Für die Beurteilung des Anlagevermögens liegen dem externen Analytiker die Informationen über die Kapazitätsauslastungen meist nicht vor. Daher müssen die Intensitäts- und Umschlagskennzahlen errechnet werden. Die Umsatzentwicklung und die Beschäftigtenzahlen geben weitere Hinweise.

Das Anlagevermögen verringert die Anpassungsfähigkeit der Unternehmen bei Beschäftigungsschwankungen. Deshalb ist das Anlagevermögen im Hinblick auf die Beschäftigung zu beurteilen.

16.1.1.2 Umlaufvermögen

Das Umlaufvermögen setzt sich insbesondere aus den Vorräten, den Forderungen und sonstigen Vermögensgegenständen sowie aus den flüssigen Mitteln zusammen.

Die Vorräte gehen in die Produkte ein und müssen laufend wieder ersetzt werden. Der Bestand an Roh-, Hilfs- und Betriebsstoffen hängt vor allem von der Beschaffungszeit, von dem Absatzrhythmus und von der Durchlaufzeit im Unternehmen ab. Das Investitionsrisiko wird bei Vorräten wegen der kürzeren Bindungsdauer viel geringer als beim Anlagevermögen eingeschätzt.

Bei den Forderungen aus Lieferungen und Leistungen ist der Umsatzprozeß bereits vollendet und der Erfolg realisiert. Auch bei den sonstigen Vermögensgegenständen ist schon eine große Geldnähe erreicht. Die flüssigen Mittel beinhalten kein Risiko mehr, weil die Forderungen aus Lieferungen und Leistungen bereits bezahlt sind.

Der externe Analytiker hat meist keinen Einblick in die Finanzbuchhaltung. Deshalb muß er die Wirtschaftlichkeit in der Bestandsführung des Unternehmens mit den relevanten Kennzahlen der Umschlagshäufigkeit beurteilen. Die Umschlagskennzahlen ergeben sich aus dem Verhältnis bestimmter Bewegungsgrößen sowie Bestandsgrößen.

Die Umschlagshäufigkeit der Forderungen aus Lieferungen und Leistungen erhalten wir, wenn wir die Umsatzerlöse plus Mehrwertsteuer zum durchschnittlichen Bestand der Forderungen aus Lieferungen und Leistungen in Beziehung setzen.

$$\text{Umschlagshäufigkeit der Forderungen aus L + L} = \frac{\text{Umsatzerlöse + Mehrwertsteuer}}{\text{Durchschnittliche Forderungen aus Lieferungen und Leistungen}}$$

Je höher die Umschlagshäufigkeit ist, desto niedriger muß die Bestandsgröße im Verhältnis zur Bewegungsgröße sein. Dadurch ergibt sich eine geringere Kapitalbindung der Vermögenswerte.

Das Umlaufvermögen kann im Vergleich zum Anlagevermögen daher viel schneller angepaßt werden. Die Bindungsdauer der einzelnen Positionen des Umlaufvermögens ist viel kürzer. Deshalb wird das Risiko des Umlaufvermögens auch geringer eingeschätzt. Um die Wirtschaftlichkeit der Positionen im Umlaufvermögen zu beurteilen, muß also die Umschlagshäufigkeit insbesondere der Vorräte und der Forderungen aus Lieferungen und Leistungen untersucht werden.

In diesem Zusammenhang ist die Umschlagshäufigkeit des Gesamtvermögens wichtig. Die Formel lautet wie folgt:

$$\text{Umschlagshäufigkeit des Gesamtvermögens} = \frac{\text{Umsatzerlöse + Mehrwertsteuer}}{\text{Durchschnittliches Gesamtvermögen}}$$

Bei dieser Kennzahl wird eine Stromgröße (Umsatzerlöse) mit einer mit ihr zusammenhängenden Bestandsgröße (Gesamtvermögen) in Beziehung gesetzt. Diese Kennzahl zeigt, in welcher Zeit die Vermögensgegenstände wieder in Geld umgewandelt werden.

Wenn wir die Umschlagshäufigkeit in Tagen ausdrücken, sprechen wir von der Umschlagsdauer, die für viele Mitarbeiter im Unternehmen verständlicher ist. Die Umschlagsdauer gibt an, wie lange das Vermögen im Unternehmen fest gebunden ist. Die Umschlagsdauer wird wie folgt errechnet:

$$\text{Umschlagsdauer} = \frac{360}{\text{Umschlagshäufigkeit des Gesamtvermögens}}$$

Je höher die Umschlagshäufigkeit des Gesamtvermögens ist, desto niedriger wird die Umschlagsdauer der Vermögenspositionen. Eine geringere Umschlagsdauer bedeutet auch, daß ein niedrigerer Kapitalbedarf erforderlich ist. Demzufolge ist auch das Liquiditätspotential eines Unternehmens höher. Eine größere Umschlagshäufigkeit und eine niedrigere Umschlagsdauer weisen auf eine hohe Liquidierbarkeit im Unternehmen hin.

MERKE

Bei der Analyse der Vermögensstruktur untersuchen wir die Art und die Zusammensetzung des Vermögens sowie die Dauer der Vermögensbindung. Die Investition von Kapital in das Anlage- oder in das Umlaufvermögen erhöht oder verringert das Risiko. Es muß ermittelt werden, mit welcher Geschwindigkeit die Vermögensgegenstände durch den Umsatzprozeß wieder in Geld (Liquidität) umgewandelt werden. Je langsamer die Liquidierbarkeit erfolgt, desto höher ist der Kapitalbedarf des Unternehmens.

Wenn der Anteil des Anlagevermögens kleiner als der Anteil des Umlaufvermögens ist, dann steigt die Liquidität des Unternehmens. Ein sich schnell umschlagendes Umlaufvermögen setzt laufend Liquidität frei, die kurzfristig im Unternehmen wieder eingesetzt werden kann. Bei einem geringeren Anlagevermögen gibt es auch einen kleineren Anteil an Fixkosten. Wenn im Unternehmen ein geringerer Anteil an Anlagevermögen vorhanden ist, wird die bestehende Kapazität besser ausgenutzt. Durch eine höhere Produktivität können mehr Produkte hergestellt werden, die dann auch wieder schneller zu verkaufen sind. Über den Umsatzprozeß fließt auch wieder schneller die Liquidität in das Unternehmen zurück. Deshalb müssen wir besonders auf die Umschlagshäufigkeits-Kennzahlen achten.

16.1.2 Kapitalstruktur

Auf der Passivseite unterscheiden wir das Eigen- und das Fremdkapital. Die einzelnen Kapitalpositionen stehen den Unternehmen kurz- oder langfristig zur Verfügung.

Mit dem Eigenkapital kann das Unternehmen langfristig arbeiten. Allerdings gehört der Bilanzgewinn, der ausgeschüttet wird, zum kurzfristigen Kapital.

Die Rückstellungen setzen sich aus kurz- und aus langfristigen Rückstellungen zusammen. Steuerrückstellungen sind kurzfristiger Natur. Dagegen zählen die Pensionsrückstellungen zu dem langfristigen Kapital.

Auch bei den Verbindlichkeiten müssen wir zwischen kurz- und langfristigen Verbindlichkeiten unterscheiden. Die Hypotheken-Darlehen sind langfristige Kredite. Die Verbindlichkeiten aus Lieferungen und Leistungen allerdings gehören zu den kurzfristigen Verbindlichkeiten des Unternehmens.

Bei der Analyse der Kapitalstruktur werden die einzelnen Anteile des Kapitals untersucht. Die Kapitalseite gibt Aufschluß über die Finanzierung des Unternehmens und die Bindungsdauer der einzelnen Finanzierungen.

16.1.2.1 Eigenkapital

Das Eigenkapital ist gewinnberechtigt. Allerdings muß das Eigenkapital auch für die entstandenen Verluste aufkommen.

Bei Kapitalgesellschaften besteht das Eigenkapital aus einer festen Größe (Grundkapital, Stammkapital), einer veränderlichen Größe (Kapitalrücklage, Gewinnrücklagen) und einer Erfolgsgröße (Bilanzgewinn/Bilanzverlust). Das Eigenkapital ist bei Einzel- und Personengesellschaften eine veränderliche Größe, da das Eigenkapital durch Einlagen der Gesellschafter erhöht oder durch Entnahmen der Gesellschafter verringert wird. Der erwirtschaftete Gewinn wird dem Eigenkapital hinzugefügt. Die entstandenen Verluste hingegen reduzieren das Eigenkapital.

Das Eigenkapital haftet für das Unternehmen und dient als Sicherheit für das Fremdkapital. Wenn Verluste auftreten, wird das Eigenkapital in Anspruch genommen. Die Sicherung des Unternehmens wird durch die Bildung der Rücklagen erhöht.

16.1.2.2 Fremdkapital

Das Fremdkapital steht dem Unternehmen nur befristet zur Verfügung. Für die Überlassung des Fremdkapitals müssen Zinsen bezahlt werden.

Durch die Aufnahme von Fremdkapital werden die Finanzierungsmöglichkeiten des Unternehmens erweitert. Dadurch besteht die Möglichkeit eines schnelleren Wachstums des Unternehmens.

Der Einsatz des Fremdkapitals erlaubt auch eine Verbesserung der Eigenkapital-Rentabilität durch den Leverage-Effekt. Je höher die Gesamtkapital-Rentabilität des Unternehmens im Vergleich zu den Fremdkapitalzinsen ist, desto höher steigt die Eigenkapital-Rentabilität.

16.1.3 Kennzahlen

Für die Beurteilung der Vermögens- und Kapitalstruktur müssen aus der Vielzahl der möglichen Kennzahlen die wichtigsten Kennzahlen ausgewählt werden.

16.1.3.1 Vermögen

Folgende Kennzahlen sollten bei der Vermögensstruktur errechnet werden:

1. Vermögensveränderungen

$$\text{Änderungen des Anlagevermögens} = \frac{\text{Anlagevermögen des Geschäftsjahres}}{\text{Anlagevermögen des Vorjahres}} \times 100$$

$$\text{Änderungen des Umlaufvermögens} = \frac{\text{Umlaufvermögen des Geschäftsjahres}}{\text{Umlaufvermögen des Vorjahres}} \times 100$$

Diese Kennzahlen geben Aufschluß über die Veränderungen des Anlage- und Umlaufvermögens im Zeitvergleich. Wir können dann erkennen, ob sich ein Unternehmen in der Wachstums- oder in der Rezessionsphase befindet.

2. Anlagenintensität

$$\text{Anlagenintensität des Anlagevermögens} = \frac{\text{Anlagevermögen}}{\text{Gesamtvermögen}} \times 100$$

$$\text{Anlagenintensität des Anlagevermögens und der Vorräte} = \frac{\text{Anlagevermögen + Vorräte}}{\text{Gesamtvermögen}} \times 100$$

Die Anlagenintensität gibt Aufschluß über die Wirtschaftlichkeit des Einsatzes der Anlagegüter. Aus diesen Kennzahlen können wir die wesentlichen Strukturelemente des Vermögens am Gesamtvermögen (Bilanzsumme) erkennen. Wichtige Änderungen der Vermögensstruktur werden im Zeitvergleich sichtbar.

Die Intensitätskennzahlen geben Auskunft über die Anpassungsfähigkeit des Unternehmens in der Expansion und in der Rezession. Das damit verbundene Vermögensrisiko kann damit besser beurteilt werden. Mit zunehmender Anlagenintensität wächst das Unternehmensrisiko, da die Flexibilität des Unternehmens abnimmt.

3. Arbeitsintensität

$$\text{Arbeitsintensität} = \frac{\text{Umlaufvermögen}}{\text{Gesamtvermögen}} \times 100$$

Die Wirtschaftlichkeit eines Unternehmens ist um so größer, je geringer das Anlagevermögen ist, das fixe Kosten verursacht. Je kleiner der Anteil des Anlagevermögens am Gesamtvermögen ist, desto intensiver wird die vorhandene Kapazität genutzt. Die fixen Kosten pro Stück sinken. Dadurch verbessert sich die Ertragslage des Unternehmens. Die intensivere Nutzung der Kapazität führt auch zu höheren Umsatzerlösen.

4. Vorratsquote

$$\text{Vorratsquote für Roh-, Hilfs- und Betriebsstoffe} = \frac{\text{Roh-, Hilfs- und Betriebsstoffe}}{\text{Gesamtvermögen}} \times 100$$

$$\text{Vorratsquote der Halb- und Fertigfabrikate} = \frac{\text{Halb- und Fertigfabrikate}}{\text{Gesamtvermögen}} \times 100$$

Diese Kennzahlen geben Aufschluß über die Kapitalbindung in den Vorräten an Roh-, Hilfs- und Betriebstoffen sowie an Halb- und Fertigfabrikaten. Im Zeitvergleich können wir die Veränderungen erkennen. Die Erhöhung der Vorratsquote für Halb- und Fertigfabrikate deutet auf Absatzprobleme hin. Es kann aber auch eine bewußte Veränderung der Vorratspolitik vorliegen.

5. Umschlagshäufigkeit der Vorräte

$$\text{Umschlagshäufigkeit der Roh-, Hilfs- und Betriebsstoffe} = \frac{\text{Aufwendungen an Roh-, Hilfs- und Betriebsstoffen}}{\text{Durchschnittlicher Lagerbestand an Roh-, Hilfs- und Betriebsstoffen}} \times 100$$

Diese Kennzahl zeigt die Beziehung zwischen den Aufwendungen an Roh-, Hilfs- und Betriebsstoffen (Materialverbrauch) und dem durchschnittlichen Lagerbestand an Roh-, Hilfs- und Betriebsstoffen. Diese Analyse im Bereich der Roh-, Hilfs- und Betriebsstoffe ist sinnvoll. Eine abnehmende Umschlagszahl muß als ungünstig beurteilt werden, da die Lagerhaltung und damit die Kapitalbindung zugenommen haben.

$$\text{Umschlagshäufigkeit der Halb- und Fertigfabrikate} = \frac{\text{Herstellungskosten des Umsatzes}}{\text{Durchschnittliches Lager an Halb- und Fertigfabrikaten}} \times 100$$

Für den externen Analytiker sind die Herstellungskosten des Umsatzes aus der GuV nur zu entnehmen, wenn das Umsatzkostenverfahren angewendet wird.

6. Lagerdauer

$$\text{Lagerdauer für Roh-, Hilfs- und Betriebsstoffe} = \frac{360}{\text{Umschlagshäufigkeit der Roh-, Hilfs- und Betriebsstoffe}}$$

$$\text{Lagerdauer der Halb- und Fertigfabrikate} = \frac{360}{\text{Umschlagshäufigkeit der Halb- und Fertigfabrikate}}$$

Die Lagerdauer gibt an, wie lange die Vorräte und das zur Finanzierung erforderliche Kapital im Durchschnitt gebunden sind. Eine niedrige Lagerdauer deutet darauf hin, daß die Vorräte relativ schnell wieder in liquide Form umgewandelt werden können.

7. Umschlagshäufigkeit der Forderungen aus Lieferungen und Leistungen

$$\text{Umschlagshäufigkeit der Forderungen aus Lieferungen und Leistungen} = \frac{\text{Umsatzerlöse + Mehrwertsteuer}}{\text{Durchschnittlicher Debitorenbestand}}$$

Wenn die Zahlen der Umschlagshäufigkeiten der Forderungen aus Lieferungen und Leistungen (Debitoren-Umschlag) abnehmen, nimmt die Kapitalbindung in den Forderungen zu. Diese Entwicklung ist als negativ zu beurteilen.

8. Kundenziel

$$\text{Kundenziel} = \frac{360}{\text{Debitorenumschlag}}$$

Das Ergebnis zeigt die durchschnittliche Bindungsdauer der Forderungen aus Lieferungen und Leistungen. Die Unternehmensleitung und die Führungskräfte müssen besonders darauf achten, daß sich das Kundenziel nicht in Zukunft verschlechtert. Um die eigene Situation besser beurteilen zu können, sollten Branchenkennzahlen herangezogen werden.

Diese Kennzahl läßt Rückschlüsse auf das Zahlungsverhalten der Kunden zu. Außerdem können wir erkennen, wie lange es dauert, bis die Umsatzerlöse wieder in liquide Mittel umgewandelt werden.

16.1.3.2 Kapital

Folgende Kennzahlen sollten bei der Bilanzanalyse errechnet werden.

1. Eigenkapital-Quote

$$\text{Eigenkapitalqoute} = \frac{\text{Eigenkapital}}{\text{Gesamtkapital}} \times 100$$

Die Eigenkapitalquote ist eine wichtige Kennzahl, die Aufschluß über die Kreditwürdigkeit der Unternehmen gibt.

Die Eigenkapitalquote geht in den deutschen Unternehmen laufend zurück. Heute beträgt die Eigenkapitalquote in den einzelnen Branchen zwischen 15 % und 30 %. Dieser Rückgang liegt insbesondere an der hohen Steuerbelastung der Unternehmen und an den geringeren Gewinnen, die die Unternehmen erwirtschaften. Viele Unternehmen schütten auch zu viele Gewinne aus. Die Eigenkapitalquote läßt die Unabhängigkeit und die Sicherheit der Unternehmen erkennen.

2. Verschuldungsgrad

$$\text{Verschuldungsgrad} = \frac{\text{Fremdkapital}}{\text{Eigenkapital}} \times 100$$

Die ständige Kreditaufnahme vergrößert den Verschuldungsgrad. Wenn der Verschuldungsgrad zunimmt, steigt auch das Risiko im Unternehmen.

Der Verschuldungsgrad nimmt in den Unternehmen laufend zu. Allerdings treten in den einzelnen Branchen erhebliche Unterschiede auf. Die chemische Industrie weist die besten Werte über die letzten Jahre auf. Die Bauindustrie schneidet im gleichen Zeitraum am schlechtesten ab.

3. Umschlagshäufigkeit des Kapitals

$$\text{Umschlagshäufigkeit des Kapitals} = \frac{\text{Umsatzerlöse}}{\text{Durchschnittliches Gesamtkapital}}$$

Diese Kennzahl drückt aus, wie oft sich das Gesamtkapital im Jahr umschlägt. Die Umschlagshäufigkeit des Kapitals besagt, wie produktiv das im Unternehmen befindliche Kapital eingesetzt wird. Je höher die Umschlagshäufigkeit ist, desto weniger Kapital ist im Unternehmen erforderlich. Für die Beurteilung des Risikos der Fremdfinanzierung spielt die Umschlagshäufigkeit des Kapitals eine große Rolle. Je höher der Kapitalumschlag ist, desto schneller fließen die Finanzmittel wieder über den Umsatzprozeß in das Unternehmen zurück.

4. Umschlagshäufigkeit der Verbindlichkeiten aus Lieferungen und Leistungen

$$\text{Kreditorenumschlag} = \frac{\text{Materialaufwand + Mehrwertsteuer}}{\text{Durchschnittliche Verbindlichkeiten aus Lieferungen und Leistungen}}$$

5. Lieferantenziel

$$\text{Lieferantenziel} = \frac{360}{\text{Kreditorenumschlag}}$$

Diese Kennzahl gibt an, nach wieviel Tagen im Durchschnitt die Lieferantenschulden vom Unternehmen bezahlt werden. Eine Erhöhung des Lieferantenziels deutet an, daß sich die finanzielle Situation im Unternehmen verschlechtert hat.

MERKE

Die Strukturanalyse anhand von Kennzahlen erlaubt einen guten Einblick in die tatsächlichen Verhältnisse des Unternehmens. Die einzelnen Vermögenswerte auf der Aktivseite und die verschiedenen Positionen auf der Passivseite werden analysiert. Auch die Beziehungen zwischen der Aktiv- und Passivseite unterliegen einer genauen Untersuchung. Die Branchenkennzahlen sind bei der Strukturanalyse von besonderer Bedeutung.

Für die Beurteilung der Aktivseite kommt es insbesondere auf den Ausnutzungsgrad des Anlagevermögens und auf die Umschlagshäufigkeit einzelner Positionen des Umlaufvermögens an. Auf der Passivseite spielen die Eigenkapitalquote und der Verschuldungsgrad eine große Rolle.

16.2 Erfolgsanalyse

Das wichtigste Ziel der Erfolgsanalyse besteht darin, die Ertragskraft eines Unternehmens zu ermitteln und zu beurteilen. Die Ertragskraft bedeutet, daß ein Unternehmen auch in der Zukunft Gewinne erwirtschaftet und damit eine Gewinnausschüttung garantiert. Außerdem deutet die Ertragskraft darauf hin, daß ein Unternehmen die Existenz langfristig sichern kann, indem die Leistungsfähigkeit des Unternehmens durch die Bildung von Rücklagen erhalten und ständig verbessert wird.

Für die Ertragskraft eines Unternehmens interessieren sich die Gesellschafter, die Aktionäre, die Banken, die Lieferanten, die Konkurrenten und die Gewerkschaften aus unterschiedlichen Gründen. Die Anteilseigner schauen beispielsweise auf die Ertragskraft wegen der möglichen Gewinnausschüttungen und wegen der möglichen Kursentwicklungen der Aktien. Die Banken schließen aufgrund der Ertragskraft auf die Möglichkeit, die vereinbarten Zins- und Tilgungszahlungen pünktlich zu erhalten.

Die Gewinnerzielung ist in den meisten Unternehmen Hauptmotiv für die wirtschaftliche Tätigkeit. Deshalb ist auch der Gewinn die wichtigste Größe bei der Erfolgsanalyse.

Der Gewinn wird in der GuV ermittelt und ergibt sich aus der Differenz zwischen den Erträgen und den Aufwendungen. Um die Ursachen für die Gewinnerzielung zu erkennen, müssen alle Positionen der GuV sorgfältig analysiert werden. Dann erhalten wir einen guten Einblick in die Ertragslage des bilanzierenden Unternehmens.

Der Gewinn kann aber bilanzpolitisch beeinflußt werden. Die Höhe des Gewinns ist also manipulierbar. Dies ist vor allem durch die Bewertung der Wirtschaftsgüter möglich. Durch den Ansatz von höheren Abschreibungen und durch die Bildung von höheren Rückstellungen beispielsweise kann der Gewinn vermindert und stille Reserven geschaffen werden.

Der in der GuV ausgewiesene Gewinn muß deshalb korrigiert werden, um das ordentliche Betriebsergebnis zu ermitteln. Diese Korrektur des ausgewiesenen Gewinns/Verlustes erfolgt bei der Aufbereitung des Zahlenmaterials.

Bei der Erfolgsanalyse sollte jeweils der Gewinn/Verlust nach Steuern verwendet werden. Auch bei Branchenvergleichen sind jeweils die Gewinne nach Steuern einander gegenüberzustellen.

Die Kapitalgesellschaften weisen den Bilanzgewinn/Bilanzverlust in der GuV immer nach Steuern aus. Bevor der Gewinn bei Einzel- und Personengesellschaften zur Ermittlung der Rentabilitäts-Kennzahlen eingesetzt werden kann, müssen einige Korrekturen vorgenommen werden. Der Gewinn wird nämlich bei den Einzel- und Personengesellschaften ohne die Einkommensteuer in der GuV angegeben. Deshalb muß der ausgewiesene Gewinn um 50 % gekürzt werden, weil die Gesellschafter der Einzel- und Personenunternehmen den Gewinn persönlich im Privatbereich versteuern müssen. Die Steuerbelastung durch die Einkommensteuer beträgt etwa 50 %.

Außerdem ist bei den Analysen der Einzel- und Personengesellschaften zu berücksichtigen, daß für die mitarbeitenden Gesellschafter in der GuV kein Unternehmerlohn enthalten ist. Deshalb muß auch ein kalkulatorischer Unternehmerlohn von dem ausgewiesenen Gewinn abgezogen werden.

16.2.1 Gewinnanalyse

Die Erwirtschaftung des Gewinns ist eines der wichtigsten Ziele eines jeden Unternehmens. Daher müssen wir untersuchen, welche Größen den Gewinn in der GuV positiv oder negativ beeinflussen können. Mit Hilfe der Erfolgsanalyse sind die Unternehmensleitung und die Führungskräfte dann in der Lage, einen zuverlässigen Einblick in die Ertragskraft des Unternehmens zu erhalten.

Das Ziel der Erfolgsanalyse ist es, eine Beurteilung der Ertragskraft des Unternehmens zu ermöglichen. Die Ertragslage der abgelaufenen Geschäftsjahre muß auch ermittelt werden, um Prognosen über die Geschäftsentwicklung der folgenden Jahre erstellen zu können.

Die Ertragskraft ist die Fähigkeit eines Unternehmens, auch in Zukunft gute Gewinne zu erzielen. Je detaillierter die Erfolgsanalyse durchgeführt wird, desto mehr Ansätze zur Verbesserung der Erfolge können erkannt werden. Die Feststellung und die Beurteilung der Erfolgsentwicklung eines Unternehmens werden dann erleichtert.

Für die Erfolgsanalyse benötigen wir die Informationen insbesondere aus der GuV. Es sollten möglichst alle Positionen der GuV in die Analyse einbezogen werden.

Mit Hilfe der Gewinnanalyse wird aufgezeigt, welche einzelnen Vorgänge im Unternehmen den Gewinn in der GuV beeinflussen können. Außerdem müssen die Ursachen für die positive oder negative Entwicklung der wichtigsten Einflußfaktoren exakt ermittelt werden. Erst wenn die eigentlichen Ursachen erkannt sind, können die negativen Einflußgrößen abgeschwächt oder beseitigt und die positiven Punkte noch deutlicher forciert werden.

16.2.1.1 Gewinnentwicklung

Um eine klare Aussage über die Gewinnentwicklung machen zu können, müssen die Gewinne der letzten beiden Geschäftsjahre und deren Veränderungen erfaßt werden. Die Errechnung der Differenz reicht allerdings noch nicht aus, um einen guten Überblick zu gewinnen. Neben der absoluten Differenz muß auch die prozentuale Veränderung errechnet werden.

Es könnten beispielsweise folgende Gewinne in der GuV ausgewiesen sein:

1993	130 TDM
1994	90 TDM

Die Analyse sollte dann folgendermaßen aussehen:

Gewinnentwicklung		
1993		130 TDM
1994		90 TDM
Differenz	–	40 TDM
oder	–	30,8 %

Der Gewinn ist von 1993 auf 1994 um 40 TDM oder um 30,8 % zurückgegangen. Um die Ursachen für den starken Rückgang des Gewinns zu ermitteln, müssen alle wichtigen Positionen der GuV untersucht werden.

16.2.1.2 Umsatzerlöse

Zuerst sind die Umsatzerlöse zu analysieren, die folgendermaßen aussehen:

1993		2.600 TDM
1994		3.000 TDM
Differenz	+	400 TDM
oder	+	15,4 %

Die Umsatzerlöse haben sich im gleichen Zeitraum um 400 TDM oder 15,4 % erhöht. Einem Anstieg der Umsatzerlöse von 15,4 % steht ein Sinken der Gewinne um 30,8 % entgegen. Es müssen also massive Gründe für die wesentliche Verschlechterung der Ertragskraft des Unternehmens vorliegen.

16.2.1.3 Materialkosten

Als nächste Position sollten die Materialkosten untersucht werden, die sich wie folgt entwickelt haben:

1993		1.200 TDM
1994		1.550 TDM
Differenz	+	350 TDM
oder	+	29,3 %

Der starke Rückgang des Gewinns könnte alleine durch das Ansteigen der Materialkosten um 29,2 % verursacht worden sein. Die Materialkosten sind fast doppelt so stark gestiegen (29,2 %) wie die Umsatzerlöse (15,4 %).

Zunächst sollten die wesentlichen Ursachen für das starke Anwachsen der Materialkosten untersucht werden. Folgende Ursachen könnten vorliegen:

1. Höherer Ausschuß
2. Produktion von mehr materialintensiven Erzeugnissen
3. Mehr Fremdleistungen (Subunternehmer)
4. Höhere Materialpreise können nicht an die Kunden weitergegeben werden
5. Mehrverbrauch an Hilfs- und Betriebsstoffen

16.2.1.4 Weitere Einflußfaktoren

Auch die weiteren Einflußfaktoren auf den Gewinn müssen in gleicher Weise analysiert werden. Es gilt, insbesondere noch folgende Positionen genauer zu überprüfen:

1. Löhne und Gehälter
2. Abschreibungen
3. Rückstellungen
4. Zinsen
5. Steuern
6. Sonstige betriebliche Aufwendungen

16.2.2 Rentabilitäts-Kennzahlen

Die Eigenkapitalgeber erwarten für das von ihnen zur Verfügung gestellte Kapital einen guten Gewinn. Es wird das Verhältnis von Gewinn zu Eigenkapital errechnet. Auch den Fremdkapitalgeber interessiert die Rentabilität des Unternehmens. Sie erlaubt insbesondere eine Aussage über das Risiko, das mit der Bereitstellung des Fremdkapitals verbunden ist.

Die Rentabilität der Unternehmen kann im Finanzbereich durch folgende Maßnahmen beeinflußt werden:

1. Kostengünstigere Finanzierung (Niedrigere Zinsen)
2. Geringere Haltung von Liquiditätsreserven wegen der niedrigen Verzinsung
3. Zinsbringende Anlagen von liquiden Überschüssen (Festgeld)

Ein hoher Bestand an liquiden Mitteln auf dem Kontokorrentkonto hat eine negative Auswirkung auf die Rentabilität. Die Verbesserung der Rentabilität ist durch eine niedrigere Vorhaltung von liquiden Mitteln möglich. Allerdings besteht dann die Gefahr, daß die Existenz der Unternehmen durch zu geringe Liquidität in Frage gestellt werden könnte. Zwischen der Liquidität und der Rentabilität besteht also ein Zielkonflikt. Die Unternehmensleitung und die Führungskräfte haben die Aufgabe, die Rentabilität bei ausreichender Liquidität zu verbessern.

Die Rentabilitäts-Kennzahlen geben Aufschluß darüber, ob ein Unternehmen erfolgreich geführt wird oder nicht. Um einen besseren Einblick in die Unternehmen zu erhalten, errechnen wir vier verschiedene Kennzahlen für die Rentabilität, die alle eine unterschiedliche Aussagekraft haben.

Es muß die Frage geklärt werden, ob der im Unternehmen ausgewiesene Gewinn ein objektives Bild über den Erfolg eines Unternehmens abgibt. Der in der GuV ausgewiesene Gewinn kann durch bilanzpolitische Maßnahmen in der Höhe stark beeinflußt werden. Es besteht also die Möglichkeit, den Gewinn durch gezielte Entscheidungen erheblich nach oben oder unten zu korrigieren.

Deshalb sollte neben dem Gewinn auch noch der Cash-Flow zur Errechnung der Rentabilitäts-Kennzahlen herangezogen werden. Der Cash-Flow erlaubt eine objektivere Beurteilung der Ertrags- und Finanzkraft der Unternehmen.

16.2.2.1 Eigenkapital-Rentabilität

Diese Kennzahl bringt die Verzinsung des eingesetzten Kapitals durch seinen Einsatz im Unternehmen zum Ausdruck. Bei der Eigenkapital-Rentabilität muß auch auf die Größe des Eigenkapitals wegen des Leverage-Effektes (Hebelwirkung) geachtet werden.

Die Eigenkapital-Rentabilität können wir folgendermaßen errechnen:

$$R_{EK} = \frac{G}{EK} \times 100$$

R_{EK} = Eigenkapital-Rentabilität
G = Gewinn
EK = Eigenkapital

Zielvorgabe: 20 % bis 25 %

Die Zielvorgabe für die Eigenkapital-Rentabilität erscheint recht hoch zu sein. Wir müssen allerdings berücksichtigen, daß die Eigenkapitalquote der deutschen Unternehmen nur noch bei 20 % bis 30 % liegt. Aufgrund des Leverage-Effekts kann deshalb eine Eigenkapital-Rentabilität von 20 % bis 30 % relativ schnell erzielt werden.

Die Eigenkapital-Rentabilität sollte also erheblich über dem marktüblichen Zins für langfristige Kapitalanlagen liegen, da der Gewinn zusätzlich eine Vergütung für das Risiko des Unternehmers enthält.

Der Gewinn sollte identisch mit dem Jahresüberschuß der Steuerbilanz sein. Die Steuern vom Einkommen und vom Ertrag sowie die sonstigen Steuern sind dann bereits abgezogen.

Gezeichnetes Kapital
Kapitalrücklage
Gewinnrücklagen
Bilanzgewinn

= Eigenkapital

Das Eigenkapital setzt sich aus dem gezeichneten Kapital, aus den Kapital- und Gewinnrücklagen sowie aus dem nicht ausgeschütteten Gewinn zusammen.

Der Leverage-Effekt ist bei der Eigenkapital-Rentabilität von besonderer Bedeutung, wie folgendes Beispiel zeigt:

Beispiel: Eigenkapital (DM) = 600, 400, 200
Fremdkapital (DM) = 200, 400, 600

Gesamtkapital (DM) = 800, 800, 800

Fremdkapitalzins = 10 %

Bezeichnung	1	2	3
Eigenkapital Fremdkapital	600 200	400 400	200 600
Gesamtkapital	800	800	800
Gewinn des Gesamtkapitals (Kapitalgewinn) – Zinsen für das Fremdkapital (10 %)	100 20	100 40	100 60
Gewinn nach Zinsen	80	60	40
Eigenkapital-Rentabilität	13,3 %	15 %	20 %

In unserem Beispiel erhöht sich die Eigenkapital-Rentabilität von 13,3 % auf 15 % und letztlich auf 20 %. Die Eigenkapital-Rentabilität kann durch die Aufnahme von weiterem Fremdkapital also verbessert werden, wenn mit diesem Kapital eine höhere Rentabilität erwirtschaftet werden kann als die Fremdkapitalzinsen ausmachen.

Die Formel für die Eigenkapital-Rentabilität lautet wie folgt:

$$R_{EK} = R_{GK} + (R_{GK} - Z_{FK}) \times \frac{FK}{EK}$$

Der Leverage-Effekt findet aber seine Grenzen in dem wachsenden Verschuldungsgrad, da das Risiko der Banken zunimmt. Die Banken sind dann nur noch bereit, zusätzliches Fremdkapital zu höheren Zinsen oder durch die Überlassung von zusätzlichen Sicherheiten zur Verfügung zu stellen.

16.2.2.2 Gesamtkapital-Rentabilität

Die Gesamtkapital-Rentabilität ist für die Beurteilung eines Unternehmens aussagefähiger als die Eigenkapital-Rentabilität, da sie die Verzinsung des gesamten im Unternehmen investierten Kapitals angibt.

Die Gesamtkapital-Rentabilität wird folgendermaßen errechnet:

$$R_{GK} = \frac{G + Z_{FK}}{GK} \times 100$$

R_{GK} = Gesamtkapital-Rentabilität
G = Gewinn
Z_{FK} = Fremdkapitalzinsen
GK = Gesamtkapital

Zielvorgabe: 10 % bis 12 %

Neben dem Gewinn müssen bei der Berechnung der Gesamtkapital-Rentabilität auch die Fremdkapitalzinsen berücksichtigt werden. Diese Zinsen werden für das im Unternehmen eingesetzte Fremdkapital bezahlt und reduzieren den Gewinn in der GuV. Deshalb müssen zu dem Gewinn auch noch die Fremdkapitalzinsen hinzugezählt werden, um die Gesamtkapital-Rentabilität zu ermitteln. Die Summe aus dem Gewinn und den Fremdkapitalzinsen bezeichnen wir auch als Kapitalgewinn.

  Eigenkapital
+ Fremdkapital

= Gesamtkapital (Bilanzsumme)

Das Gesamtkapital (Bilanzsumme) setzt sich aus dem Eigen- und dem Fremdkapital zusammen.

Für die Unternehmen sollte als Ziel eine Gesamtkapital-Rentabilität in Höhe von 10 % bis 12 % vorgegeben und realisiert werden. Die Aufgabe der Unternehmen besteht also darin, eine gute Gesamtkapital-Rentabilität zu erwirtschaften. Mit Hilfe dieser Kennzahl kann eindeutig ermittelt werden, ob die Zielsetzung mit der Zielerreichung übereinstimmt oder nicht.

16.2.2.3 Umsatz-Rentabilität

Die Umsatz-Rentabilität stellt die Verzinsung des Umsatzes im Unternehmen dar. Diese Kennzahl läßt also erkennen, wie ein Unternehmen in bezug auf den Umsatz gearbeitet hat. Die Umsatz-Rentabilität gibt Auskunft über den Erfolg der betrieblichen Tätigkeit, der beim Verkauf der hergestellten Produkte und der betrieblichen Leistungen am Markt erzielt wird. Die Umsatz-Rentabilität ergibt sich wie folgt:

$$R_U = \frac{G + Z_{FK}}{U} \times 100$$

R_U = Umsatz-Rentabilität
G = Gewinn
Z_{FK} = Fremdkapitalzinsen
U = Umsatz

Zielvorgabe: 5 % bis 6 %

Die Umsatz-Rentabilität wird in der Literatur oft nur unter Berücksichtigung des Gewinns errechnet. Diese Art der Berechnung ist allerdings irreführend, da der Umsatz unter Einsatz des Eigen- und des Fremdkapitals erzielt wird. Deshalb sollten zu dem Gewinn auch noch die Fremdkapitalzinsen hinzugezählt werden, die für den Einsatz des Fremdkapitals bezahlt werden müssen.

Bei der Umsatz-Rentabilität spielt die Größe des Unternehmens eine Rolle. Je größer die Unternehmen sind, desto niedriger ist generell diese Rendite. Kleine und mittlere Unternehmen können eine Umsatz-Rentabilität in Höhe von 5 % bis 6 % erzielen.

Zur Errechnung der Umsatz-Rentabilität sollten nur die Umsatzerlöse und nicht die Gesamtleistung herangezogen werden. Die Gesamtleistung umfaßt neben den Umsatzerlösen auch noch die Bestandsveränderungen an fertigen und unfertigen Erzeugnissen sowie die aktivierten Eigenleistungen.

Die Wertbasis für die Umsatzerlöse ist eine andere als für die Bestandsveränderungen und für die aktivierten Eigenleistungen. Die Umsatzerlöse werden zu Verkaufspreisen bewertet. Die Bestandsveränderungen und die aktivierten Eigenleistungen dagegen müssen in der GuV zu Herstellungskosten angesetzt werden. Da zwischen den Herstellungskosten und den Verkaufspreisen erhebliche Wertunterschiede bestehen, können in diesen Positionen viele stille Reserven enthalten sein. Die Umsatzerlöse sollten auch deshalb genommen werden, weil nur die effektiv am Markt verkauften Produkte und Leistungen den Maßstab für den Erfolg eines Unternehmens darstellen.

16.2.2.4 Return On Investment (ROI)

Der ROI ist die bedeutendste Kennzahl für die Steuerung des Unternehmens. Diese Kennzahl kann in weitere Kennzahlen aufgeteilt werden. Es ist also möglich, eine Zielhierarchie im Unternehmen aufzubauen.

Der ROI wird folgendermaßen ermittelt:

$$\text{ROI} = \frac{G + Z_{FK}}{U} \times 100 \times \frac{U}{GK}$$

$$= \text{Umsatz-Rentabilität} \times \text{Kapitalumschlagshäufigkeit}$$

G = Gewinn
Z_{FK} = Fremdkapitalzinsen
U = Umsatz
GK = Gesamtkapital

Zielvorgabe: 10 % bis 12 %

Der Kapitalumschlag zeigt an, wie intensiv das im Unternehmen eingesetzte Kapital genutzt wird. Diese Kennzahl gibt also Aufschluß über die Produktivität des eingesetzten Kapitals.

Die Umschlagszahl gewährt einen Einblick in den Nutzungsgrad des Kapitals. Die Umschlagshäufigkeit des Kapitals von 2 bedeutet, daß mit einer DM Kapital im Jahr 2 DM Umsatz erzielt wird. Je höher der Kapitalumschlag ist, desto geringer ist der Kapitalbedarf, da das Kapital öfter freigesetzt werden kann.

Die Rendite des gesamten Kapitaleinsatzes wird durch die Umsatz-Rentabilität und durch die Kapitalumschlagshäufigkeit bestimmt. Eine niedrigere Umsatz-Rentabilität kann in Verbindung mit einer höheren Kapitalumschlagshäufigkeit zum gleichen Ergebnis führen wie eine hohe Umsatz-Rentabilität und eine niedrigere Kapitalumschlagshäufigkeit.

$$\text{ROI} = 6 \times 2 = 12$$

$$= 12 \times 1 = 12$$

Bei der Beurteilung des ROI spielt also die Umsatz-Rentabilität und die Kapitalumschlagshäufigkeit eine große Rolle. Der ROI kann verbessert werden, wenn die Umsatz-Rentabilität und/oder die Kapitalumschlagshäufigkeit angehoben werden.

Das Kennzahlsystem des ROI wird in der Praxis unterschiedlich weit aufgegliedert, um die Zusammenhänge und Abhängigkeiten besser zu erkennen und um die Ursachen und Wirkungen deutlich sichtbar zu machen. Die Umsatzerlöse sollten dann noch nach Produktgruppen, Verkaufsgebieten und Kundengruppen aufgeteilt werden.

Für die Untersuchungen der Rentabilität hat der ROI eine besondere Bedeutung. Der ROI setzt sich aus zwei Erfolgsfaktoren zusammen. Die zusammengesetzte Kennzahl des ROI erlaubt Rückschlüsse auf die Ursachen für die Verschlechterung oder Verbesserung des ROI. Die Unternehmensleitung und die Führungskräfte erkennen, wie der ROI für das nächste Jahr positiv beeinflußt werden kann. Alle anschließenden Entscheidungen im Unternehmen sind dann auf ihre Wirksamkeit hin leicht zu überprüfen.

Der ROI sollte in kleinen und mittleren Unternehmen 10 % bis 12 % betragen. Dieses Ziel kann von gut gemanagten Unternehmen erreicht werden.

16.2.2.5 Betriebs-Rentabilität

Die Betriebs-Rentabilität wird folgendermaßen errechnet:

$$\text{Betriebs-Rentabilität} = \frac{\text{BE}}{\text{durchschnittl. betr. K.}} \times 100$$

BE = Betriebsergebnis
Betr. K. = Betriebsnotwendiges Kapital

Das Betriebsergebnis kann der kurzfristigen Erfolgsrechnung entnommen werden. Das betriebsnotwendige Kapital ermitteln wir, indem wir von der Bilanzsumme die nicht betriebsnotwendigen Vermögensgegenstände abziehen. Dazu gehören beispielsweise die unbebauten Grundstücke und die Wertpapiere.

Diese Kennzahl zeigt die Rentabilität, die durch den Produktions- und Umsatzprozeß erwirtschaftet wurde.

In der bisherigen ROI-Formel wurden die Daten in erster Linie aus der Gewinn- und Verlustrechnung sowie aus der Bilanz verwendet. Wenn wir die Daten aus der Kosten- und Leistungsrechnung nehmen, lautet die ROI-Formel wie folgt:

$$\text{ROI} = \frac{\text{BE} + \text{Kal. Z}}{\text{U}} \times 100 \times \frac{\text{U}}{\text{Ø Betr. K}}$$

BE = Betriebsergebnis
Kal. Z = kalkulatorische Zinsen
U = Umsatz
Betr. K = Betriebsnotwendiges Kapital

Sobald eine aussagefähige Kosten- und Leistungsrechnung im Unternehmen eingeführt ist, sollten alle Daten aus dieser internen Rechnung eingesetzt werden, da diese Daten eine noch bessere betriebswirtschaftliche Analyse des Unternehmens mit Hilfe des ROI ermöglichen.

16.3 Finanzanalyse

Mit Hilfe der Finanzanalyse sollte die finanzielle Lage der Unternehmen untersucht werden. Die Beurteilung der Finanzlage der Unternehmen ist eine weitere Teilaufgabe des Jahresabschlusses (§ 264 Abs. 2 HGB). Die Bilanz gibt eine Finanzübersicht. Der geforderte Einblick in die Finanzlage eines Unternehmens wird aber nicht unmittelbar gewährt. Deshalb ist erst eine Aufbereitung des Zahlenmaterials erforderlich.

Die Finanzanalyse kann folgendermaßen durchgeführt werden:

1. **Statische Beurteilung**

   Die statische Beurteilung beruht auf der zeitpunktbezogenen Betrachtung der Bilanz. Es wird untersucht, wie die Beziehungen zwischen den Vermögenswerten und den Kapitalpositionen sind.

2. **Dynamische Betrachtung**

   Bei der dynamischen Betrachtung gehen wir zeitraumbezogen vor. Es werden die Bewegungen der Vermögens- und Kapitalpositionen während eines Jahres untersucht.

   Zur dynamischen Beurteilung der Unternehmen muß eine Kapitalflußrechnung (Bewegungsbilanz) erstellt werden, die aus zwei aufeinanderfolgenden Bilanzen entwickelt wird (Vgl. Kapitel 16.6). Zu der dynamischen Beurteilung gehört auch die Cash-Flow-Analyse (Vgl. Kapitel 16.4).

Die statischen Regeln müssen durch die dynamische Betrachtung ergänzt werden. Die statischen Grundsätze beziehen sich auf das Strukturbild der Bilanz an dem Stichtag des Bilanzabschlusses. Die dynamische Betrachtung umfaßt das ganze Geschäftsjahr und bezieht sich auf die Kapitalflußrechnung und auf den Cash-Flow.

Die statischen und die dynamischen Finanzanalysen werden auf freiwilliger Basis durchgeführt. In den Geschäftsberichten der großen Unternehmen erscheinen öfter als Ergänzung Kapitalflußrechnungen und Cash-Flow-Rechnungen. Für kleinere und mittlere Unternehmen muß die Finanzanalyse separat erstellt werden, um einen besseren Einblick in die Finanzlage der Unternehmen zu erhalten.

In der Bilanz sehen wir auf der Aktivseite das Vermögen, die Investitionen oder die Mittelverwendung. Der Passivseite sind das Kapital, die Finanzierung oder die Mittelherkunft zu entnehmen. Mit Hilfe der Analyse der Finanzstruktur werden die beiden Seiten der Bilanz analysiert.

Bilanz	
Aktivseite	Passivseite
Vermögen	Kapital
Investitionen	Finanzierung
Mittelverwendung	Mittelherkunft

Abb.: Überblick über die Inhalte der Bilanzseiten

Zwischen den Bestandteilen der beiden Bilanzseiten werden bei der Analyse der Finanzstruktur sinnvolle Beziehungen hergestellt und bestimmte Kennzahlen errechnet. Es geht insbesondere um folgende Beziehungen:

1. **Arten und Verwendung der Finanzierungsmittel**

   Arten der Finanzierung auf der Passivseite im Vergleich zur Verwendung in Vermögensgegenständen auf der Aktivseite

2. **Überlassungsdauer und Bindungsdauer**

   Überlassungsdauer der Finanzierungsmittel im Verhältnis zur Bindungsdauer der Investitionen

3. **Risiko und Risikoübernahme**

   Risiko des Kapitaleinsatzes im Vergleich zur Bereitschaft der Übernahme des Risikos durch die Kapitalgeber.

Bei der Finanzanalyse werden die Relationen zwischen der Vermögens- und Kapitalstruktur untersucht, um die Arten der Finanzierung, die zeitliche Übereinstimmung und die Risikoentsprechung genauer zu beurteilen.

Die kurzfristigen Überlegungen werden mit Hilfe der Liquiditätsanalyse untersucht. Die langfristigen Beziehungen berücksichtigen wir bei der Analyse der Deckungsrelationen.

Bei der Finanzierung der Unternehmen müssen die Finanzierungsregeln beachtet werden, um das finanzielle Gleichgewicht in den Unternehmen zu gewährleisten. Die Finanzierungsregeln sehen wie folgt aus:

Finanzierungsregeln

1. Vertikale Bilanzstruktur

1.1 Vertikale Vermögensstruktur

$$\frac{\text{Anlagevermögen}}{\text{Umlaufvermögen}} = \frac{1}{1}$$

1.2 Vertikale Kapitalstruktur

$$\frac{\text{Eigenkapital}}{\text{Fremdkapital}} = \frac{1}{1}$$

2. Horizontale Vermögens- und Kapitalstruktur

2.1 Goldene Bankregel

$$\frac{\text{Eigenkapital}}{\text{Anlagevermögen}} = \frac{1}{1}$$

2.2 Goldene Bilanzregeln

Enge Fassung $$\frac{\text{Eigenkapital}}{\text{Anlagevermögen}} = \frac{1}{1}$$

Weitere Fassung $$\frac{\text{Eigenkapital + langfr. Fremdkap.}}{\text{Anlagevermögen}} = \frac{1}{1}$$

Erweiterte Fassung $$\frac{\text{Eigenkapital + langfr. Fremdkap.}}{\text{Anlagevermögen + Vorräte}} = \frac{1}{1}$$

Abb.: Einzelne Finanzierungsregeln

Um eine Liquiditätsanalyse durchführen zu können, benötigen wir die Zahlen des Jahresabschlusses eines Unternehmens. Damit die Kennzahlen aussagefähiger sind, sollten mindestens zwei aufeinanderfolgende Jahresabschlüsse analysiert werden.

Bei dieser Analyse unterscheiden wir die statische und die dynamische Liquiditätsanalyse. Dafür werden die Daten von einem Zeitpunkt oder von einem Zeitraum herangezogen.

Die statische Liquiditätsanalyse bezieht sich auf einen bestimmten Zeitpunkt im Unternehmen. Wir verwenden die Daten aus den Bilanzen der Unternehmen. Dabei werden bestimmte Positionen der Vermögens- und der Kapitalseite genauer untersucht.

Das Ziel der Liquiditätsanalyse besteht darin, Schlußfolgerungen auf die Zahlungsfähigkeit der Unternehmen für die Zukunft zu ziehen. Es werden verschiedene bilanzierte Vermögenswerte den bilanzierten kurzfristigen Verbindlichkeiten (Schulden) gegenübergestellt.

Bei der statischen Liquiditätsanalyse unterscheiden wir eine kurz- und eine langfristige Analyse. Dabei kommt es darauf an, ob wir die Daten verwenden, die sich bereits einen Tag nach dem Jahresabschluß schnell verändern können oder nicht.

16.3.1 Kurzfristige Liquidität

Die kurzfristige Liquiditätsanalyse befaßt sich mit den Verhältnissen von flüssigen Mitteln, kurzfristigen Forderungen und Vorräten zu den kurzfristigen Verbindlichkeiten. Die einzelnen Liquiditätsgrade dienen dazu, die Liquidität des Unternehmens hinsichtlich der kurzfristigen Zahlungsverpflichtungen zu beurteilen.

Bei der kurzfristigen Liquiditätsanalyse können wir folgende Kennzahlen unterscheiden:

16.3.1.1 Liquidität 1. Grades

Bei der Liquidität 1. Grades werden die flüssigen Mittel ins Verhältnis zu den kurzfristigen Verbindlichkeiten gesetzt. Die Liquidität 1. Grades errechnen wir also wie folgt:

$$\text{Liquidität 1. Grades} = \frac{\text{Flüssige Mittel}}{\text{Kurzfr. Verbindlichkeiten}} \times 100$$

Zielvorgaben: 5 %–10 %

Die flüssigen Mittel umfassen:

- Kasse
- Bankguthaben
- Postgiroguthaben
- Schecks
- Diskontfähige Wechsel

Zu den kurzfristigen Verbindlichkeiten gehören:

- Verbindlichkeiten aus Lieferungen und Leistungen
- Kontokorrent-Kredit
- Kurzfristige Rückstellungen
- Erhaltene Anzahlungen
- Schuldwechsel
- Sonstige Verbindlichkeiten
- Bilanzgewinn, der ausgeschüttet wird

Die Liquidität 1. Grades sollte nicht höher als 5 %–10 % der kurzfristigen Verbindlichkeiten sein. Dabei ist zu berücksichtigen, daß die eingehenden flüssigen Mittel möglichst schnell zur Bezahlung der kurzfristigen Verbindlichkeiten verwendet werden sollten, um eine Skontierung der Lieferantenrechnungen vorzunehmen.

16.3.1.2 Liquidität 2. Grades

Die Liquidität 2. Grades ergibt sich wie folgt:

$$\text{Liquidität 2. Grades} = \frac{\text{Flüssige Mittel} + \text{Kurzfristige Forderungen}}{\text{Kurzfristige Verbindlichkeiten}} \times 100$$

Zielvorgabe: 100 %–120 %

Bei der Liquidität 2. Grades kommen zu den flüssigen Mitteln noch die kurzfristigen Forderungen hinzu. Dies sind meist nur die Forderungen aus Lieferungen und Leistungen.

Die Zielvorgabe für die Liquidität 2. Grades sollte 100 %–120 % betragen. Liegt die Kennzahl unter dieser Zielvorgabe, könnten im Unternehmen Probleme bei der Wertschöpfung bestehen oder verschiedene Produkte falsch kalkuliert sein. Es ist aber auch möglich, daß zu viele Halb- und Fertigfabrikate auf Lager liegen, weil sie noch nicht verkauft werden konnten.

16.3.1.3 Liquidität 3. Grades

Die Liquidität 3. Grades kann folgendermaßen errechnet werden:

$$\text{Liquidität 3. Grades} = \frac{\text{Flüssige Mittel} + \text{Kurzfristige Forderungen} + \text{Vorräte}}{\text{Kurzfristige Verbindlichkeiten}} \times 100$$

Zielvorgabe: 120 %–150 %

Die Liquidität 3. Grades berücksichtigt neben den flüssigen Mitteln und den kurzfristigen Forderungen auch noch die Vorräte im Zähler. Der Nenner bleibt bei allen Liquiditätsgraden (1–3) gleich.

Der Finanzmanager sollte versuchen, als Zielgröße 120 %–150 % anzustreben. Liegt das Ergebnis darunter, könnte es Probleme mit der Preisgestaltung im Unternehmen geben. Übersteigt die Liquidität 3. Grades 150 %, dann ist das Lager zu hoch und bindet zuviel Kapital.

16.3.1.4 Working-Capital

Das Working-Capital können wir wie folgt errechnen:

Umlaufvermögen
– kurzfristige Verbindlichkeiten

= Working-Capital

Zielvorgabe: Positives Ergebnis

Der Zähler bei der Liquidität 3. Grades stellt das Umlaufvermögen dar. Das Working-Capital ist also die Differenz aus dem Umlaufvermögen minus den kurzfristigen Verbindlichkeiten. Das Working-Capital sollte möglichst positiv sein.

Wenn das Working-Capital positiv ist, wird ein Teil des Umlaufvermögens mit langfristig zur Verfügung stehendem Kapital finanziert. Das langfristige Kapital setzt sich aus dem Eigenkapital und dem langfristigen Fremdkapital zusammen. Die Beurteilung der Liquidität und der Bonität der Unternehmen ist also mit Hilfe des Working-Capital möglich.

Die zukünftige Liquidität eines Unternehmens ist um so eher gesichert, je höher das Working-Capital ist. Die Liquidität wird besser beurteilt, wenn die Zahlungsverpflichtungen längerfristig sind.

Sollte das Working-Capital negativ sein, ist dieses Ergebnis ein Anzeichen dafür, daß ein Teil des Anlagevermögens kurzfristig finanziert wurde. Dadurch kann ein Unternehmen schnell in Liquiditätsschwierigkeiten kommen.

Das positive Working-Capital zeigt an, daß ein Teil des kurzfristigen Vermögens nicht zur Deckung der kurzfristigen Verbindlichkeiten erforderlich ist. Dieser Teil wird durch längerfristig gebundenes Kapital abgedeckt. Die Höhe des Working-Capital ist deshalb ein Ausdruck für die finanzielle Beweglichkeit der Unternehmen.

Bedeutung der Liquiditätsgrade

Die Aussagekraft der Liquiditätsgrade ist begrenzt, da die zu dieser Analyse verwendeten Daten sich jeweils nur auf einen einzigen Zeitpunkt am Jahresende beziehen. Vor und nach dem Jahresabschluß können die Zahlen wieder anders aussehen. Das hängt insbesondere davon ab, ob die Unternehmen bewußt die Bilanzoptik zum Jahresabschluß besser darstellen wollen oder nicht.

Die Liquiditätsgrade basieren auf den Daten aus der Bilanz. Die Zahlungsfähigkeit eines Unternehmens hängt aber noch von anderen Faktoren ab, die aus den einzelnen Finanzpositionen nicht einfach zu ersehen sind. Dazu gehören beispielsweise folgende Punkte:

1. Die aktiven und passiven Bilanzpositionen werden bewertet. Bei der Bewertung besteht ein erheblicher Ermessensspielraum.
2. Die zur Sicherheit übereigneten, verpfändeten oder abgetretenen Vermögenspositionen sind nicht immer ersichtlich.
3. Die Fälligkeiten der kurzfristigen Forderungen und Verbindlichkeiten sind bei der externen Analyse nicht bekannt.
4. Die in der Bilanz ausgewiesenen kurzfristigen Verbindlichkeiten umfassen nicht alle zu leistenden Ausgaben, z. B. Leasing-Raten.
5. Die Möglichkeiten zur Beschaffung und Verlängerung kurzfristiger Kredite sind nicht bekannt.
6. Die Liquiditätszahlen geben nur ein punktuelles Bild der Finanzlage des Unternehmens wieder, weil sie auf der Basis eines Jahresabschlusses erstellt werden.
7. Die Liquiditätsanalyse erfolgt regelmäßig zu spät für eine kurzfristige Beurteilung der Liquiditätslage der Unternehmen.

Die statischen Liquiditätskennzahlen ermöglichen nur eine begrenzte Aussage darüber, ob die Existenz des Unternehmens gesichert ist oder nicht. Die Liquidität muß aber ständig vorhanden sein. Eine kurzfristige Liquiditätskrise kann bereits den Bestand eines Unternehmens gefährden.

Die bestandsorientierte Liquiditätsrechnung muß durch eine stromgrößenorientierte Finanzplanung oder durch eine bewegungsorientierte Kapitalflußrechnung ergänzt werden, um einen besseren Einblick in die Finanzlage des Unternehmens zu erhalten.

16.3.2 Langfristige Liquidität

Bei der langfristigen Liquiditätsanalyse geht es um drei Deckungsrelationen, die auch Deckungsgrade genannt werden. Dabei werden bestimmte Positionen der Passivseite mit bestimmten Positionen der Aktivseite der Bilanz verglichen.

16.3.2.1 Deckungsgrad 1

Der Deckungsgrad 1 drückt aus, inwieweit das Anlagevermögen durch Eigenkapital gedeckt ist.

Die Formel lautet:

$$\text{Deckungsgrad 1} = \frac{\text{Eigenkapital}}{\text{Anlagevermögen}} \times 100$$

16.3.2.2 Deckungsgrad 2

Beim Deckungsgrad 2 wird untersucht, ob das Anlagevermögen durch das Eigenkapital und das langfristige Fremdkapital abgedeckt wird.

Die Formel lautet:

$$\text{Deckungsgrad 2} = \frac{\text{Eigenkapital} + \text{Langfristiges Fremdkapital}}{\text{Anlagevermögen}} \times 100$$

16.3.3.3 Deckungsgrad 3

Der Deckungsgrad 3 gibt Auskunft darüber, ob das Anlagevermögen und die Vorräte durch das Eigenkapital und das langfristige Fremdkapital finanziert werden oder nicht.

Die Formel lautet:

$$\text{Deckungsgrad 3} = \frac{\text{Eigenkapital} + \text{Langfristiges Fremdkapital}}{\text{Anlagevermögen} + \text{Vorräte}} \times 100$$

Bedeutung der langfristigen Liquidität

Bei der langfristigen Liquidität geht es um die strukturellen Zusammenhänge zwischen Kapitalbeschaffung und Kapitalverwendung. Die Deckungsgrade geben Auskunft darüber, ob die Finanzierungsregeln eingehalten werden oder nicht.

Die finanzielle Struktur des Unternehmens sollte so beschaffen sein, daß die Banken oder andere Fremdkapitalgeber das Unternehmen für kreditwürdig halten. Ist dies nicht mehr der Fall, könnte ein Teil des Fremdkapitals abgezogen werden oder zusätzlich erforderliches Fremdkapital nicht zur Verfügung gestellt werden. Die Folge wäre dann, daß das Unternehmen in seiner Existenz gefährdet wäre.

Wenn die Finanzierungsregeln eingehalten werden, können wir davon ausgehen, daß die langfristige Liquidität des Unternehmens gesichert ist. Allerdings muß berücksichtigt werden, ob es sich um anlage- oder umlaufvermögensintensive Unternehmen handelt. Deshalb müssen zur Analyse der Unternehmen neben den eigenen Kennzahlen auch Branchenkennzahlen herangezogen werden.

MERKE

Die Finanzierung ist ein dynamischer Prozeß, der durch laufende Einnahmen und Ausgaben beeinflußt wird. Die Aufgabe der Finanzierung besteht darin, zwischen den gegenläufigen Zahlungsströmen ein Gleichgewicht herzustellen und die Zahlungsfähigkeit der Unternehmen zu gewährleisten.

Die dynamischen Vorgänge werden allerdings durch statische Gesichtspunkte bewertet. Trotzdem sind die Grundsätze der Finanzierungsregeln wichtige Maßstäbe für die Beurteilung der Finanzierung der Unternehmen. Die Finanzierungsregeln haben sich in der Praxis bewährt, insbesondere wenn auch die Branchenkennzahlen herangezogen werden.

16.4 Cash-Flow-Analyse

Der Cash-Flow läßt erkennen, ob das Unternehmen die erforderlichen Finanzmittel aus eigener Kraft für die nötigen Investitionen zur Verfügung stellen kann. Die Innenfinanzierung ist identisch mit dem Cash-Flow, der ein Indikator für die Ertrags- und Finanzkraft eines Unternehmens ist.

Die Finanzkraft gibt Auskunft über das finanzielle Potential eines Unternehmens, das aus der erfolgreichen Tätigkeit in der Wirtschaft erwächst. Der Cash-Flow zeigt auf, welche finanziellen Mittel aus eigener Kraft erwirtschaftet werden (Innenfinanzierung). Da ein hoher Cash-Flow die Kreditwürdigkeit eines Unternehmens verbessert, hat das Unternehmen auch die Möglichkeit, zusätzliche Kredite am Geld- und Kapitalmarkt aufzunehmen, um weitere Investitionen zu finanzieren (Außenfinanzierung).

Der Cash-Flow ist eine wichtige Kennzahl für die Unternehmensleitung, da sie auch Auskunft über die Kreditfähigkeit und Kreditwürdigkeit des Unternehmens gibt. Diese finanzwirtschaftliche Kennzahl läßt die Finanzkraft eines Unternehmens erkennen. Die selbst erwirtschafteten Mittel stehen den Unternehmen frei zur Verfügung. Diese Mittel können beispielsweise für die Finanzierung von Investitionen, für die Schuldentilgung und für die Gewinnausschüttung verwendet werden. Je höher der Cash-Flow ist, desto positiver ist also die Liquiditätslage des Unternehmens zu beurteilen.

Der Cash-Flow ist auch ein Indikator für die Verschuldungsfähigkeit eines Unternehmens. Die einzelnen Verbindlichkeiten des Unternehmens können nur durch selbst erwirtschaftete Mittel getilgt werden. Der dynamische Verschuldungsgrad ist ein Maßstab für die Möglichkeiten zur Schuldentilgung. Die gesamte Verschuldung eines Unternehmens sollte das 3,5fache des durchschnittlichen Cash-Flow nicht überschreiten.

Der dynamische Verschuldungsgrad wird wie folgt errechnet:

$$\text{Dynamischer Verschuldungsgrad} = \frac{\text{Fremdkapital}}{\text{Cash-Flow}} \times 100$$

Der dynamische Verschuldungsgrad wird auch als Entschuldungskraft eines Unternehmens bezeichnet. Diese Kennzahl ist ein Indikator für die Entschuldungskraft des Unternehmens, da die Schulden letztendlich nur aus dem Cash-Flow getilgt werden können.

Die Methoden zur Berechnung des Cash-Flow sehen wie folgt aus:

1. Direkte Ermittlung
2. Indirekte Ermittlung

16.4.1 Direkte Ermittlung

Bei der direkten Ermittlung ist der Cash-Flow der Teil des Einnahmestroms einer Periode, der dem Unternehmen nach Abzug aller Ausgaben dieser Periode zur Verfügung steht. Die zahlungsbegleiteten Erträge (Einnahmen) umfassen beispielsweise die Umsatzerlöse und die Zinsen für Festgelder. Zu den zahlungsbegleiteten Aufwendungen (Ausgaben) gehören zum Beispiel die Löhne und Gehälter, die Fremdkapitalzinsen und der Materialverbrauch.

In der GuV werden von den Erträgen die Aufwendungen abgezogen, um den Jahresüberschuß (Gewinn) zu erhalten. Einige Erträge sind nicht zahlungsbegleitet (finanzwirksam) wie z. B. die Erhöhung der Bestände an fertigen und unfertigen Erzeugnissen. Auch nicht alle Aufwendungen sind zahlungsbegleitet. Dazu gehören die Abschreibungen und die Rückstellungen. Der Cash-Flow ergibt sich also aus der Differenz der zahlungsbegleiteten Erträge (Einnahmen) minus der zahlungsbegleiteten Aufwendungen (Ausgaben).

Direkte Ermittlung

  Zahlungsbegleitete Erträge (Einnahmen)
  z. B.: Umsatzerlöse, Zinsen
– Zahlungsbegleitete Aufwendungen (Ausgaben)
  z. B.: Löhne, Gehälter, Fremdkapitalzinsen, Materialverbrauch

---

= Cash-Flow

Abb.: Direkte Ermittlung des Cash-Flow

16.4.2 Indirekte Ermittlung

Der Cash-Flow kann auch indirekt ermittelt werden. Wir zählen dann zum Gewinn die nicht zahlungsbegleiteten Aufwendungen dazu. Die Abschreibungen und die Bildung von Rückstellungen sind beispielsweise nicht zahlungsbegleitete Aufwendungen. Außerdem müssen die nicht zahlungsbegleiteten Erträge abgezogen werden. Zu diesen Erträgen gehören die Bestandserhöhungen an Halb- und Fertigfabrikaten, die aktivierten Eigenleistungen sowie die Auflösung von Rückstellungen.

Indirekte Ermittlung

  Gewinn (Jahresüberschuß), Verlust (Jahresfehlbetrag)
\+ Nicht zahlungsbegleitete Aufwendungen
  z. B.: Abschreibungen, Bildung von Rückstellungen
– Nicht zahlungsbegleitete Erträge
  z. B.: Bestandserhöhung an Halb- und Fertigfabrikaten, aktivierte Eigenleistungen, Auflösung von Rückstellungen

= Cash-Flow

Abb.: Indirekte Ermittlung des Cash-Flow

Die detaillierte und auf den Produktions- und Umsatzprozeß bezogene Errechnung des Cash-Flow bei einer AG erfolgt folgendermaßen:

1\. **Bilanzgewinn/Bilanzverluste**

2\. + **Nichtzahlungsbegleitete Aufwendungen, Rücklagen, Gewinnvortrag**

Einstellung in die Rücklagen, Erhöhung des Gewinnvortrags, Abschreibungen auf das Anlagevermögen, Erhöhung von Wertberichtigungen, Erhöhung der Sonderposten mit Rücklageanteil, Erhöhung der Rückstellungen, Bestandsminderung an fertigen und unfertigen Erzeugnissen, periodenfremde Aufwendungen, betriebsfremde Aufwendungen, außerordentliche Aufwendungen.

3\. – **Nichtzahlungsbegleitete Erträge, Rücklagen, Gewinnvortrag**

Entnahme aus Rücklagen, Minderung des Gewinnvortrages, Zuschreibungen, Auflösungen von Wertberichtigungen, Minderungen der Sonderposten mit Rücklagenanteil, Auflösung der Rückstellungen, Bestandserhöhungen an fertigen und unfertigen Erzeugnissen, aktivierte Eigenleistungen, periodenfremde Erträge, betriebsfremde Erträge, außerordentliche Erträge

4\. = **Cash-Flow**

Abb.: Detaillierte Errechnung des Cash-Flow bei einer AG

MERKE

Da die Eigenkapitalquote in vielen Unternehmen rückläufig ist, spielt der Cash-Flow für die Beurteilung der Kreditwürdigkeit der Unternehmen eine immer größere Rolle. Die Banken überprüfen, ob die Unternehmen insbesondere bei zunehmendem Verschuldungsgrad einen ausreichenden Cash-Flow erwirtschaften, um die Zinsen und Tilgungen zahlen zu können. Der Cash-Flow übernimmt zum Teil die Haftungsfunktion des Eigenkapitals.

Die dynamische Verschuldungsregel besagt, daß die Gesamtverschuldung (Fremdkapital) eines Unternehmens das 3,5fache des Cash-Flow nicht überschreiten sollte. Wenn diese Regel in der Praxis nicht eingehalten wird, beeinflußt diese Tatsache die Beurteilung der Kreditwürdigkeit der Unternehmen negativ.

Der Cash-Flow ist also eine bessere Maßgröße als der Gewinn für die Beurteilung der Unternehmen. Er gibt Auskunft über die Ertrags- und Finanzkraft der Unternehmen.

16.5 Wertschöpfungs-Analyse

Die Wertschöpfungsrechnung ist ein Instrument der erfolgswirtschaftlichen Bilanzanalyse. Die Grundlage der Wertschöpfungsrechnung ist die GuV in Form des Gesamtkostenverfahrens. Alle Erträge und Aufwendungen werden bei der Wertschöpfungsrechnung verwendet. Die ermittelte Wertschöpfung stellt gegenüber den kapitalorientierten Erfolgsgrößen (Eigenkapital-Rentabilität, Gesamtkapital-Rentabilität) eine erweiterte und umfassendere Erfolgsgröße dar.

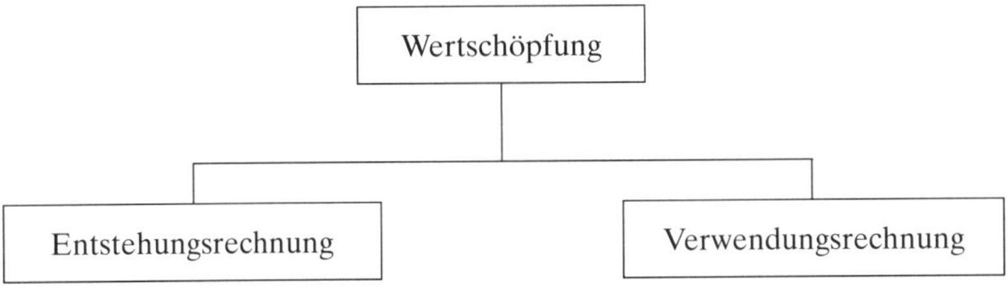

Abb.: Entstehungs- und Verwendungsrechnung der Wertschöpfung

Bei der Wertschöpfungs-Analyse unterscheiden wir die Entstehungs- und die Verwendungsrechnung.

16.5.1 Entstehungsrechnung

Die Ausgangsgröße für die Errechnung der Wertschöpfung ist der Produktionswert. Er setzt sich aus den Umsatzerlösen, aus den Bestandsveränderungen an fertigen und unfertigen Erzeugnissen und aus den aktivierten Eigenleistungen sowie aus den sonstigen betrieblichen Erträgen zusammen.

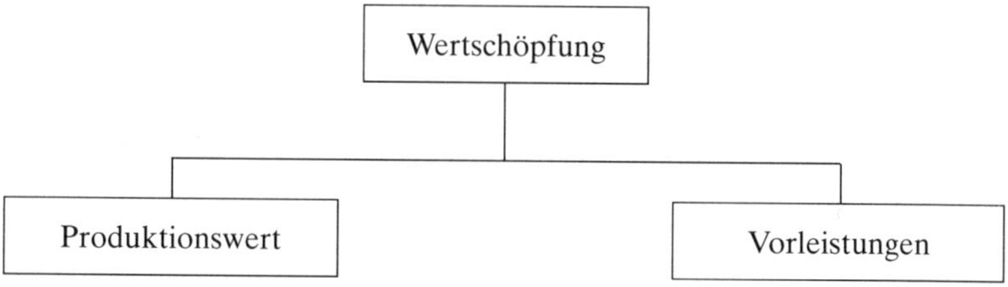

Abb.: Bestandteile der Entstehungsrechnung bei der Wertschöpfung

	Umsatzerlöse
+	Bestandsveränderungen an fertigen und unfertigen Erzeugnissen
+	Aktivierte Eigenleistungen
=	Gesamtleistung
+	Sonstige betriebliche Erträge
=	Produktionswert

Abb.: Zusammensetzung des Produktionswertes

Von dem Produktionswert ziehen wir die Vorleistungen ab und erhalten die Wertschöpfung. Die Vorleistungen umfassen den Materialaufwand (Aufwendungen für Roh-, Hilfs- und Betriebsstoffe), die Abschreibungen und die sonstigen betrieblichen Aufwendungen. Die Vorleistungen beinhalten also Produkte und Leistungen, bei denen die Wertschöpfung von den Lieferanten erzielt wurde.

	Materialaufwand
+	Abschreibungen
+	Sonstige betriebliche Aufwendungen
=	Vorleistungen

Abb.: Zusammensetzung der Vorleistungen

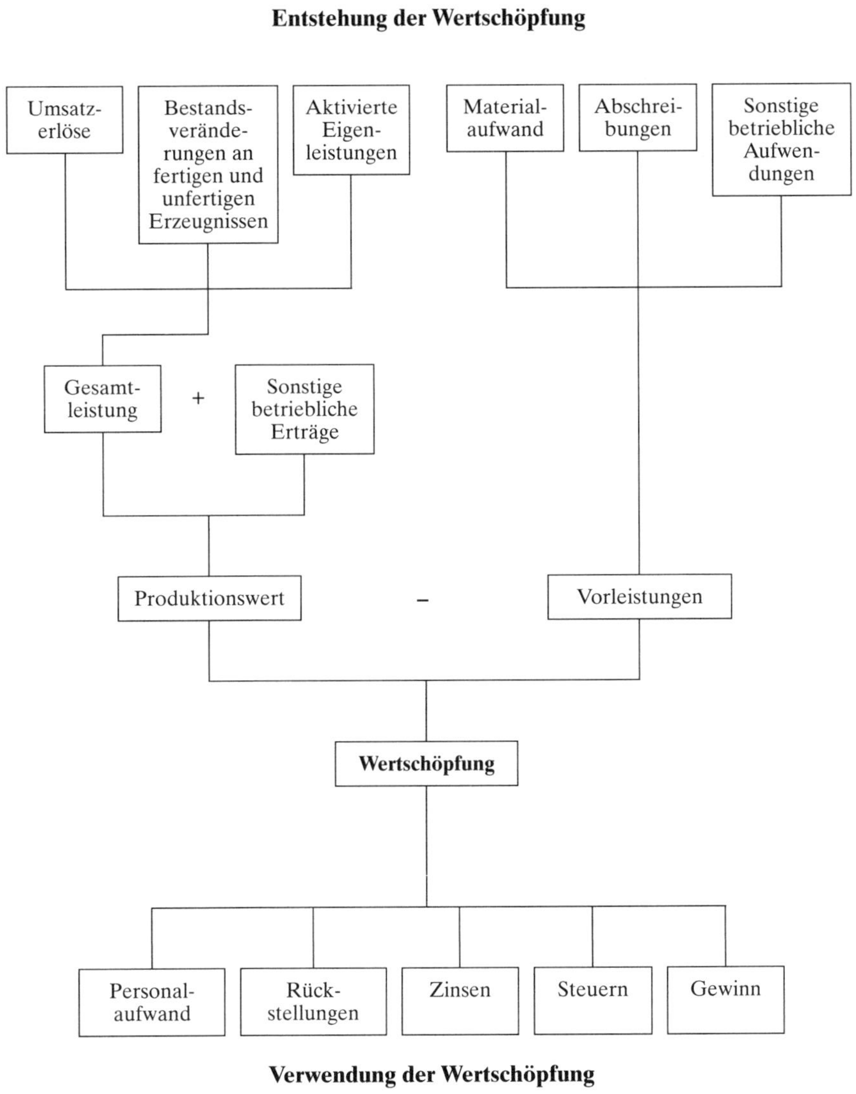

Abb.: Entstehung und Verwendung der Wertschöpfung

Die Wertschöpfung ist also die Differenz aus dem Produktionswert minus den Vorleistungen.

  Produktionswert
– Vorleistungen

= Wertschöpfung

16.5.2 Verwendungsrechnung

Bei der Verwendungsrechnung werden bestimmte Positionen der GuV gesondert erfaßt. In der folgenden Aufstellung sind die Positionen aufgeführt, die in einer Verwendungsrechnung herausgestellt werden sollten:

Verwendungsrechnung		
	DM	%
Personalaufwand Rückstellungen Zinsen Steuern Gewinn		
Wertschöpfung		100

Abb.: Zusammensetzung der Verwendungsrechnung der Wertschöpfung

Der Personalaufwand schließt die Löhne und Gehälter sowie die sozialen Abgaben und Aufwendungen für die Altersversorgung ein. Die Rückstellungen umfassen die Pensionsrückstellungen, die Steuerrückstellungen und die sonstigen Rückstellungen, die separat errechnet werden müssen. Die Zinsen enthalten alle Zinsen und ähnliche Aufwendungen. Zu den Steuern gehören die Steuern vom Einkommen und vom Ertrag sowie die sonstigen Steuern. Der Gewinn umfaßt den Jahresüberschuß einschließlich der Rücklagen.

Bei der Verwendungsrechnung sollten neben den Beträgen auch die Prozentsätze aufgeführt werden. Die Wertschöpfung ist die Basis und wird als 100 % angegeben. Dann wird beispielsweise ersichtlich, daß der Personalaufwand (Löhne und Gehälter) 80 % der Wertschöpfung ausmacht. Wenn für den Personalaufwand bereits 80 % der Wertschöpfung verteilt wird, bleibt für die anderen Positionen insgesamt nur noch 20 % übrig.

Die Ergebnisse der Verwendungsrechnung lassen sich anhand der Prozentsätze einfach analysieren. Ein Anteil von 80 % für Löhne und Gehälter läßt darauf schließen, daß der Personalaufwand in dem Unternehmen zu hoch ist, daß die Produktivität im Unternehmen zu niedrig ist oder daß die am Markt zu erzielenden Preise für die Produkte zu niedrig sind. Es sollte überlegt werden, ob nicht in Zukunft die arbeitsintensiven Produkte besser im Ausland produziert werden, wo wesentlich niedrigere Löhne bezahlt werden müssen.

Der Personalaufwand gibt an, welchen Anteil die Mitarbeiter an der Wertschöpfung haben. Die Rückstellungen geben Aufschluß darüber, welche Risikovorsorgungen getroffen wurden. Die Zinsen stellen den Anteil der Banken an der Wertschöpfung dar. Die Steuern deuten darauf hin, welchen Anteil der Staat am Unternehmen hat. Der Gewinn ist die Restgröße, die für die Gesellschafter des Unternehmens übrig bleibt. Die genaue Analyse der Verwendungsrechnung ist also sehr aufschlußreich für die Unternehmensleitung und die Führungskräfte eines Unternehmens.

MERKE

Die Verwendungsrechnung der Wertschöpfung gibt Aufschluß über die Verteilung der im Unternehmen erzielten Einkommen. Die Wertschöpfung ermöglicht auch eine Beurteilung der Produktivität des Unternehmens. Wenn wir die Verwendung der Wertschöpfung analysieren, erkennen wir, daß die Wertschöpfung auch ein Maßstab für die Leistungskraft eines Unternehmens ist.

16.6 Kapitalflußrechnung

Nicht nur in wirtschaftlich schwierigen Phasen benötigen Unternehmen genauere finanzielle Informationen, um ihre Betriebe besser steuern zu können. Die Transparenz der innerbetrieblichen Vorgänge muß erhöht werden. Ein Unternehmer sollte beispielsweise wissen, welche Auswirkung die Erhöhung der Forderungen aus Lieferungen und Leistungen auf die Finanzierung seines Unternehmens hat. Besondere Berechnungen sind erforderlich, um einen besseren Einblick in die Finanzströme eines Unternehmens zu erhalten.

16.6.1 Wesen

Die finanzwirtschaftlichen Vorgänge im Unternehmen müssen transparenter gemacht werden. Deshalb sollte auch die Kapitalflußrechnung ein Teil des Management-Informations-Systems eines Unternehmens darstellen.

Für die finanzwirtschaftliche Beurteilung eines Unternehmens sind die von dem Unternehmen selbst erwirtschafteten und die ihm von außen zugeflossenen Finanzierungsmittel von entscheidender Bedeutung. Hierüber gibt der Jahresabschluß (Bilanz sowie Gewinn- und Verlustrechnung) nur unzureichende Informationen.

Die Kapitalflußrechnung ist eine Zeitraumrechnung, in der im Gegensatz zur zeitpunktbezogenen Bilanz nicht Bestände an Vermögen und Kapital, sondern Bestandsveränderungen bzw. die Bewegungen der einzelnen Bilanzpositionen ausgewiesen werden.

In der Gewinn- und Verlustrechnung, die ebenfalls eine Zeitraumrechnung ist, werden nur erfolgswirksame Vorgänge erfaßt. Die Kapitalflußrechnung dagegen ermittelt in erster Linie die finanzwirksamen Bewegungen, da die Auswahl der Vorgänge nach anderen Gesichtspunkten erfolgt. Die Verwendung und die Herkunft der finanziellen Mittel werden also in der Kapitalflußrechnung offengelegt.

16.6.2 Begriffe

Die Kapitalflußrechnung ist eine zeitraumbezogene Bewegungsrechnung. In der Literatur und in der Praxis gibt es noch andere Bezeichnungen. Diese Begriffe beziehen sich teilweise auch auf spezielle Formen der Kapitalflußrechnung.

Für die Kapitalflußrechnung werden noch folgende Bezeichnungen verwendet:

- Bewegungsbilanz
- Finanzierungsrechnung
- Finanzflußrechnung
- Zeitraumbilanz
- Fonds-Rechnung
- Funds-Statement

Die Kapitalflußrechnung kann intern und extern erstellt werden. Die Ergebnisse der Kapitalflußrechnung sind deshalb innerhalb und außerhalb der Unternehmen von großer Bedeutung, da sie einen zusätzlichen Einblick in das Finanzgebaren der Unternehmen gewähren. Außerdem kann sich die Kapitalflußrechnung auf vergangene und zukünftige Geschäftsjahre richten. Wir sprechen dann auch von einer retrospektiven und einer prospektiven Kapitalflußrechnung.

Die Kapitalflußrechnung kann sich nur auf die Bewegungen der einzelnen Bilanzpositionen beschränken (Beständedifferenzbilanz). Zusätzliche Informationen erhalten wir, wenn auch einige Positionen der GuV in die Kapitalflußrechnung einbezogen werden (erweiterte Kapitalflußrechnung).

16.6.3 Aufgaben

Die Kapitalflußrechnung gibt Auskunft über die Mittelherkunft und die Mittelverwendung, die nach besonderen Gesichtspunkten gegliedert werden. Mit Hilfe der

Kapitalflußrechnung können die Gründe für die Veränderungen in den Vermögens- und Kapitalbereichen offengelegt werden. Außerdem läßt sich die Entwicklung der Liquidität genauer nachweisen.

Die Aufgaben der Kapitalflußrechnung bestehen also darin, zusätzlich zur Bilanz sowie zur Gewinn- und Verlustrechnung in einer gesonderten Darstellung ergänzende Aussagen über Investitions- und Finanzierungsvorgänge sowie über die Entwicklung der finanziellen Lage eines Unternehmens zu machen, die aus dem Jahresabschluß selbst nicht oder nur mittelbar entnommen werden können. Zu diesem Zweck werden die finanzwirksamen Vorgänge nach bestimmten Gesichtspunkten aufgegliedert.

16.6.4 Erstellen der Kapitalflußrechnung

Bei der Erstellung der Kapitalflußrechnung sollten wir schrittweise vorgehen. Zuerst muß eine Beständedifferenzbilanz, anschließend eine Veränderungsbilanz und schließlich eine erweiterte Kapitalflußrechnung aufgebaut werden.

16.6.4.1 Beständedifferenzbilanz

Die einfachste Form einer Zeitraumrechnung, die auf einem Vergleich von Bilanzbeständen beruht, ist die Beständedifferenzbilanz, die die Grundlage für die Erstellung der Kapitalflußrechnung bildet. Sie wird durch die Saldierung der Bestände zweier aufeinanderfolgender Zeitpunktbilanzen ermittelt.

Die sich ergebenden Differenzen bilden die Beständedifferenzbilanz. Die positiven Beträge sind Bestandsmehrungen und die negativen Beträge bedeuten Bestandsminderungen. Bei der Beständedifferenzbilanz ergibt sich auf beiden Seiten der Bilanz die gleiche Summe.

Eine Beständedifferenzbilanz wird anhand der Werte der folgenden Bilanzen eines Unternehmens erarbeitet. Die Gewinn- und Verlustrechnungen können ebenfalls der folgenden Abbildung entnommen werden:

Bilanzen

Aktiva	TDM 1991	TDM 1992	Passiva	TDM 1991	TDM 1992
I. Anlagevermögen			**I. Grundkapital**	600	600
1. Sachanlagen	400	500	**II. Rücklagen**	200	200
2. Finanzanlagen	300	300	**III. Rückstellungen**	100	150
II. Umlaufvermögen			**IV. Verbindlichkeiten mit einer Laufzeit von mindestens 5 Jahren**	200	330
1. Vorräte					
1.1 Roh-, Hilfs- und Betriebsstoffe	150	190	**V. Sonstige Verbindlichkeiten**	120	70
1.2 Fertigerzeugnisse	130	130	**VI. Bilanzgewinn**	130	90
2. Andere Gegenstände des Umlaufvermögens					
2.1 Forderungen aus Lieferungen und Leistungen	50	90			
2.2 Kassenbestand	200	250			
2.3 Guthaben bei Bank	120	80			
Bilanzsumme	1.350	1.440	**Bilanzsumme**	1.350	1.440

Abb.: Bilanzen eines Unternehmens in den Jahren 1991 und 1992

Gewinn- und Verlustrechnungen

	1991 (TDM)	1992 (TDM)
1. Umsatzerlöse	2.600	3.000
2. Aufwendungen für Roh-, Hilfs- und Betriebsstoffe	1.200	1.550
3. Rohertrag	1.400	1.450
4. Erträge aus Beteiligungen	36	56
5. Löhne und Gehälter	1.000	1.100
6. Abschreibungen auf Sachanlagen	200	180
7. Rückstellungen	–	50
8. Zinsaufwendungen	36	55
9. Steuern	50	20
10. Sonstige Aufwendungen	20	10
11. Jahresüberschuß	130	90
12. Einstellung in Rücklagen	–	–
13. Bilanzgewinn	130	90

Abb.: Gewinn- und Verlustrechnungen eines Unternehmens in den Jahren 1991 und 1992

Bei der Erstellung der Beständedifferenzbilanz müssen alle Differenzen mit einem Plus oder Minus (–Zeichen) versehen werden. Auf der Aktivseite bedeuten alle A + eine Aktivzunahme und alle A – eine Aktivabnahme. Wenn man die Passivseite betrachtet, dann ergeben P + eine Passivzunahme und P – eine Passivabnahme.

Aktiva	TDM	**Passiva**	TDM
Anlagevermögen		Grundkapital	–
Sachanlagen	+ 100	Rücklagen	–
Finanzanlagen	–	Rückstellungen	+ 50
Umlaufvermögen		Langfristige Verbindlichkeiten	+ 130
Roh-, Hilfs- und Betriebsstoffe	+ 40	Sonstige Verbindlichkeiten	+ 50
Fertigerzeugnisse	–	Bilanzgewinn	– 40
Forderungen	+ 40		
Kasse	– 50		
Banken	– 40		
Summe	+ 90	Summe	+ 90

Abb.: Beständedifferenzbilanz

16.6.4.2 Veränderungsbilanz

Wenn die negativen Werte auf der Aktivseite und Passivseite durch Übertragung auf die jeweils andere Seite der Beständedifferenzbilanz zum Ausgleich gebracht werden, erhalten wir die Veränderungsbilanz.

Für die Veränderungsbilanz gilt folgende Formel der Bilanzgleichung:

Mittelverwendung		**Mittelherkunft**	
Aktivzunahme	A +	Passivzunahme	P +
Passivabnahme	P –	Aktivabnahme	A –
Summe		Summe	

In der Veränderungsbilanz werden die Begriffspaare Mittelverwendung und Mittelherkunft verwendet. Aus dieser Aufstellung können wir die Bewegungen der finanzwirtschaftlichen Vorgänge des Unternehmens innerhalb eines Geschäftsjahres erkennen. Diese Darstellung läßt eine Analyse des Finanzgebarens eines Unternehmens zu. Die Entwicklung der kurz- und langfristigen Liquidität kann dann besser beurteilt werden.

Die folgende Abbildung zeigt die Veränderungsbilanz. Auch bei der Veränderungsbilanz müssen die Summen auf beiden Seiten wieder gleich sein.

Mittelverwendung	TDM	**Mittelherkunft**	TDM
Aktivzunahme		Passivzunahme	
Sachanlagen	+ 100	Rückstellungen	+ 50
Roh-, Hilfs- und Betriebsstoffe	+ 40	Langfristige Verbindlichkeiten	+ 130
Forderungen	+ 40	Aktivabnahme	
Passivabnahme		Kasse	+ 50
Sonstige Verbindlichkeiten	+ 50	Banken	+ 40
Bilanzgewinn	+ 40		
Summe	+ 270	Summe	+ 270

Abb.: Veränderungsbilanz

Auf der Mittelherkunftseite werden die Finanzierungsarten aufgezeigt. Sie können in Außen- und Innenfinanzierung oder in Eigen- und Fremdfinanzierung unterteilt werden.

Kapitalflußrechnung				
in Mio DM				1991
Jahresüberschuß			+	783
Abschreibungen und Abgänge von				
Immateriellen Vermögensgegenständen und Sachanlagen			+	1.902
Erhöhung der Rückstellungen für Pensionen			+	146
Innenfinanzierung (Cash-flow)			**+**	**2.831**
Erhöhung des eingezahlten Kapitals			+	24
Erhöhung der Verbindlichkeiten aus Absatzfinanzierung			+	1.230
Erhöhung der Bankverbindlichkeiten			+	342
Erhöhung der anderen Verbindlichkeiten			+	208
Außenfinanzierung			**+**	**1.804**
Zugänge zu immateriellen Vermögensgegenständen				
und Sachanlagen			–	2.123
Verminderung der Finanzanlagen			+	180
Erhöung der Vermögensgegenstände				
aus Absatzfinanzierung			–	1.772
Erhöung der Vorräte			–	454
Erhöhung der Forderungen aus				
Lieferungen und Leistungen			–	346
Veränderung sonstiger Bilanzpositionen			–	85
Mittelverwendung			**–**	**4.600**
Veränderung der liquiden Mittel			**+**	**35**
Entwicklung der liquiden Mittel	31. 12. 1991	31. 12. 1990		
Wertpapiere und Schuldscheine	2 293	2 138	+	155
Flüssige Mittel	2 086	2 206	–	120
	4 379	**4 344**	**+**	**35**

Abb.: Kapitalflußrechnung der BMW AG für das Geschäftsjahr 1991

Die Veränderungsbilanz kann als Kapitalflußrechnung auch etwas anders aufgebaut sein. In der vorhergehenden Abbildung ist die Kapitalflußrechnung der BMW AG für das Geschäftsjahr 1991 dargestellt.

16.6.4.3 Erweiterte Kapitalflußrechnung

Entscheidend für die Aussagekraft der Kapitalflußrechnung ist ihre Gliederung. Zielsetzung dieser Rechnung ist die Darstellung und Analyse der finanzwirtschaftlichen Vorgänge eines Unternehmens innerhalb eines bestimmten Geschäftsjahres. Die Gliederung der Kapitalflußrechnung muß klare Aussagen über das Finanzgebaren des Unternehmens ermöglichen. Auf die Beurteilung der Liquiditätsentwicklung muß ebenfalls abgestellt werden.

Zur Verbesserung der Aussagefähigkeit der Kapitalflußrechnung können wir folgende Gliederung verwenden:

- **Mittelherkunft**
  - Eigenkapital-Zunahme
  - Cash-Flow
  - Betriebsmittel-Abnahme
  - Schuldenaufnahme
  - Minderung liquider Mittel
- **Mittelverwendung**
  - Eigenkapital-Abnahme
  - Investitionen
  - Betriebsmittel-Zunahme
  - Schuldtilgung
  - Erhöhung liquider Mittel

Bei der erweiterten Gliederung der Kapitalflußrechnung müssen folgende Ergänzungen vorgenommen werden, die der Gewinn- und Verlustrechnung entnommen werden können:

- **Mittelherkunft**

① Aufnahme des Gewinns des Geschäftsjahres.
② Aufnahme der Abschreibungen des Geschäftsjahres.

- **Mittelverwendung**

① Aufnahme des Gewinns des Vorjahres.
② Aufnahme der Abschreibungen (Brutto-Investitionen) des Geschäftsjahres.

Nach Einbeziehung des Gewinns des laufenden Geschäftsjahres und des Vorjahres sowie der Abschreibungen dieses Geschäftsjahres sieht das Schema der erweiterten Kapitalflußrechnung wie in der folgenden Abbildung aus.

Mittelverwendung	Mittelherkunft
1. Eigenkapital-Abnahme Gewinnausschüttung Kapitalentnahme Bilanzverlust	**1. Eigenkapital-Zunahme** Erhöhung des Grundkapitals
2. Investitionen Sachanlagen Netto + Abschreibungen = Sachanlagen Brutto Finanzanlagen Netto + Abschreibungen = Finanzanlagen Brutto	**2. Cash-flow** Gewinn dieses Jahres Abschreibungen Erhöhung der Rückstellungen
3. Betriebsmittel-Zunahme Erhöhung der Vorräte Zunahme der Forderung	**3. Betriebsmittel-Abnahme** Verringerung der Vorräte Reduzierung der Forderungen
4. Schuldentilgung Reduzierung der Verbindlichkeiten	**4. Schuldenaufnahme** Erhöhung der Verbindlichkeiten
5. Erhöhung liquider Mittel Zunahme des Kassenbestandes	**5. Minderung liquider Mittel** Reduzierung der Bankguthaben
Summe	Summe

Abb.: Erweiterte Kapitalflußrechnung

Die erweiterte Kapitalflußrechnung, nach Verwendungs- und Finanzierungsarten gegliedert, – mit den Beispieldaten der Veränderungsbilanz – ergänzt um die Gewinne des Geschäftsjahres und des Vorjahres sowie um die Abschreibungen dieses Geschäftsjahres sieht wie folgt aus:

Mittelverwendung	TDM	**Mittelherkunft**	TDM
1. Eigenkapital-Minderung		**1. Eigenkapital-Erhöhung**	
Gewinn des Vorjahres	130		–
2. Investitionen		**2. Cash-flow**	
Sachanlagen	100	Gewinn dieses Jahres	90
+ Abschreibungen	180	+ Abschreibungen	180
= Sachanlagen Brutto	280	+ Rückstellungen	50
		= Summe	320
3. Betriebsmittel-Zunahme		**3. Betriebsmittel-Abnahme**	–
Roh-, Hilfs- und Betriebsstoffe	40		
Forderungen	40		
4. Schuldentilgung		**4. Schuldenaufnahme**	
Sonstige Verbindlichkeiten	40	Langfristige Verbindlichkeiten	130
5. Erhöhung liquider Mittel	–	**5. Minderung liquider Mittel**	
		Kasse	50
		Banken	40
Summe	540	Summe	540

Abb.: Erweiterte Kapitalflußrechnung des Jahres 1992

16.6.5 Zusammenfassung

Die Kapitalflußrechnung ist eine Zeitraumrechnung, aus der die Bewegungen der einzelnen Bilanzpositionen während des Geschäftsjahres zu ersehen sind. Die Erstellung der Kapitalflußrechnung sollten wir schrittweise vornehmen. Zuerst wird die Beständedifferenzbilanz erarbeitet. Dann folgt die Veränderungsbilanz. Zusätzliche Informationen liefert die erweiterte Kapitalflußrechnung, die aus der Gewinn- und Verlustrechnung noch den Gewinn des Geschäftsjahres und des Vorjahres sowie die Abschreibungen des Geschäftsjahres mit einbezieht.

Bei der erweiterten Kapitalflußrechnung können die Vorgänge im Bereich der Investitionen und der Finanzierung des Unternehmens zum Ausdruck gebracht werden, die aus der Bilanz und aus der Gewinn- und Verlustrechnung nicht ersichtlich sind. Deshalb ist die Kapitalflußrechnung eine zusätzliche Informationsquelle zum Jahresabschluß und ermöglicht den besseren Einblick in die dynamische Liquidität des Unternehmens.

Die Kapitalflußrechnung bringt folgende zusätzliche Erkenntnisse:
① Bessere Aussage über das Finanzgebaren des Unternehmens.
② Genauerer Einblick in die Investitions- und Finanzierungsvorgänge.
③ Schnellerer Überblick über die Innen- und Außenfinanzierung sowie über die Eigen- und Fremdfinanzierung.
④ Besserer Überblick über die Fristigkeit der Finanzierungsmittel bezüglich Herkunft und Bindungsdauer.

MERKE

Bei der Kapitalflußrechnung (Bewegungsbilanz) werden die Mittelverwendung und die Mittelherkunft einander gegenüber gestellt. Nur auf diese Weise können die Veränderungen der Bilanzpositionen innerhalb eines Geschäftsjahres deutlich aufgezeigt werden.

Zur Erstellung der Kapitalflußrechnung benötigen wir zwei aufeinanderfolgende Bilanzen. Die Einzelbilanzen stellen Zeitpunktrechnungen dar. Der Jahresabschluß (Bilanz, Gewinn- und Verlustrechnung) gibt nur unzureichende Auskunft über die finanzwirtschaftlichen Vorgänge, die sich während des Geschäftsjahres ereignen. Deshalb ist es erforderlich, die Kapitalflußrechnung aufzubauen, um einen besseren Einblick in die Verhältnisse zu erhalten.

16.7 Aktien-Analyse

Zu den Instrumenten der Erfolgsanalyse gehört auch die Aktien-Analyse. Der Gewinn je Aktie und das Kurs-Gewinn-Verhältnis beispielsweise sind wichtige Kennzahlen, die von Kapitalanlegern und von professionellen Anlageberatern verwendet werden, um die an der Börse notierten Unternehmen zu vergleichen und um die Aktienkurse besser beurteilen zu können.

Die Ertragskraft der Unternehmen haben wir bisher anhand der Fakten aus dem Jahresabschluß ermittelt. In einigen Positionen der Bilanz sind stille Reserven enthalten, die zu einem zu niedrigen Vermögens- und Kapitalausweis führen. Auch der Erfolgsausweis wird dadurch beeinflußt. Außerdem ist zu berücksichtigen, daß nicht alle Fakten quantifiziert werden können, die die Ertragskraft eines Unternehmens bestimmen. Die gute Vertriebsmannschaft, das attraktive Produktionsprogramm, das Know-How oder die Qualität der Unternehmensleitung gehören zu den qualitativen Merkmalen eines Unternehmens, die den Firmenwert eines Unternehmens erhöhen. Diese qualitativen Faktoren können die zukünftige Ertragskraft eines Unternehmens wesentlich beeinflussen.

Die Aktiengesellschaften werden an der Börse regelmäßig beurteilt. Die zukünftigen Gewinnchancen bestimmen vor allem den Börsenkurs der Aktien. Die Nachfrage und damit die Kurse steigen bei Unternehmen, die stille Reserven haben und die von Kapitalanlegern wegen ihrer Ertragskraft gut beurteilt werden. Deshalb ist es lohnend, bestimmte Kennzahlen von Unternehmen genauer zu analysieren, die an der Börse notiert werden.

16.7.1 Gewinn je Aktie

Der Gewinn je Aktie besagt, wieviel Gewinn eine AG bezogen auf eine Aktie erzielt hat. Diese Kennzahl stellt eine besondere Form der Eigenkapital-Rentabilität dar.

Der Gewinn je Aktie wird wie folgt errechnet:

$$\text{Gewinn je Aktie} = \frac{\text{Gewinn}}{\text{Gezeichnetes Kapital}} \times \text{Aktiennennbetrag}$$

Eine andere Errechnung lautet folgendermaßen:

$$\text{Gewinn je Aktie} = \frac{\text{Gewinn}}{\text{Anzahl der Aktien}}$$

In den Geschäftsberichten wird die Kennzahl Gewinn je Aktie von den deutschen AGs auf freiwilliger Basis bekannt gemacht. Der Hauptgrund für die Errechnung des Gewinns pro Aktie besteht drin, einen schnellen Vergleich mit den Börsenkursen zu ermöglichen.

Der Gewinn je Aktie darf aber nicht isoliert betrachtet werden. Neben dem gezeichneten Kapital müssen auch noch die Rücklagen berücksichtigt werden. Ein höherer Gewinn je Aktie läßt nicht notwendigerweise auf eine bessere Ertragskraft eines Unternehmens schließen, wie folgendes Beispiel zeigt:

Betriebsvergleich

	Unternehmen 1	Unternehmen 2
Gezeichnetes Kapital Rücklagen	200 Mio DM 100 Mio DM	250 Mio DM 50 Mio DM
Eigenkapital Gewinn	300 Mio DM 40 Mio DM	300 Mio DM 40 Mio DM
Gewinn je Aktie (Nominalwert = 50 DM)	10 DM	8 DM

Abb.: Betriebsvergleich von zwei Unternehmen

Ein Problem stellt der Gewinnbegriff dar, der den aktienanalytischen Ansprüchen gerecht werden muß. Zur Erleichterung der vergleichenden Aktienbeurteilung wurde von der Deutschen Vereinigung für Finanzanalyse und Anlageberatung e.V. (DVFA) ein einheitlicher Gewinnbegriff gebildet. Es kam bei dem Gewinnbegriff nach DVFA insbesondere auf die unternehmensübergreifende Vergleichbarkeit bei der analytischen Betrachtung an.

Die Schmalenbach-Gesellschaft-Deutsche Gesellschaft für Betriebswirtschaft, e.V. (SG) hat ebenfalls einen Gewinnbegriff je Aktie nach neuem Bilanzrecht entwickelt, der die Individualität der Unternehmen bei der Ermittlung des Gewinns je Aktie stärker berücksichtigt.

Seit 1990 haben sich beide Vereinigungen auf eine gemeinsame Empfehlung für die gemeinsame Errechnung des Ergebnisses (Gewinns) je Aktie geeinigt. Der Gewinn je Aktie nach DVFA/SG dient dem Ziel einer vergleichenden Kursbeurteilung und ermöglicht eine Prognose über die Ertragskraft eines Unternehmens.

16.7.2 Börsenkurs

Der Börsenkurs ist ein guter Indikator für die Einschätzung eines an der Börse notierten Unternehmens. Dieser Kurs stellt den Wert dar, den die Kapitalanleger der Aktie eines Unternehmens beimessen. Der Börsenkurs wird im wesentlichen durch die Ertragsaussichten und den Substanzwert eines Unternehmens bestimmt.

16.7.3 Bilanzkurs

Der Wert der Aktie kann auch am Bilanzkurs gemessen werden. Die Formel lautet wie folgt:

$$\text{Bilanzkurs} = \frac{\text{Bilanzielles Eigenkapital}}{\text{Gezeichnetes Kapital}} \times \text{Aktiennennbetrag}$$

Der Bilanzkurs sollte mit dem Börsenkurs verglichen werden. Wenn sich Unterschiede bei der Bewertung der Aktien ergeben, können wir Rückschlüsse auf die Einschätzung des Substanzwertes eines Unternehmens durch die Börse ziehen. Ist der Börsenkurs höher als der Bilanzkurs, wird dadurch meist angedeutet, daß im Unternehmen stille Reserven vorhanden sind oder daß der Firmenwert hoch eingeschätzt wird.

Die stillen Reserven im Unternehmen sollten möglichst separat ermittelt und in der Formel berücksichtigt werden. Die erweiterte Formel lautet dann folgendermaßen:

$$\text{Bilanzkurs} = \frac{\text{Bilanz. Eigenkapital} + \text{Stille Reserven}}{\text{Gezeichnetes Kapital}} \times \text{Aktiennennbetrag}$$

Beispiel

Bilanzielles Eigenkapital	2 Mio. DM
Gezeichnetes Kapital	0,5 Mio. DM
Stille Reserven	0,2 Mio. DM

$$\text{Bilanzkurs} = \frac{\text{Bilanzielles Eigenkapital}}{\text{Gezeichnetes Kapital}} \times \text{Aktiennennbetrag}$$

$$= \frac{2.000.000}{500.000} \times 50$$

$$= 200 \text{ DM}$$

$$\text{Bilanzkurs} = \frac{\text{Bilanzielles Eigenkapital} + \text{Stille Reserven}}{\text{Gezeichnetes Kapital}} \times \text{Aktiennennbetrag}$$

$$= \frac{2.000\ 000 + 200.000}{500.000} \times 50$$

$$= 220 \text{ DM}$$

Börsenkurs	230 DM
Bilanzkurs ohne stille Reserven	200 DM
Bilanzkurs mit stillen Reserven	220 DM

Bei dem Beispiel beträgt der Börsenkurs 230 DM. Der Bilanzkurs ohne Berücksichtigung der stillen Reserven macht 200 DM aus. Unter Einbeziehung der stillen Reserven ergibt sich ein Bilanzkurs von 220 DM, der mit dem Börsenkurs fast übereinstimmt.

16.7.4 Ertragswertkurs

Der Ertragswert einer Aktie stellt den Wert aller auf die Gegenwart abgezinsten zukünftigen Gewinne dar. Es werden also die Barwerte der Dividende und auch die Dividende der Gewinnanteile berücksichtigt, die zwar erwirtschaftet wurden, aber im Unternehmen wegen der Selbstfinanzierung zurückbehalten werden. Bei der Ermittlung des Ertragswertkurses gehen wir also anders vor als bei der Festlegung des Börsen- (Einheits-) und Bilanzkurses.

Die Berechnung des Ertragswertes hängt von der Schwierigkeit ab, den in Zukunft durchschnittlich erwirtschafteten Gewinn pro Jahr nach Steuern zu schätzen. Außerdem muß der Abzinsungsfaktor bestimmt werden. Als durchschnittlicher Gewinn sollte der Jahresüberschuß nach Steuern genommen werden. Der Kalkulationszinsfuß kann beispielsweise 10 % betragen. Die Festlegung des Kalkulationszinsfußes wird von den Unternehmenszielen beeinflußt. Die Gesamtkapital-Rentabilität sollte beispielsweise 10 % betragen.

Die Formel für die Ermittlung des Ertragswerts eines Unternehmens lautet:

$$\text{Ertragswert} = \frac{\text{Durchschnittlicher Gewinn pro Jahr}}{\text{Kapitalisierungszinssatz}} \times 100$$

Beispiel

Geschätzter durchschnittlicher Gewinn pro Jahr nach Steuern	400.000,– DM
Kapitalisierungszinssatz	10 %

$$\text{Ertragswert} = \frac{400.000}{10} \times 100 = 4.000.000,\text{– DM}$$

Der Ertragswert des Unternehmens beträgt also in diesem Beispiel 4 Millionen DM.

Die Aktie stellt einen Anteil am gezeichneten Kapital des Unternehmens dar. Wenn die Anzahl der Aktien bekannt ist, kann der Ertragswertkurs errechnet werden. Dieser Kurs wird in DM pro Aktie ausgedrückt. Die Formel lautet wie folgt:

$$\text{Ertragswertkurs in DM pro Aktie} = \frac{\text{Ertragswert des Unternehmens}}{\text{Anzahl der Aktien}}$$

Der Ertragswertkurs kann aber auch in Prozent pro Aktie festgelegt werden. Folgende Formel ist dann zu verwenden:

$$\text{Ertragswertkurs in Prozent pro Aktie} = \frac{\text{Ertragswert des Unternehmens}}{\text{Gezeichnetes Kapital}} \times 100$$

Beispiel

Gezeichnetes Kapital	2 Mio. DM
Anzahl der Aktien	40.000 Stück
Ertragswert des Unternehmens	4 Mio. DM

$$\text{Ertragswertkurs in DM pro Aktie} = \frac{4.000.000}{40.000} = 100 \text{ DM}$$

$$\text{Ertragswertkurs in Prozent pro Aktie} = \frac{4.000.000}{2.000.000} \times 100 = 200\ \%$$

Der Ertragswertkurs beträgt pro Aktie in dem Beispiel 100,– DM. In Prozent ausgedrückt macht der Ertragswertkurs 200 % aus.

Der Ertragswertkurs gibt Aufschluß über den inneren Wert einer Aktie, wenn die zukünftige Ertragsentwicklung berücksichtigt wird. Die Differenz zwischen dem Ertragswert und dem Bilanzwert ist der originäre Firmenwert. Er gibt an, wie hoch in etwa die im Unternehmen vorhandenen stillen Reserven sind.

16.7.5 Kurs-Gewinn-Verhältnis

Eine weitere Kennzahl zur Bewertung der Aktien ist das Kurs-Gewinn-Verhältnis (Price-Earnings-Ratio). Diese Kennzahl gibt Aufschluß darüber, mit dem Wievielfachen des auf eine Aktie entfallenden Gewinns eine Aktie an der Börse bewertet wird.

Folgende Formel wird zur Errechnung des Kurs-Gewinn-Verhältnisses verwendet:

$$\text{Kurs-Gewinn-Verhältnis} = \frac{\text{Börsenkurs in DM}}{\text{Gewinn je Aktie in DM}}$$

Eine andere Formel lautet wie folgt:

$$\text{Kurs-Gewinn-Verhältnis} = \frac{\text{Preis je Aktie}}{\text{Gewinn je Aktie}}$$

Diese Kennzahl ist dann besonders aussagefähig, wenn sie mit den Werten anderer Unternehmen aus der gleichen Branche verglichen wird.

Das Kurs-Gewinn-Verhältnis einer Branche kann beispielsweise bei 10 liegen. Wird für eine bestimmte Aktie eines Unternehmens der gleichen Branche ein Kurs-Gewinn-Verhältnis von 15 errechnet, dann gilt diese Aktie bereits als hoch bewertet. Die Investoren werden dann die Aktie mit einem niedrigeren Kurs-Gewinn-Verhältnis kaufen, wenn die Gewinnentwicklung in Zukunft positiv eingeschätzt wird.

Das Kurs-Gewinn-Verhältnis wird in der Praxis von vielen Anlageberatern als Maßstab für die Beurteilung einer Aktie und zur Einschätzung der Kursentwicklung verwendet. Diese Kennzahl läßt erkennen, wie viele Gewinne je Aktie benötigt werden, um den Börsenkurs abzudecken. Der Gewinn je Aktie wird also auf das investierte Kapital des Investors bezogen.

Je höher das Kurs-Gewinn-Verhältnis ist, desto länger dauert es, bis der Kaufpreis der Aktie durch den Gewinn je Aktie amortisiert wird. Wenn die Kapitalanleger eine Aktie mit hohem Kurs-Gewinn-Verhältnis kaufen, dann setzen sie auf eine große Ertragserwartung in Zukunft.

Im Rahmen der Fundamentalanalyse der Aktie gilt das Kurs-Gewinn-Verhältnis als geeigneter Maßstab zur Beurteilung der Kauf- und Verkaufswürdigkeit einer Aktie. Das Kurs-Gewinn-Verhältnis ist die reziproke Rentabilitätskennzahl, die den Gewinn je Aktie als Nennergröße in der Relation zu ihrem Börsenkurs als Zählergröße setzt.

Das Kurs-Gewinn-Verhältnis eines Unternehmens wird mit früheren Jahren und/oder mit denen anderer Unternehmen verglichen. Dann können relativ einfach Preiswürdigkeitsprüfungen durchgeführt werden. Ein niedriges Kurs-Gewinn-Verhältnis läßt auf eine vergleichsweise preiswerte Kapitalanlage schließen. Wenn aber zukünftige Gewinnentwicklungen nicht berücksichtigt werden, kann die Schlußfolgerung schnell irreführend sein.

16.7.6 Kurs-Cash-Flow-Verhältnis

Neben dem Kurs-Gewinn-Verhältnis wird immer häufiger auch das Kurs-Cash-Flow-Verhältnis (Price-Cash-Flow-Ratio) zur Bewertung der Aktie herangezogen. Da der Cash-Flow eine aussagefähigere Größe als der Gewinn ist, ergibt diese Kennzahl eine objektivere Bewertung der Ertragskraft eines Unternehmens.

Folgende Formel wird verwendet:

$$\text{Kurs-Cash-Flow-Verhältnis} = \frac{\text{Börsenkurs je Aktie in DM}}{\text{Cash-Flow je Aktie in DM}}$$

16.7.7 Dividendenrendite

Der Kurs einer Aktie ist die Grundlage für die Errechnung der Rendite für die gezahlte Dividende. Bei der Errechnung der Dividendenrendite wird die Steuergutschrift ebenfalls berücksichtigt.

Die Formel lautet wie folgt:

$$\text{Dividendenrendite} = \frac{\text{Dividende + Steuergutschrift}}{\text{Börsenkurs}} \times 100$$

Diese Kennzahl macht deutlich, wie hoch die effektive Verzinsung des in der Aktie angelegten Kapitals ist. Die Dividendenrendite ist für die Kapitalanleger insbesondere im Vergleich mit alternativen Anlagemöglichkeiten von Bedeutung.

Für die Investoren, die bereits Aktien besitzen, ist der Kaufkurs maßgebend, zu dem das Wertpapier erworben wurde. Die potentiellen Kapitalanleger müssen die aktuellen Börsenkurse als Basis nehmen.

Beispiel

Nennwert der Aktie	50,– DM
Kurswert	400,– DM
Dividende in Prozent des Nennwertes	40 %
Dividende + Steuergutschrift	20,– DM

$$\text{Dividendenrendite} = \frac{\text{Dividende + Steuergutschrift}}{\text{Börsenkurs}} \times 100$$

$$= \frac{20}{400} \times 100 = 5\ \%$$

Die Dividendenrendite der Aktie beträgt in diesem Beispiel also 5 %.

17 Erfolgs- und Finanzanalyse – Fallbeispiel

Erfolgs- und Finanzanalysen sollten die Unternehmen regelmäßig durchführen, um die Stärken und Schwächen der Unternehmen rechtzeitig zu erkennen. Die ermittelten Kennzahlen stellen Informationen in komprimierter Form dar, die einen besseren Einblick in die Unternehmen gewähren.

Neben den eigenen Zahlen sollten auch die Branchenkennzahlen verwendet werden, um die Aussagekraft der eigenen Daten zu erhöhen. Mit den ermittelten Kennzahlen ist eine bessere Erfolgs- und Finanzkontrolle der Unternehmen möglich. Aufgrund der Abweichungen von den Branchenkennzahlen kann dann eine effektivere Erfolgs- und Finanzsteuerung durchgeführt werden.

In der Praxis besteht oft die Schwierigkeit, entsprechende Branchenkennzahlen zu erhalten. Zuerst sollte der eigene Verband angesprochen werden. Viele Verbände unterhalten betriebswirtschaftliche Abteilungen, die derartige Kennzahlen regelmäßig errechnen. Branchenkennzahlen haben auch große Banken, Sparkassen und Genossenschaftsbanken.

Es ist auch sinnvoll, wenn die Unternehmen eine Fotokopie der Unterlagen über die Bilanzanalyse und Bilanzkritik bezogen auf das eigene Unternehmen bei ihrer Bank anfordern. Dann können die selbst errechneten Kennzahlen mit den Kennzahlen der Bank verglichen werden.

Wir unterscheiden im Fallbeispiel zwischen der erfolgs- und der finanzwirtschaftlichen Bilanzanalyse und Bilanzkritik. In den Kapiteln über die einzelnen Analysen werden verschiedene Teilanalysen ausführlich besprochen. Das Fallbeispiel über ein mittleres Unternehmen beschränkt sich nur auf eine erfolgs- und eine finanzwirtschaftliche Analyse, die auch als Grundlage für andere kleinere und mittlere Unternehmen genommen werden kann.

In diesem Beispiel konzentrieren wir uns nur auf die wichtigsten Kennzahlen, die aber bereits einen guten Einblick in die Ertrags- und Finanzlage eines Unternehmens ermöglichen, ohne daß zusätzliche Daten erarbeitet werden müssen. Dieses Verfahren hat sich in der Praxis seit vielen Jahren bereits bewährt.

Die Erfolgs- und Finanzanalysen werden auf der Basis der folgenden Jahresabschlüsse für 1991 und 1992 eines Unternehmens durchgeführt.

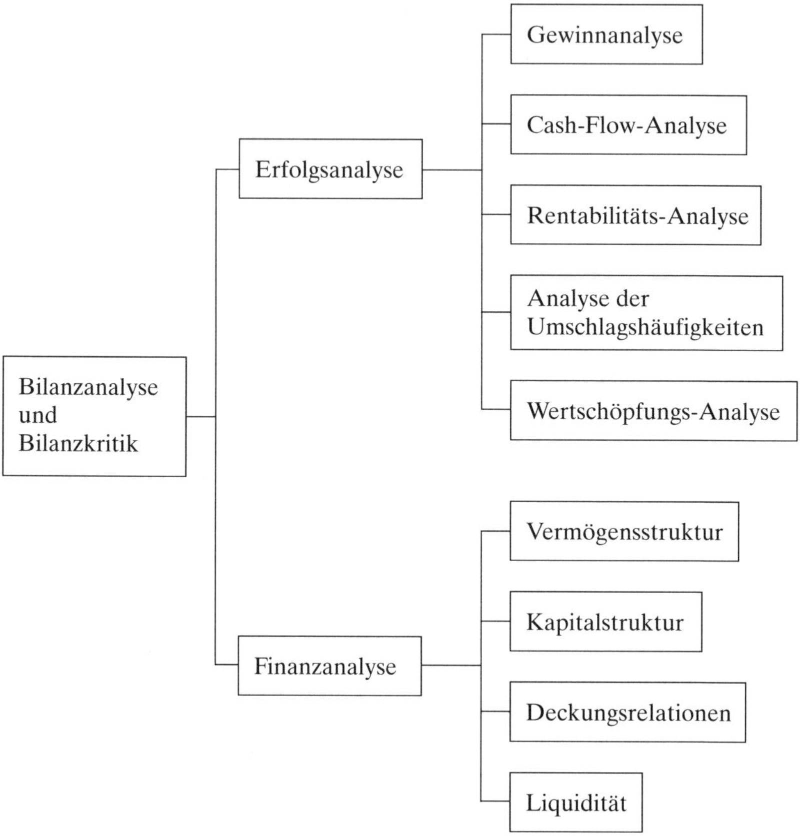

Abb.: Bestandteile der Erfolgs- und Finanzanalysen

Bilanz in TDM

Aktiva	1991	1992	Passiva	1991	1992
Immaterielle Vermögensgegenstände	230	230	Gezeichnetes Kapital	8.000	8.000
Sachanlagen	10.350	11.263	Kapitalrücklage	5.620	5.620
Finanzanlagen	776	776	Gewinnrücklagen	1.401	1.401
			Bilanzgewinn	1.815	2.442
Anlagevermögen	11.356	12.269	Eigenkapital	16.836	17.463
Roh-, Hilfs- und Betriebsstoffe	4.720	4.988	Rückstellungen	140	1.117
Unfertige und fertige Erzeugnisse	1.230	1.230	Verbindlichkeiten mit einer Laufzeit über 5 Jahre	3.401	4.594
Vorräte	5.950	6.218	Verbindlichkeiten aus Lieferungen und Leistungen	4.348	7.267
Forderungen aus Lieferungen und Leistungen	3.690	4.918	Sonstige Verbindlichkeiten	360	479
Sonstige Vermögensgegenstände	235	309	Fremdkapital	8.249	13.457
Wertpapiere	310	310			
Flüssige Mittel	3.544	6.896			
Umlaufvermögen	13.729	18.651			
Bilanzsumme	25.085	30.920	Bilanzsumme	25.085	30.920

Abb.: Bilanzen in TDM

Gewinn- und Verlustrechnung in TDM

	1991	1992
1. Umsatzerlöse	42.054	49.289
2. Sonstige betriebliche Erträge	123	149
3. Materialaufwand	20.444	23.995
4. Personalaufwand	13.513	13.895
5. Abschreibungen	1.884	2.182
6. Rückstellungen	99	978
7. Sonstige betriebliche Aufwendungen	3.331	4.585
8. Betriebsergebnis (1 bis 7)	2.906	3.803
9. Erträge aus Beteiligungen	63	70
10. Sonstige Zinserträge	147	170
11. Zinsaufwendungen	566	414
12. Finanzergebnis (9 bis 11)	- 356	- 174
13. Ergebnis der gewöhnlichen Geschäftstätigkeit (8 + 12)	2.550	3.629
14. Außerordentliche Erträge	104	81
15. Außerordentliche Aufwendungen	74	66
16. Außerordentliches Ergebnis (14 bis 15)	+ 30	+ 15
17. Steuern	765	1.202
18. Jahresüberschuß	1.815	2.442
19. Einstellungen in die Gewinnrücklagen	–	–
20. Bilanzgewinn	1.815	2.442

Abb.: Gewinn- und Verlustrechnung in TDM

17.1 Erfolgsanalyse

Bei der Erfolgsanalyse werden die Positionen der Gewinn- und Verlustrechnung analysiert, die zur Erzielung des Gewinns oder Verlustes geführt haben.

17.1.1 Gewinnanalyse

Bei der Gewinnanalyse sollten folgende Schritte berücksichtigt werden:

17.1.1.1 Gewinnentwicklung

1991	1.815 TDM	
1992	2.442 TDM	
	+ 627 TDM	= + 34,6 %

Der Gewinn ist im Vergleichszeitraum um nominal 627 TDM oder um 34,6 % gestiegen. Die Einflußfaktoren für diese Entwicklung müssen jetzt genauer untersucht werden.

17.1.1.2 Umsatzerlöse

1991	42.054 TDM	
1992	49.289 TDM	
	+ 7.235 TDM	= + 17,2 %

Von 1991 auf 1992 sind die Umsatzerlöse um nominal 7.235 TDM oder um 17,2 % erhöht worden. Wenn wir den Anstieg der Umsatzerlöse und des Gewinnes vergleichen, stellen wir fest, daß der Gewinn (34,6 %) doppelt so stark gestiegen ist wie die Umsatzerlöse (17,2 %).

Die Umsatzerlöse sollten um die Inflationsraten bereinigt werden. Auch die mengenmäßigen Veränderungen sind zu analysieren (Absatzplanung).

Aus der kurzfristigen Erfolgsrechnung können wir ersehen, welche Produktgruppen besonders eine Erhöhung der Umsatzerlöse und eine Verbesserung der Deckungsbeiträge bewirkt haben. Eine Produktgruppen-Analyse kann wie folgt aussehen:

Produktgruppen-Analyse

Produktgruppen	A		B		C		Summe	
	DM	%	DM	%	DM	%	DM	%
Umsatzerlöse Variable Kosten	1.500 900	100 60	900 400	100 45	500 300	100 60	2.900 1.600	100 55
Deckungsbeitrag 1	600	40	500	55	200	40	1.300	45
Vertrieb Lager Versand Produktion	120 80 40 160	8 5 3 11	60 30 10 100	7 3 1 11	40 20 10 90	8 4 2 18	220 130 60 350	8 5 2 12
Summe der speziellen Fixkosten	400	27	200	22	160	32	760	27
Deckungsbeitrag 2	200	13	300	33	40	8	540	18
Summe der allgemeinen Fixkosten							240	8
Betriebsergebnis							300	10

Abb.: Produktgruppen-Analyse

Es kann auch sinnvoll sein, eine Aufteilung der Umsatzerlöse nach Verkaufsgebieten vorzunehmen, um zu erkennen, wie hoch die Deckungsbeiträge in den einzelnen Verkaufsgebieten sind. Eine Unterteilung der Umsatzerlöse nach Verkaufsgebieten kann wie folgt aussehen:

Verkaufsgebiets-Analyse

Verkaufsgebiete	1		2		3	
	TDM	%	TDM	%	TDM	5
Umsatzerlöse	200	100,0	150	100,0	80	100,0
Variable Kosten	150	75,0	120	80,0	60	75,0
Deckungsbeitrag 1	50	25,0	30	20,0	20	25,0
Vertrieb	15	7,5	20	13,3	9	11,3
Lager	5	2,5	5	3,3	2	2,5
Versand	2	1,0	3	2,0	1,	1,3
Produktion	3	1,5	6	4,0	2	2,5
Summe der speziellen Fixkosten	25	12,5	34	22,0	14	17,6
Deckungsbeitrag 2	25	12,5	(4)	(2,7)	6	7,4

Abb.: Verkaufsgebiets-Analyse

Zu den Ursachen für die wesentliche Verbesserung der Ertragskraft des Unternehmens können zählen:

- Eliminierung der Produkte mit niedrigen oder negativen Deckungsbeiträgen
- Erhöhung der Produktivität
- Realisierung von Kosteneinsparungen
- Forcierung von Produkten mit höheren Deckungsbeiträgen
- Verkauf von größeren Mengen
- Gezielte Einsparung von variablen und fixen Kosten
- Überproportionale Weitergabe von Preissteigerungen im Material- und Personalbereich

17.1.1.3 Materialaufwand

1991	20.444 TDM
1992	23.995 TDM
	+ 3.551 TDM = + 17,4 %

Der Anteil des Materialeinsatzes ist im Vergleichszeitraum um 3.551 TDM oder um 17,4 % gestiegen. Die Materialkosten haben sich also im gleichen Maße wie die Umsatzerlöse erhöht. Da der Anteil des Materialeinsatzes am Umsatz relativ hoch ist, sollten gerade in diesem Bereich durch die Anwendung der Wertanalyse und durch die Umsetzung der Erfahrungskurve noch nicht ausgeschöpfte Potentiale der Kosteneinsparung genutzt werden. Auch eine ABC-Analyse ist durchzuführen.

Die Ursachen für den Anstieg des Materialverbrauchs können in folgenden Punkten liegen:

- Höherer Anteil von materialintensiven Produkten
- Gleichzeitiger Rückgang von Ausschuß bei bestimmten Produkten
- Günstigerer Einkauf von Roh-, Hilfs- und Betriebsstoffen
- Höhere Inanspruchnahme von Fremdleistungen (Subunternehmen)

17.1.1.4 Personalaufwand

1991	13.513 TDM
1992	13.895 TDM
	+ 382 TDM = + 2,8 %

Der Personalaufwand hat sich in den Jahren 1991 bis 1992 um nominal 382 TDM oder um 2,8 % erhöht. Der Umsatz konnte aber im gleichen Zeitraum um 17,2 % gesteigert werden. Der Personalaufwand ist also unterproportional gestiegen.

Diese Entwicklung kann folgende Ursachen haben:

- Mehr Fremdleistungen (Subunternehmen)
- Stärkere Automatisierung
- Keine oder niedrigere Tariferhöhungen
- Mehrverkauf von weniger arbeitsintensiven Produkten
- Produktivitätssteigerungen
- Rationalisierungsinvestitionen
- Reduzierung des Personals

17.1.1.5 Abschreibungen

1991	1.884 TDM
1992	2.182 TDM
	+ 298 TDM = + 15,8 %

Das Volumen der Abschreibungen auf Sachanlagen hat im Vergleichszeitraum um 298 TDM oder 15,8 % zugenommen.

Die höheren Abschreibungen lassen darauf schließen, daß im Geschäftsjahr 1992 mehr Investitionen durchgeführt wurden. Diese getätigten Investitionen haben möglicherweise die Produktivität im Unternehmen positiv beeinflußt.

17.1.1.6 Rückstellungen

1991	99 TDM
1992	978 TDM
	+ 879 TDM = + 887,9 %

Die Rückstellungen wurden nominal um 879 TDM oder um 887,9 % angehoben. Diese beträchtliche Erhöhung ist zum Teil darauf zurückzuführen, daß zum ersten Mal Pensionsrückstellungen gebildet wurden.

Die Rückstellungen setzen sich aus drei Positionen zusammen:

1. Rückstellungen für Pensionen
2. Rückstellungen für Steuern
3. Rückstellungen für sonstige Zwecke

Die einzelnen Positionen müssen in kurz- oder langfristige Rückstellungen aufgeteilt werden, die separat analysiert werden sollten. Die Rückstellungen stärken die Finanzkraft des Unternehmens und finden daher bei der Cash-Flow-Analyse Berücksichtigung.

17.1.1.7 Sonstige betriebliche Aufwendungen

1991	3.331 TDM
1992	4.585 TDM
	+ 1.254 TDM = + 37,6 %

Die sonstigen betrieblichen Aufwendungen sind im Vergleichszeitraum um 1.254 TDM oder um 37,6 % angestiegen. Diese Erhöhung ist mehr als doppelt so groß wie der Anstieg der Umsatzerlöse. Deshalb sollten die wichtigsten Positionen in diesem Bereich genauer untersucht werden, um die einzelnen Ursachen zu ermitteln. Diese Analyse ist allerdings nur bei einer internen Untersuchung möglich, da für Außenstehende die benötigten Informationen in der Regel nicht zur Verfügung stehen.

17.1.1.8 Zinsaufwand

1991	566 TDM	
1992	414 TDM	
	– 152 TDM	= – 26,9 %

Der Zinsaufwand ist um insgesamt 152 TDM oder um 26,9 % zurückgegangen.

Die Ursachen für die Zinssenkungen können wie folgt aussehen:

- Senkung der Zinsen bei den Banken
- Tilgung von Darlehen
- Geringere Inanspruchnahme des Kontokorrentkredits
- Umschuldung von kurz- in langfristige Kredite
- Geringerer Finanzbedarf von außen wegen besserer Innenfinanzierung (Höhere Gewinne, gestiegene Abschreibungen, höhere Rückstellungen)
- Finanzierung der Lieferungen zu Lasten der Lieferanten (Überziehung der vereinbarten Zahlungsziele)
- Einsatz von mehr Wechseln für die Bezahlung der Verbindlichkeiten aus Lieferungen und Leistungen
- Verwendung des Scheck-Wechsel-Verfahrens

17.1.1.9 Steuern

1991	765 TDM	
1992	1.202 TDM	
	+ 437 TDM	= + 57,1 %

Im Vergleichszeitraum stiegen die Steuern um 437 TDM oder um 57,1 % an. Diese Erhöhung deutet darauf hin, daß sich die Ertragskraft des Unternehmens wesentlich verbessert hat.

Da die Steuern sehr stark gestiegen sind, kann angenommen werden, daß das Unternehmen den Bilanzgewinn weitgehend einbehalten hat. Dadurch ist der Körperschaftsteuersatz von 56 % angefallen. In Zukunft sollte die Unternehmensleitung beschließen, den Bilanzgewinn vollständig auszuschütten, um erhebliche Körperschaftsteuern zu sparen.

Im Jahre 1992 galten folgende Körperschaftsteuersätze:

1. Für einbehaltene Gewinne – Körperschaftsteuer-Thesaurierungssatz = 56 %
2. Für ausgeschüttete Gewinne – Körperschaftsteuer-Ausschüttungssatz = 36 %

Deshalb wäre es sinnvoll gewesen, den ganzen Bilanzgewinn auszuschütten. Dadurch hätte eine Senkung der Körperschaftsteuer um 20 % erreicht werden können.

Wenn das Unternehmen die Liquidität wieder benötigt, können die Gesellschafter dem Unternehmen aufgrund der Ausschüttung des Bilanzgewinns Gesellschafterdarlehen zur Verfügung stellen. Die Unternehmensleitung sollte also das Schütt-Aus-Hol-Zurück-Prinzip beachten, um die Körperschaftsteuer zu reduzieren.

Ab dem Veranlagungszeitraum 1994 gelten folgende Sätze:

1. Körperschaftsteuer-Thesaurierungssatz = 45 %
2. Körperschaftsteuer-Ausschüttungssatz = 30 %

17.1.2 Cash-Flow-Analyse

Der Cash-Flow ist ein Indikator für die Ertrags- und Finanzkraft des Unternehmens. Diese Kennzahl drückt den in einer Periode aus eigener Kraft erwirtschafteten Überschuß der Betriebseinnahmen über die laufenden Betriebsausgaben aus.

Der Cash-Flow kann folgendermaßen ermittelt werden:

17.1.2.1 Direkte Ermittlung

Bei der direkten Ermittlung des Cash-Flow werden folgende Positionen der GuV berücksichtigt:

  Zahlungsbegleitete Erträge (Einnahmen)
– Zahlungsbegleitete Aufwendungen (Ausgaben)

= Cash-Flow

	1991	1992
1. Umsatzerlöse	42.054	49.289
2. Sonstige betriebliche Erträge	123	149
3. Erträge aus Beteiligungen	63	70
4. Sonstige Zinserträge	147	170
5. Außerordentliche Erträge	104	81
Zwischensumme	42.491	49.759
1. Materialaufwand	20.444	23.995
2. Personalaufwand	13.513	13.895
3. Sonstige betriebliche Aufwendungen	3.331	4.585
4. Zinsaufwand	566	414
5. Außerordentliche Aufwendungen	74	66
6. Steuern	765	1.202
Zwischensumme	38.693	44.157
Cash-Flow	3.798	5.602

17.1.2.2 Indirekte Ermittlung

Die indirekte Ermittlung, die zum gleichen Ergebnis wie die direkte Ermittlung kommen muß, umfaßt folgende Positionen der GuV:

Gewinn (Jahresüberschuß)
\+ Nichtzahlungsbegleitete Aufwendungen
– Nichtzahlungsbegleitete Erträge

= Cash-Flow

	1991	1992
1. Bilanzgewinn	1.815	2.442
2. Abschreibungen	1.884	2.182
3. Rückstellungen	99	978
Cash-Flow	3.798	5.602

Cash-Flow	1991	3.798 TDM
	1992	5.602 TDM
		+ 1.804 TDM = + 47,5 %

Der Cash-Flow ist im Vergleichszeitraum nominal um 1.804 TDM oder um 47,5 % gestiegen. Dadurch hat sich die Ertrags- und Finanzkraft des Unternehmens gegenüber dem Vorjahr wesentlich verbessert. Die Innenfinanzierung konnte also beträchtlich ausgeweitet werden. Von den Banken mußten daher weniger Kredite in Anspruch genommen werden. Der niedrigere Zinsaufwand bestätigt diese Aussagen.

Der Bilanzgewinn ist eine manipulierbare Größe. Deshalb können wir anhand des ausgewiesenen Bilanzgewinns keine eindeutige Aussage über die Ertrags- und Finanzkraft eines Unternehmens machen. Folgende Manipulationsmöglichkeiten sind beispielsweise beim Bilanzgewinn möglich:

1. Zu hohe Auflösung von Rückstellungen
2. Andere Wahl der Abschreibungsmethode (degressiv oder linear)
3. Bildung von überzogenen Rückstellungen
4. Höhere Bewertung von Halb- und Fertigfabrikaten
5. Durchführung von außerplanmäßigen Abschreibungen

17.1.3 Rentabilitäts-Analyse

Die Rentabilität ist eine Beziehungszahl, bei der eine Ergebnisgröße zu einer dieses Ergebnis maßgebend bestimmenden Einflußgröße in Relation gesetzt wird. Als Einflußgrößen kommen das zur Ergebniserzielung eingesetzte Kapital oder der das Ergebnis bewirkende Umsatz in Frage. Der Gewinn alleine ist ohne große Aussagekraft. Erst der Vergleich des Gewinnes mit anderen Größen ermöglicht eine Aussage darüber, ob sich der Einsatz des Kapitals oder die Erzielung des Umsatzes gelohnt hat.

Der Erfolg wird in Form von Verhältniszahlen relativiert. Diese Relativierung ermöglicht einen Soll-Ist-Vergleich und auch einen Branchenvergleich. Die Rentabilitätskennzahlen lassen Rückschlüsse auf die Effizienz der Kapitalverwendung oder des Umsatzes zu.

17.1.3.1 Eigenkapital-Rentabilität

Für die Eigenkapital-Rentabilität wird folgende Formel verwendet:

$$\text{Eigenkapital-Rentabilität} = \frac{\text{Gewinn}}{\text{Eigenkapital}} \times 100$$

$$1991 \quad \frac{1.815}{16.836} \times 100 = 10,8\ \%$$

$$1992 \quad \frac{2.442}{17.463} \times 100 = 14,0\ \%$$

Die Eigenkapital-Rentabilität hat sich im Vergleichszeitraum von 10,8 % auf 14 % oder um 3,2-%-Punkte verbessert. Dieser Anstieg beträgt somit 29,6 %.

Unter Berücksichtigung des Risikos des Unternehmens sollte möglichst eine Eigenkapital-Rentabilität von etwa 20 % erzielt werden. Wegen der hohen Eigenkapitalquote ist die Eigenkapital-Rentabilität so niedrig.

17.1.3.2 Gesamtkapital-Rentabilität

Die Gesamtkapital-Rentabilität kann mit folgender Formel ermittelt werden:

$$\text{Gesamtkapital-Rentabilität} = \frac{\text{Gewinn + Fremdkapitalzinsen}}{\text{Gesamtkapital (EK + FK)}} \times 100$$

$$1991 \quad \frac{1.815 + 566}{25.085} \times 100 = 9{,}5\ \%$$

$$1992 \quad \frac{2.442 + 414}{30.920} \times 100 = 9{,}2\ \%$$

Die Gesamtkapital-Rentabilität ist von 1991 auf 1992 von 9,5 % auf 9,2 % oder um 0,3-%-Punkte gesunken. Diese Verschlechterung macht also 3 % aus.

Die Gesamtkapital-Rentabilität mißt die Höhe der Verzinsung des im Unternehmen eingesetzten Kapitals. Die Ursachen für die leicht rückläufige Effizienz der Kapitalverwendung müssen untersucht werden. Dies kann eindeutig bei der Analyse des Return on Investment (ROI) erfolgen (Vgl. Punkt 17.1.3.4).

17.1.3.3 Umsatz-Rentabilität

Für die Umsatz-Rentabilität verwenden wir folgende Formel:

$$\text{Umsatz-Rentabilität} = \frac{\text{Gewinn + Fremdkapitalzinsen}}{\text{Umsatz}} \times 100$$

$$1991 \quad \frac{1.815 + 566}{42.054} \times 100 = 5{,}7\ \%$$

$$1992 \quad \frac{2.442 + 414}{49.289} \times 100 = 5{,}8\ \%$$

Die Umsatz-Rentabilität ist im Vergleichszeitraum von 5,7 % auf 5,8 % oder um 0,1-%-Punkte gestiegen. Diese Verbesserung beträgt also 2 %.

17.1.3.4 Return on Investment (ROI)

Der ROI setzt sich aus folgenden 2 Erfolgsfaktoren zusammen:

$$\text{ROI} = \frac{\text{Gewinn + Fremdkapitalzinsen}}{\text{Umsatz}} \times 100 \times \frac{\text{Umsatz}}{\text{Gesamtkapital}}$$

$$= \text{Umsatz-Rentabilität} \times \text{Kapitalumschlagshäufigkeit}$$

1991 $\frac{1.815 + 566}{42.054} \times 100 \times \frac{42.054}{25.085} =$

5,7 x 1,68 = 9,5 %

1992 $\frac{2.442 + 414}{49.289} \times 100 \times \frac{49.289}{30.920} =$

5,8 x 1,59 = 9,2 %

Der ROI ist im Ergebnis identisch mit der Gesamtkapital-Rentabilität. Wir haben bereits festgestellt, daß die Gesamtkapital-Rentabilität um 3 % zurückgegangen ist.

Der ROI ist von 1991 auf 1992 von 9,5 % auf 9,2 % gesunken. Die Differenz macht 0,3 % Punkte oder 3 % aus. Wenn wir den ROI als Entscheidungsgrundlage nehmen, können wir außerdem feststellen, ob die Verschlechterung des ROI auf eine Verminderung der Umsatz-Rentabilität oder einer Reduzierung der Kapitalumschlagshäufigkeit zurückzuführen ist oder umgekehrt.

Bei einer genaueren Betrachtung der Ergebnisse der Jahre 1991 und 1992 können wir erkennen, daß die Umsatz-Rentabilität leicht von 5,7 % auf 5,8 % oder um 2 % gestiegen ist. Dagegen hat sich die Kapitalumschlagshäufigkeit von 1,68 auf 1,59 % verschlechtert. Im Jahre 1991 hat sich das Gesamtkapital nach 214 Tagen einmal umgeschlagen. Ein Jahr später dauerte es 226 Tage. Dies bedeutet eine Verschlechterung um 5,6 %.

Die Unternehmensleitung und die Führungskräfte sollten überlegen, welche Maßnahmen für das kommende Geschäftsjahr getroffen werden müssen, um die Kapitalumschlagshäufigkeit wieder zu verbessern. Als Ansatzpunkte bieten sich die Vorräte und die Forderungen aus Lieferungen und Leistungen an. Die Verkürzung der Lagerdauer und die Verringerung des Kundenzieles führen relativ schnell zu einer Erhöhung der Kapitalumschlagshäufigkeit. Diese Zusammenhänge lassen sich leicht aus der graphischen Darstellung des ROI ersehen.

In der Praxis kann die Kapitalumschlagshäufigkeit in den Unternehmen meist wesentlich schneller verbessert werden als die Umsatz-Rentabilität. Die Umsatz-Rentabilität wird insbesondere durch die Gegebenheiten am Markt (Kunden, Konkurrenz) beeinflußt. Die Kapitalumschlagshäufigkeit kann durch gezielte Schulung der Mitarbeiter oder durch die Verbesserung der Organisation leicht angehoben werden. Vor allem die Vorräte müssen kräftig reduziert und die Forderungen aus Lieferungen und Leistungen schneller realisiert werden (Vgl. Punkte 17.1.4.1 und 17.1.4.3). Auch das Leasen von Maschinen und Fahrzeugen hat eine positive Wirkung auf die Umschlagshäufigkeit des Kapitals.

Die Kapitalumschlagshäufigkeit in Höhe von 1,68 und 1,59 in den Jahren 1991 und 1992 ist für viele Mitabeiter im Unternehmen wenig aussagefähig. Deshalb sollte die Umschlagshäufigkeit des Kapitals auch in Tagen ausgedrückt werden.

17.1.3.5 Kapitalumschlagshäufigkeit in Tagen

Die Formel für die Kapitalumschlagshäufigkeit in Tagen lautet wie folgt:

$$\text{Kapitalumschlagshäufigkeit in Tagen} = \frac{360}{\text{Kapitalumschlagshäufigkeit}}$$

$$1991 \quad \frac{360}{1{,}68} = 214 \text{ Tage}$$

$$1992 \quad \frac{360}{1{,}59} = 226 \text{ Tage}$$

Das Kapital hat sich 1991 nach 214 und 1992 nach 226 Tagen einmal umgeschlagen. Die Differenz beträgt 12 Tage oder 5,6 %. Die Kapitalumschlagshäufigkeit hat sich also um 5,6 % verschlechtert. Die Produktivität des eingesetzten Kapitals nahm demnach ab. Die Kapitalumschlagshäufigkeit gibt an, wie oft das eingesetzte Kapital in einem Geschäftsjahr durch den Umsatzprozeß umgeschlagen wird. Diese Kennzahl ist ein Maßstab für die Effizienz des eingesetzten Eigen- und Fremdkapitals im Unternehmen.

17.1.4 Analyse der Umschlagshäufigkeiten

Neben der Umschlagshäufigkeit des Kapitals sollten noch weitere Umschlagshäufigkeits-Kennzahlen errechnet werden, die ebenfalls großen Einfluß auf den Erfolg des Unternehmens haben.

17.1.4.1 Forderungen aus Lieferungen und Leistungen

1. **Debitoren-Umschlag**

   Zur Errechnung des Debitoren-Umschlags verwenden wir folgende Formel:

$$\text{Debitoren-Umschlag} = \frac{\text{Umsatzerlöse + MwSt}}{\text{Ø Forderungen aus L + L}}$$

$$1991 \quad \frac{42.054 + 5.888}{3.690} = 12{,}99$$

$$1992 \quad \frac{49.289 + 6.901}{4.918} = 11{,}43$$

Der Debitoren-Umschlag ist im Vergleichszeitraum vom 12,99 auf 11,43 zurückgegangen.

Da diese Kennzahl für viele Mitarbeiter im Unternehmen zu wenig aussagefähig ist, sollte auch errechnet werden, um wie viele Tage es sich dabei handelt. Dies erfahren wir, wenn wir das Kundenziel ermitteln.

2. Kundenziel

Folgende Formel setzen wir zur Errechnung des Kundenziels ein:

$$\text{Kundenziel} = \frac{360}{\text{Debitoren-Umschlag}}$$

$$1991 \quad \frac{360}{12{,}99} = 28 \text{ Tage}$$

$$1992 \quad \frac{360}{11{,}43} = 32 \text{ Tage}$$

Das Kundenziel hat sich um 4 Tage oder um 14 % verschlechtert. Das Unternehmen mußte 1992 etwa einen Monatsumsatz vorfinanzieren. Mit Hilfe dieser Kennzahl können Rückschlüsse auf das Zahlungsverhalten der Kunden gezogen werden.

Das Kundenziel gewährt also einen guten Einblick in das Zahlungsverhalten der Kunden. Außerdem können wir erkennen, wie lange es dauert, bis die Umsatzerlöse wieder in liquide Mittel umgewandelt werden.

Bei einem längeren Kundenziel können durch die Intensivierung des Mahnwesens und/oder durch die Gewährung von höheren Skonti die Kunden veranlaßt werden, die Rechnungen in Zukunft schneller zu bezahlen.

Ein höheres Kundenziel läßt auch Vermutungen zu, daß das Unternehmen im Zuge der Erhöhungen des Umsatzes jetzt auch Kunden mit schlechterer Liquidität beliefert. Dadurch steigt auch das Risiko, da Forderungsausfälle zunehmen können.

Ein längeres Kundenziel deutet auch auf eine schlechtere Zahlungsmoral der Kunden hin, die auch durch eine konjunkturelle Verschlechterung verursacht sein kann.

Die Finanzierung der ausstehenden Forderungen aus Lieferungen und Leistungen erfolgt meist mit Hilfe des Kontokorrentkredits, der zu den teuersten Krediten der Unternehmen zählt. Deshalb ist es besonders wichtig, daß die Kunden ihre Rechnungen möglichst vereinbarungsgemäß bezahlen. Dadurch wird dann der Kontokorrentkredit wieder schneller reduziert. Die Unternehmen können somit hohe Zinsen einsparen.

In diesen Unternehmen haben die Kunden vereinbarungsgemäß nach rund 30 Tagen ohne Skontoabzug bezahlt (1991 nach 28 Tagen und 1992 nach 32 Tagen). In der Praxis beträgt das Kundenziel im Durchschnitt etwa 40 bis 60 Tage. Sollte das Kundenziel den vereinbarten Termin von 30 Tagen ohne Skontoabzug überschreiten, dann ist ein Maßnahmenplan aufzustellen, der wie folgt aussehen kann:

Maßnahmenplan

1. Rechnungen sofort schreiben und verschicken
2. Zahlungskonditionen verbessern
3. Erste Mahnung sofort nach Fälligkeit versenden
4. Außendienstmitarbeiter zum Einzug einschalten
5. Weitere Mahnungen absenden
6. Lieferung nur noch Zug-um-Zug bei schlecht zahlenden Kunden
7. Zahlungen mit Wechseln bei Kunden mit guter Bonität vereinbaren
8. Scheck-Wechsel-Verfahren bei guten Kunden vorschlagen
9. Kreditlinien für die Kunden festlegen
10. Vorauszahlungen vereinbaren
11. Lieferung gegen Übergabe eines Schecks vornehmen
12. Bankeinzug vorschlagen
13. Lieferung per Nachnahme durchführen

1.4.2 Verbindlichkeiten aus Lieferungen und Leistungen

1. Kreditoren-Umschlag

Der Kreditoren-Umschlag wird anhand der folgenden Formel festgestellt:

$$\text{Kreditoren-Umschlag} = \frac{\text{Materialaufwand} + \text{MwSt}}{\text{Ø Verbindlichkeiten aus L} + \text{L}}$$

$$1991 \quad \frac{20.444 + 2.862}{4.348} = 5{,}36$$

$$1992 \quad \frac{23.995 + 3.359}{7.267} = 3{,}76$$

Der Kreditoren-Umschlag hat sich im Vergleichszeitraum von 5,36 auf 3,76 oder um 30 % verschlechtert. Auch in diesem Falle ist es sinnvoll, den Kreditoren-Umschlag in Tagen auszudrücken.

2. Lieferantenziel

Das Lieferantenziel ergibt sich aus folgender Formel:

$$\text{Lieferantenziel} = \frac{360}{\text{Kreditoren-Umschlag}}$$

$$1991 \quad \frac{360}{5{,}36} = 67 \text{ Tage}$$

$$1992 \quad \frac{360}{3{,}76} = 96 \text{ Tage}$$

Während im Jahre 1991 nach 67 Tagen die Rechnungen im Durchschnitt bezahlt wurden, waren es 1992 96 Tage. Das Lieferantenziel hat sich also um 29 Tage verschlechtert. Diese Ausdehnung des Zahlungszieles beträgt 43 %. Das Unternehmen bezahlte also die Lieferantenrechnungen 1992 erst nach über 3 Monaten. Deshalb müssen die Gründe für die Verschlechterung der Zahlungsweise im Unternehmen ermittelt werden, bevor ein Maßnahmenplan erstellt wird.

Normalerweise verzögern die Unternehmen ihre Zahlungen an die Lieferanten, wenn sich die Liquidität verschlechtert hat. Dies ist aber in diesem Unternehmen nicht der Fall, da es über erhebliche liquide Mittel verfügt.

Das verlängerte Lieferantenziel läßt darauf schließen, daß die Skontierung der Rechnungen nicht in Anspruch genommen wurde. Auf die Erwirtschaftung zusätzlicher Erträge durch die Skontierung wurde verzichtet.

17.1.4.3 Lager

1. Lager-Umschlag für Roh-, Hilfs- und Betriebsstoffe

Der Lagerumschlag für Roh-, Hilfs- und Betriebsstoffe kann mit Hilfe folgender Formel ermittelt werden:

$$\text{Lager-Umschlag für Roh-, Hilfs- und Betriebsstoffe} = \frac{\text{Materialaufwand}}{\text{Ø Roh-, Hilfs- und Betriebsstoffe}}$$

$$1991 \quad \frac{20.444}{4.720} = 4{,}33$$

$$1992 \quad \frac{23.995}{4.988} = 4{,}81$$

Im Vergleichszeitraum hat sich der Lager-Umschlag für Roh-, Hilfs- und Betriebsstoffe um 11,1 % verbessert.

2. Lagerdauer

Die Lagerdauer errechnen wir mit folgender Formel:

$$\text{Lagerdauer} = \frac{360}{\text{Lager-Umschlag}}$$

$$1991 \quad \frac{360}{4{,}33} = 83 \text{ Tage}$$

$$1992 \quad \frac{360}{4{,}81} = 75 \text{ Tage}$$

Die Lagerdauer hat sich um 8 Tage oder um 9,6 % verkürzt.

Die dadurch entstehende Minderung der Lagerkosten (Zinsen, Schwund, Verwaltungskosten) und der aufgrund des schnelleren Kapitalflusses geringere Kapitalbedarf wirken sich positiv auf den ROI aus. Die Verbesserung der Lagerdauer führt zu einer niedrigeren Kapitalbindung und zu einer Steigerung der Wirtschaftlichkeit.

Zur Verbesserung des Lager-Umschlags für Roh-, Hilfs- und Betriebsstoffe sowie für unfertige und fertige Erzeugnisse sollte ebenfalls ein Maßnahmenplan erstellt werden. Für die Senkung der Vorräte ist die Materialwirtschaft verantwortlich. Es wird oft übersehen, daß auch die anderen Verantwortungsbereiche bei der Reduzierung der Vorräte mitwirken müssen.

Zur Senkung der Vorräte sollten folgende Verantwortungsbereiche einen Beitrag leisten:

1. Marketing und Vertrieb

1.1 Absatzplanung verbessern

1.2 Informationen über neue Aufträge sofort weiterleiten

1.3 Programmbreite reduzieren

1.4 Verantwortung für die Vorräte klar festlegen

1.5 Sonderaktionen für fertige Produkte durchführen

1.6 Doppel-Lagerung von Fertigfabrikaten und von Ersatzteilen im Unternehmen und in den Niederlassungen beseitigen

2. Produktion

2.1 Baukasten-System einführen
2.2 Anzahl der Varianten verringern
2.3 Normung und Standardisierung beachten
2.4 Anzahl der Änderungen reduzieren
2.5 Änderungen sofort weitergeben
2.6 Zuverlässigkeit verbessern
2.7 Durchlaufzeiten verringern
2.8 Ausschuß reduzieren
2.9 Produktionsengpässe beseitigen
2.10 Produkte erst nach Auftragseingang montieren
2.11 Zusätzliche Lager beseitigen

3. Materialwirtschaft

3.1 Umschlagshäufigkeit der A-, B- und C-Teile überprüfen und ändern
3.2 Lieferbereitschaft verbessern
3.3 Entwicklung der Vorräte systematisch beobachten
3.4 C-Teile als Handelsware kaufen
3.5 Verbesserungsvorschläge zur Reduzierung des Lagers honorieren
3.6 Lagerhüter feststellen und verkaufen
3.7 Kosten für die Vorräte ermitteln und bekanntgeben
3.8 Mitarbeiter aus- und weiterbilden
3.9 Richtlinien für die Dispositionen neu festlegen
3.10 Belegfluß verbessern
3.11 Rahmenverträge mit Abrufmöglichkeiten für A-Teile vereinbaren
3.12 Bestellrhythmus für B- und C-Teile neu festlegen
3.13 Qualitätskontrollen verbessern
3.14 Optimale Bestellmenge festlegen
3.15 EDV besser nutzen
3.16 Mehrfach-Lagerung vermeiden
3.17 Lagerung besser organisieren
3.18 Permanente Inventur einführen

Wenn diese Maßnahmen in den Verantwortungsbereichen Marketing und Vertrieb, Produktion sowie Materialwirtschaft überprüft und auch durchgeführt werden, lassen sich die Vorräte relativ schnell verringern. Die Folge ist dann, daß die Umschlagshäufigkeit der Vorräte zunimmt. Die Verbesserung der Umschlagshäufigkeit des Lagers hat einen unmittelbaren Einfluß auf die Umschlagshäufigkeit des Kapitals.

17.1.5 Wertschöpfung

17.1.5.1 Entstehungsrechnung

Die Entstehungsrechnung der Wertschöpfung sieht wie folgt aus:

Gesamtleistung
\+ Sonstige Erträge
= Produktionswert

Materialaufwand
\+ Abschreibungen
\+ sonstige Aufwendungen
= Vorleistungen

1. Produktionswert

	1991	1992
Umsatzerlöse	42.054	49.289
Sonstige betriebl. Erträge	123	149
Erträge aus Beteiligungen	63	70
Sonstige Zinserträge	147	170
Außerordentliche Erträge	104	81
Summe	42.491	49.759

2. Vorleistungen

	1991	1992
Materialaufwand	20.444	23.995
Abschreibungen	1.884	2.182
Sonstige betriebl. Aufwendungen	3.331	4.585
Außerordentliche Aufwendungen	74	81
Summe	25.733	30.828

	1991	1992
Produktionswert	42.491	49.759
Vorleistungen	25.733	30.828
Wertschöpfung	16.758	18.931

Die Aussagefähigkeit der Wertschöpfung ist aufgrund der Verwendungsrechnung gegeben.

17.1.5.2 Verwendungsrechnung

Die Verwendungsrechnung berücksichtigt folgende Positionen:

Personalaufwand	–	Anteil der Mitarbeiter
Rückstellungen	–	Risikovorsorge
Zinsaufwand	–	Anteil der Banken
Steuern	–	Anteil des Staates
Bilanzgewinn	–	Anteil der Gesellschafter

	1991		1992	
	TDM	%	TDM	%
Personalaufwand	13.513	80,6	13.895	73,4
Rückstellungen	99	0,6	978	5,2
Zinsaufwand	566	3,4	414	2,2
Steuern	765	4,6	1.202	6,3
Bilanzgewinn	1.815	10,8	2.442	12,9
Wertschöpfung	16.758	100,0	18.931	100,0

Der Anteil der Mitarbeiter an der Wertschöpfung ist im Vergleichszeitraum von 80,6 % auf 73,4 % zurückgegangen. Dies ist eine erfreuliche Entwicklung, die auf eine Steigerung der Produktivität schließen läßt. Die Rückstellungen, die zur Risikoabdeckung dienen, sind von 0,6 % auf 5,2 % angestiegen. Die Banken waren 1991 mit 3,4 und 1992 mit 2,2 % an der Wertschöpfung beteiligt. Der Staat erhielt im Vergleichszeitraum 4,6 % und 6,3 % der Wertschöpfung. An die Gesellschafter gingen 10,8 % und 12,9 % von der Wertschöpfung in den Jahren 1991 und 1992.

17.2 Finanzanalyse

Die finanzwirtschaftliche Analyse untersucht die Relationen der Vermögens- und Kapitalpositionen. Die Daten für die Finanzanalyse werden der Bilanz entnommen. Im Gegensatz zur Erfolgsanalyse ist die Finanzanalyse eine zeitpunktbezogene Untersuchung.

17.2.1 Vermögensstruktur

Um die Vermögensstruktur zu analysieren, werden der Anteil des Anlagevermögens sowie der Anteil des Anlagevermögens und der Vorräte an der Bilanzsumme errechnet.

17.2.2.1 Anteil des Anlagevermögens an der Bilanzsumme

Folgende Formel wird verwendet, um den Anteil des Anlagevermögens an der Bilanzsumme zu ermitteln:

$$\text{Anteil des Anlagevermögens} = \frac{\text{Anlagevermögen}}{\text{Bilanzsumme}} \times 100$$

$$1991 \quad \frac{11.356}{25.085} \times 100 = 45{,}3\ \%$$

$$1992 \quad \frac{12.269}{30.920} \times 100 = 39{,}7\ \%$$

Die Anlagenintensität ist im Vergleichszeitraum von 45,3 % auf 39,7 % oder um 5,6 %-Punkte zurückgegangen. Dies entspricht einer Reduzierung um 12,4 %.

17.2.1.2 Anteil des Anlagevermögens und der Vorräte an der Bilanzsumme

Den Anteil des Anlagevermögens und der Vorräte an der Bilanzsumme errechnen wir wie folgt:

$$\text{Anteil des Anlagevermögens und der Vorräte} = \frac{\text{Anlagevermögen + Vorräte}}{\text{Bilanzsumme}} \times 100$$

$$1991 \quad \frac{11.356 + 5.950}{25.085} \times 100 = 69{,}0\ \%$$

$$1992 \quad \frac{12.269 + 6.218}{30.920} \times 100 = 59{,}8\ \%$$

Im Vergleich zum Vorjahr ist das Anlagevermögen einschließlich der Vorräte in bezug auf die Bilanzsumme um 9,2 %-Punkte oder um 13,3 % zurückgegangen.

17.2.2 Kapitalstruktur

Bei der Analyse der Kapitalstruktur geht es um die Eigenkapitalquote und um den langfristigen Kapitalanteil an der Bilanzsumme.

17.2.2.1 Eigenkapitalquote

Die Eigenkapitalquote wird wie folgt errechnet:

$$\text{Eigenkapitalquote} = \frac{\text{Eigenkapital}}{\text{Bilanzsumme}} \times 100$$

$$1991 \quad \frac{16.836}{25.085} \times 100 = 67{,}1\ \%$$

$$1992 \quad \frac{17.463}{30.920} \times 100 = 56{,}5\%$$

Die Eigenkapitalquote ist im Vergleich zum Vorjahr um 10,6 %-Punkte oder um 15,8 % gesunken. Die Eigenkapitalquote ist aber noch als sehr gut zu bezeichnen.

17.2.2.2 Langfristiger Kapitalanteil

Der langfristige Kapitalanteil an der Bilanzsumme ergibt sich aus folgender Formel:

$$\text{Langfristiger Kapitalanteil} = \frac{\text{Langfristiges Kapital}}{\text{Bilanzsumme}} \times 100$$

Der langfristige Kapitalanteil setzt sich wie folgt zusammen:

Eigenkapital
\+ 50 % der Rückstellungen
\+ Langfristige Verbindlichkeiten

= Langfristiger Kapitalanteil

$$1991 \quad \frac{16.836 + 70 + 3.401}{25.085} \times 100 = 81\ \%$$

$$1992 \quad \frac{17.463 + 558{,}5 + 4.594}{30.920} \times 100 = 73{,}1\ \%$$

Der langfristige Kapitalanteil hat sich gegenüber 1991 um 7,9 %-Punkte oder um 9,8 % verschlechtert. Trotzdem ist die langfristige Kapitalausstattung des Unternehmens noch als sehr gut anzusehen.

17.2.3 Deckungsrelationen

Die Deckungsrelationen erlauben einen guten Überblick über die horizontale Vermögens- und Kapitalstruktur. Sie geben Auskunft über die finanzielle Stabilität des Unternehmens.

Die Finanzierungsregeln besagen, daß beispielsweise langfristig gebundene Vermögensgegenstände auch durch langfristige Mittel zu finanzieren sind. Die Fristigkeit der Finanzierungsmittel sollte der Nutzungsdauer der damit finanzierten Investitionsobjekte entsprechen. Hieraus kann die Regel abgeleitet werden, daß zumindest das Anlagevermögen eines Unternehmens langfristig, also durch Eigenkapital und durch langfristiges Fremdkapital, zu finanzieren ist.

Die Kennzahlen der Anlagendeckung bringen zum Ausdruck, in welchem Umfang die Finanzierungsregeln tatsächlich eingehalten wurden. Je höher die Prozentsätze ausfallen, um so größer ist dann die finanzielle Stabilität des Unternehmens. Nach Möglichkeit sollte auch ein Teil des Umlaufvermögens, zumindest aber der durchschnittliche Bestand an Vorräten, langfristig finanziert sein.

17.2.3.1 Anlagendeckung 1

Die Anlagendeckung 1 ergibt sich aus folgender Formel:

$$\text{Anlagendeckung 1} = \frac{\text{Eigenkapital}}{\text{Anlagevermögen}} \times 100$$

$$1991 \quad \frac{16.836}{11.356} \times 100 = 148{,}3\ \%$$

$$1992 \quad \frac{17.463}{12.269} \times 100 = 142{,}3\ \%$$

Im Vergleichszeitraum hat sich die Anlagendeckung 1 um 6,0 %-Punkte oder um 4,0 % verschlechtert. Die Anlagendeckung 1 ging zwar leicht zurück, ist aber noch als ausgezeichnet zu betrachten.

17.2.3.2 Anlagendeckung 2

Die Anlagendeckung 2 wird mit folgender Formel errechnet:

$$\text{Anlagendeckung 2} = \frac{\text{Langfristiges Kapital}}{\text{Anlagevermögen}} \times 100$$

$$1991 \quad \frac{16.836 + 70 + 3.401}{11.356} \times 100 = 178{,}8\ \%$$

$$1992 \quad \frac{17.463 + 558{,}5 + 4.594}{12.269} \times 100 = 184{,}3\ \%$$

Die Anlagendeckung 2 hat sich im Vergleichszeitraum um 5,5 %-Punkte oder um 3,1 % verbessert. Sie kann als sehr gut bezeichnet werden.

17.2.3.3 Anlagendeckung 3

Die Anlagendeckung 3 wird mit folgender Formel ermittelt:

$$\text{Anlagendeckung 3} = \frac{\text{Langfristiges Kapital}}{\text{Anlagevermögen + Vorräte}} \times 100$$

$$1991 \quad \frac{20.307}{11.356 + 5.950} \times 100 = 117{,}3\ \%$$

$$1992 \quad \frac{20.615{,}5}{12.269 + 6.218} \times 100 = 122{,}3\ \%$$

Im Vergleich zu 1991 hat sich die Anlagendeckung 3 um 5,0 %-Punkte oder um 4,3 % verbessert. Sogar unter Einbeziehung der Vorräte besteht noch eine langfristige Deckung von über 100 %. Auch dieses Ergebnis ist als sehr gut zu bezeichnen. Das Unternehmen ist also solide finanziert.

17.2.4 Liquidität

Die Analyse der Liquidität gibt Aufschluß über die Zahlungsbereitschaft des Unternehmens. Wir unterscheiden drei Liquiditätsgrade.

17.2.4.1 Liquidität 1. Grades

Die Liquidität 1. Grades wird mit Hilfe folgender Formel errechnet:

$$\text{Liqidität 1. Grades} = \frac{\text{Flüssige Mittel}}{\text{Kurzfr. Verbindlichkeiten}} \times 100$$

Die kurzfristigen Verbindlichkeiten setzen sich wie folgt zusammen:

1. Verbindlichkeiten aus Lieferungen und Leistungen
2. Sonstige Verbindlichkeiten
3. 50 % der Rückstellungen
4. Bilanzgewinn

$$1991 \quad \frac{3.544}{4.248 + 360 + 70 + 1.815} \times 100 = 53{,}8\ \%$$

$$1992 \quad \frac{6.896}{7.267 + 479 + 558{,}5 + 2.442} \times 100 = 64{,}2\ \%$$

Die Liquidität 1. Grades hat sich um 10,4 %-Punkte oder um 19,3 % verbessert. Die vorhandenen flüssigen Mittel wurden allerdings nicht dazu benutzt, die offenen Rechnungen zu skontieren. Dadurch sind dem Unternehmen viele zusätzliche Skontoerträge entgangen.

17.2.4.2 Liquidität 2. Grades

Die Liquidität 2. Grades ergibt sich aus folgender Formel:

$$\begin{matrix}\text{Liquidität} \\ \text{2. Grades}\end{matrix} = \frac{\text{Flüssige Mittel + Forderungen aus L + L}}{\text{Kurzfristige Verbindlichkeiten}} \times 100$$

$$1991 \quad \frac{3.544 + 3.690}{6.593} \times 100 = 109{,}7\ \%$$

$$1992 \quad \frac{6.896 + 4.918}{10.746{,}5} \times 100 = 109{,}9\ \%$$

Die Liquidität 2. Grades ist fast gleichgeblieben. Auch dieses Ergebnis ist als gut zu bezeichnen.

17.2.4.3 Liquidität 3. Grades

Die Liquidität 3. Grades wird folgendermaßen ermittelt:

$$\text{Liquidität 3. Grades} = \frac{\text{Fl. Mittel + Ford. aus L+L + WP + Vorräte}}{\text{Kurzfristige Verbindlichkeiten}} \times 100$$

Die Positionen über dem Bruchstrich umfassen das gesamte Umlaufvermögen. Deshalb kann die Formel auch wie folgt lauten:

$$\text{Liquidität 3. Grades} = \frac{\text{Umlaufvermögen}}{\text{Kurzfristige Verbindlichkeiten}} \times 100$$

$$1991 \quad \frac{3.544 + 3.690 + 310 + 235 + 5.950}{6.593} \times 100 = 208{,}2\ \%$$

$$1992 \quad \frac{6.896 + 4.918 + 310 + 309 + 6.218}{10.746{,}5} \times 100 = 173{,}6\ \%$$

Im Vergleichszeitraum ist die Liquidität 3. Grades um 34,6 %-Punkte oder um 16 % zurückgegangen. Trotz der relativen Verschlechterung ist die Liquidität 3. Grades noch als gut zu betrachten.

17.2.4.4 Working Capital

Das Working Capital steht in Zusammenhang mit der Liquidität 3. Grades. Das Umlaufvermögen wird bei der Liquidität 3. Grades mit den kurzfristigen Verbindlichkeiten in Verbindung gesetzt. Wir erhalten dann als Ergebnis einen Prozentsatz. Beim Working Capital wird die Differenz aus den beiden Größen ermittelt.

Folgende Formel kommt bei der Errechnung des Working Capital zur Anwendung:

Working Capital = Umlaufvermögen – Kurzfr. Verbindlichkeiten

1991	Umlaufvermögen	13.729
	– Kurzfristige Verbindlichkeiten	6.593
		7.136
1992	Umlaufvermögen	18 651
	– Kurzfristige Verbindlichkeiten	10 746,5
		7 904,5

Das Working Capital ist im Vergleichszeitraum um 768,5 TDM oder um 10,8 % gestiegen. Auch dieses Ergebnis ist als gut zu bezeichnen.

B Bilanzpolitik

1 Wesen

Mit der Bilanzpolitik können die Unternehmensleitung und die Führungskräfte die Ergebnisse des Jahresabschlusses im Rahmen der rechtlich zulässigen Möglichkeiten bewußt beeinflussen. Dabei wird versucht, die Unternehmensziele durch die Ausnutzung der gesetzlichen und faktischen Wahlrechte und der Ermessensspielräume systematisch zu verwirklichen.

Die Gestaltung der Bilanzen, der GuV sowie des Anhangs gehört zum Aufgabengebiet der Bilanzpolitik, die auch zur Existenzsicherung der Unternehmen beitragen soll. Die Unternehmen müssen sich so präsentieren, daß sie im Wettbewerb um Kunden, Mitarbeiter und Kapital bestehen können.

Die Bilanzpolitik umfaßt also alle betrieblichen Entscheidungen mit dem Ziel, den Jahresabschluß so zu gestalten, daß er den betrieblichen Zielsetzungen entspricht.

2 Ziele der Bilanzpolitik

Die Bilanzpolitik ist ein wesentlicher Bestandteil der Unternehmenspolitik und stellt ein Instrument zur Realisierung der Zielsetzungen in den Unternehmungen dar. Dabei geht es insbesondere um die Steuerung der Gewinnausschüttung, die Gestaltung der Bilanzstruktur, die Reduzierung der Steuerbelastung, die Ausgewogenheit der Informationen an die Adressaten des Jahresabschlusses und um die Erfüllung von Publizitätsverpflichtungen.

Wesentliche Ziele der Bilanzpolitik

1. Steuerung der Gewinnausschüttung
2. Gestaltung der Bilanzstruktur
3. Reduzierung der Steuerbelastung
4. Ausgewogenheit der Informationen
5. Erfüllung der Publizitätsverpflichtungen

Abb.: Wesentliche Ziele der Bilanzpolitik

2.1 Steuerung der Gewinnausschüttung

Die Steuerung der Gewinnausschüttung ist ein wesentliches Ziel der Bilanzpolitik. Zwischen der Höhe des ausgewiesenen Gewinns und den Erwartungen der Anteilseigner hinsichtlich der Ausschüttung des Gewinns besteht ein enger Zusammenhang. Deshalb sollten die Überlegungen über die Höhe der Gewinnausschüttung nicht erst beim Beschluß über die Gewinnverwendung angestellt werden, sondern sie müssen bereits bei der Gewinnermittlung beginnen. Es geht insbesondere um die Vermeidung der Ausschüttung von inflationsbedingten Scheingewinnen und damit um die Verringerung der Substanz der Unternehmen. Die Verbesserung der Innenfinanzierung ist ein zusätzlicher Aspekt, der berücksichtigt werden sollte.

2.2 Gestaltung der Bilanzstruktur

Die Gestaltung der Bilanzstruktur ist ein weiteres Ziel der Bilanzpolitik. Die Bilanzstruktur sollte aufgrund der unternehmerischen Zielsetzungen geändert und optimaler ausgerichtet werden. Die Bilanzpolitik dient der Umsetzung der Unternehmensziele im Rahmen des Jahresabschlusses. Allerdings muß festgestellt werden, daß es eine ideale Bilanz nicht gibt.

Die Bilanzpolitik stellt ein klassisches Optimierungsproblem dar. Die Zielkonflikte sind durch die verschiedenen Interessen der Adressaten vorprogrammiert. Die einzelnen Adressaten, d. h. die Banken, die Aktionäre, die Öffentlichkeit, der Staat, die Mitarbeiter, die Lieferanten, die Kunden und die Konkurrenz erwarten vom Jahresabschluß unterschiedliche Informationen. Die Bilanzanalyse und die Bilanzkritik sollten die Grundlage für die von den Unternehmen verfolgte Bilanzpolitik sein.

Im Rahmen der Bilanzanalyse und der Bilanzkritik können die Stärken und die Schwächen der Unternehmen erkannt werden, die zu weiteren Untersuchungen Anlaß geben sollten. Sobald ein Stärken- und Schwächenprofil erstellt ist, haben die Unternehmensleitung und die Führungskräfte die Möglichkeit, neue operative und strategische Maßnahmen zu beschließen, die den Umsatz, die Produktion, die Materialwirtschaft sowie die Finanzierung und die Investition betreffen.

2.3 Reduzierung der Steuerbelastung

Die bilanzpolitische Gestaltung muß sich auch auf die Reduzierung der Steuerbelastung beziehen. Wir haben zwischen dem Steueraufschub und der Steuervermeidung zu unterscheiden.

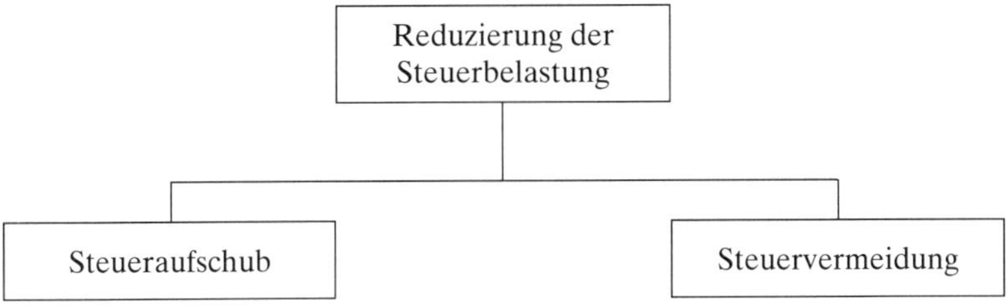

Abb.: Formen der Steuerentlastung

Der Steueraufschub bei den ertragsabhängigen Steuern wird erreicht, indem Erträge in die Zukunft verlagert und Aufwendungen in die Gegenwart vorgezogen werden. Die Verschiebung von Steuerzahlungen bedeutet, daß die Unternehmen vom Staat einen zinslosen Kredit erhalten.

Eine Steuervermeidung wird beispielsweise möglich durch die Glättung von Progressionsspitzen bei der Einkommensbesteuerung und durch die Verlagerung der Gewinne in niedriger besteuerte Länder. Auch die Verringerung von substanzabhängigen Steuern führt zu einer Steuervermeidung.

In der Praxis kommt es besonders auf die ertragsabhängigen Steuern an. Die Ertragsteuerbilanz ist aber auch die Grundlage für die Vermögensaufstellung, die für die Berechnung des Gewerbekapitals und für die Bewertung von Gesellschafteranteilen nach dem Stuttgarter Verfahren erforderlich ist. Deshalb werden durch bilanzpolitische Maßnahmen auch die substanzabhängigen Steuern beeinflußt.

2.4 Ausgewogenheit der Informationen

Durch die Ausgewogenheit der Informationen kann die Verhaltensweise der Adressaten des Jahresabschlusses ebenfalls beeinflußt werden. Der Jahresabschluß ist eine wichtige Grundlage für die Banken, neue Kredite zu geben oder bereits bestehende Kredite zu verlängern. Deshalb müssen die Unternehmen daran interessiert sein, den Banken ein kreditwürdiges Unternehmen zu präsentieren. Eine Verschlechterung der Ertragslage kann durch bilanzpolitische Maßnahmen abgemildert werden. Die Banken achten sehr auf bestimmte Bilanzrelationen, die sich in den Finanzierungsregeln niederschlagen.

Neben den Banken interessieren sich die Lieferanten, die Kunden, die Mitarbeiter und die Konkurrenz für die Ergebnisse des Jahresabschlusses. Für die mit der Bilanzreform publizitätspflichtig gewordenen Unternehmen werden diese Zielgruppen immer wichtiger. Mit Hilfe der Bilanzpolitik sollten die Meinungsbildung und die Verhaltensweisen der externen Adressaten zu Gunsten des Unternehmens beeinflußt werden.

2.5 Erfüllung der Publizitätsverpflichtungen

Die Berücksichtigung der Publizitätsverpflichtungen wird auch für die kleineren und mittleren Kapitalgesellschaften immer wichtiger. Die Unternehmen können sich auf die Veröffentlichung der gesetzlich vorgeschriebenen Angaben beschränken oder über die Mindestvorschriften hinausgehen. Durch eine weitergehende Veröffentlichung der Rechnungslegung kann die Public-Relations-Arbeit verbessert werden.

2.6 Weitere Ziele

Neben den Unternehmenszielen können mit der Bilanzpolitik aber noch andere Ziele verfolgt werden. Zu diesen Zielen gehören insbesondere:

1. **Vertuschung von Managementfehlern**

   Die Unternehmensleitung versucht, die Auswirkungen von Fehlentscheidungen auf den Jahresabschluß nicht sichtbar werden zu lassen. Die Manager wollen vermeiden, daß sie von den Anteilseignern zur Rechenschaft gezogen werden.

2. **Ergebnisverbesserung wegen des Verkaufs eines Unternehmens**

   Die Unternehmensleitung kann an einer Verbesserung der Ergebnisse interessiert sein, um die Verhandlungen über den Verkauf eines Unternehmens positiv zu beeinflussen.

3. **Erhöhung der Gewinne wegen erfolgsabhängiger Vergütungen**

   In einigen Unternehmen ist die Unternehmensleitung bestrebt, durch bilanzpolitische Maßnahmen erhöhte Gewinne auszuweisen, um die erfolgsabhängigen Vergütungen zu verbessern, die dann an die Unternehmensleitung und möglicherweise an die Aufsichtsgremien zu zahlen sind.

   Eine erfolgsabhängige Vergütung sollte nicht anhand der Zahlen des Jahresabschlusses vereinbart werden. Eine bessere Grundlage stellen die Ergebnisse der Kosten- und Leistungsrechnung dar. Deshalb sollten die Daten der kurzfristigen Erfolgsrechnung als Basis für eine erfolgsabhängige Vergütung gewählt werden.

Zwischen den einzelnen Zielen der Bilanzpolitik können Zielkonflikte entstehen. Aus dem Gesichtspunkt der Finanzierung ist es sinnvoll, vom erwirtschafteten Gewinn möglichst wenig auszuschütten, um die Innenfinanzierung (Cash-Flow) zu verbessern. Durch den Ausweis höherer Gewinne und durch die Ausschüttung eines großen Anteils der Gewinne können die Kapitalgeber veranlaßt werden, zusätzliches Kapital dem Unternehmen zur Verfügung zu stellen. Auch zwischen den anderen Gruppen der Adressaten des Jahresabschlusses können verschiedene Zielkonflikte auftreten.

Um bestehende Zielkonflikte zu lösen, muß die Unternehmensleitung Prioritäten setzen und Kompromisse schließen. Für die erfolgsabhängigen Vergütungen sollte die Unternehmensleitung die kurzfristige Erfolgsrechnung und eine interne Bilanz als Basis wählen, damit alle Möglichkeiten zur Reduzierung der Steuern genutzt werden können.

Für die Kapitalgesellschaften (AG, GmbH) wird aufgrund der neuen Publizitätspflichten die eigenständige Handelsbilanz neben der Steuerbilanz immer wichtiger. Deshalb sollten die unterschiedlichen Gestaltungsmöglichkeiten der Handels- und der Steuerbilanz in der Zukunft besser genutzt werden. Zur Veröffentlichung dienen jeweils die Handelsbilanzen.

3 Formen der Bilanzpolitik

Wir können zwei Formen der Bilanzpolitik unterscheiden. Neben der formellen Bilanzpolitik gibt es auch die materielle Bilanzpolitik.

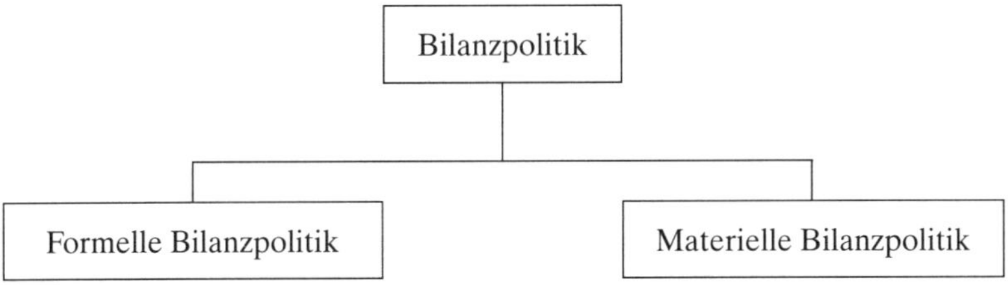

Abb.: Formen der Bilanzpolitik

3.1 Formelle Bilanzpolitik

Bei der formellen Bilanzpolitik geht es um die Struktur, die Gliederung, den Ausweis und die Erläuterungen der Abschlußposten einschließlich der Gewinnverwendung. Die Unternehmen müssen auch die Frage klären, inwieweit sie die gesetzlichen Offenlegungspflichten beachten müssen. Die formelle Bilanzpolitik befaßt sich also mit der Form der Darstellung der Vermögens-, Finanz- und Ertragslage der Unternehmen.

3.2 Materielle Bilanzpolitik

Bei der materiellen Bilanzpolitik geht es um die Beeinflussung der Höhe des im Jahresabschluß ausgewiesenen Gewinns, der sich nach Handels- und Steuerrecht ergibt. In der Praxis ist diese Fragestellung aus steuerrechtichen Gründen besonders wichtig. Mit Hilfe der materiellen Bilanzpolitik ist im wesentlichen eine Steuerung der

Höhe des ausgewiesenen Jahresergebnisses möglich. Die Bewertungsmöglichkeiten haben also Einfluß auf die Höhe des ausgewiesenen Gewinns.

Zwischen beiden Formen der Bilanzpolitik bestehen meist Abhängigkeiten (Interdependenzen). Ergebniswirksame Veränderungen der Wertansätze der einzelnen Bilanzpositionen schlagen sich auch in den Strukturen des Jahresabschlusses nieder. Konsequenzen für die Berichterstattung im Anhang sind ebenfalls gegeben. Mit der Mehrzahl der materiellen Instrumente sind also regelmäßig auch Auswirkungen auf die Struktur des Jahresabschlusses verbunden.

4 Bilanzpolitische Instrumente

Bei den bilanzpolitischen Instrumenten unterscheiden wir zum einen Maßnahmen, die an gegebene Sachverhalte anknüpfen und zu anderen Maßnahmen, die gegebene Sachverhalte verändern.

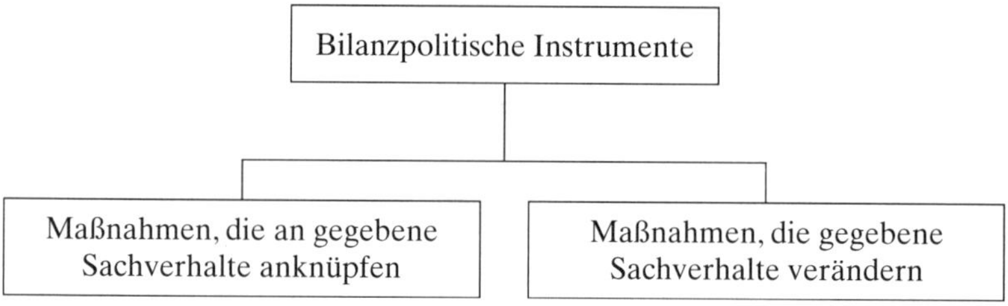

Abb.: Gruppen von bilanzpolitischen Instrumenten

4.1 Maßnahmen, die an gegebene Sachverhalte anknüpfen

Die Maßnahmen, die an gegebene Sachverhalte anknüpfen, beeinflussen nur deren Darstellung im Jahresabschluß. Folgende Möglichkeiten sind gegeben:

4.1.1 Darstellung bestimmter betrieblicher Sachverhalte

Die Darstellung bestimmter betrieblicher Sachverhalte kann durch bilanzpolitische Maßnahmen beeinflußt werden.

4.1.1.1 Aufnahme bestimmter Sachverhalte als Aktiv- oder Passivposten

Es geht um die bilanzielle Erfassung dem Grunde nach bei der Bilanzierung.

Beispiel: Passivierungswahlrecht für Aufwandsrückstellungen (§ 249 Abs. 2 HGB)

4.1.1.2 Erwähnung bestimmter Sachverhalte im Anhang

Bestimmte Sachverhalte sind im Anhang bei großen Kapitalgesellschaften zu erwähnen. Für kleine Kapitalgesellschaften dagegen bestehen größenabhängige Erleichterungen.

Beispiel: Wahlrecht für kleine Kapitalgesellschaften, im Anhang die größenabhängigen Erleichterungen wahrzunehmen (§ 288 HGB)

4.1.2 Ansatz der im Jahresabschluß erfaßten Sachverhalte

Der Ansatz der im Jahresabschluß erfaßten Sachverhalte kann unterschiedlich gestaltet werden.

4.1.2.1 Bewertung der in der Bilanz erfaßten Sachverhalte

Bei der Bewertung geht es um die bilanzielle Erfassung der Höhe nach. Es ist zu klären, mit welchem Wert bestimmte Sachverhalte in der Bilanz zu aktivieren oder zu passivieren sind.

Beispiel: Wahlrecht, in die Herstellungskosten auch die Gemeinkosten einzubeziehen (§ 255 Abs. 2 Satz 3 HGB)

4.1.2.2 Erfassung bestimmter Sachverhalte

Bestimmte Sachverhalte können im Jahresabschluß an verschiedenen Stellen erfaßt werden.

Beispiel: Ausweis von Wertpapieren im Anlage- oder im Umlaufvermögen

4.2 Maßnahmen, die gegebene Sachverhalte verändern

Aus bilanzpolitischen Gründen werden Sachverhaltsgestaltungen vorgenommen, die das der Bilanz zugrunde liegende Mengengerüst der Aktiva und Passiva beeinflussen. Diese Form der Bilanzpolitik muß vor dem Bilanzstichtag einsetzen. Wir unterscheiden zwei Formen der Sachverhaltsgestaltungen:

4.2.1 Zeitliche Verlagerung von Geschäftsvorfällen

Die zeitliche Verlagerung von Geschäftsvorfällen kann aus bilanzpolitischen Erwägungen vorgenommen werden.

Beispiel: Anschaffung von geringwertigen Wirtschaftsgütern des Anlagevermögens vor dem Ende des Geschäftsjahres, um das Abschreibungsvolumen zu erhöhen. Die Gegenstände wären sonst erst im neuen Geschäftsjahr besorgt worden.

4.2.2 Bewußte Gestaltung von Sachverhalten aus bilanzpolitischen Gründen

Im Unternehmen werden Gestaltungen vorgenommen, die nur aus bilanzpolitischen Gründen erfolgen.

Beispiel: Leasing statt Kauf, um die Bilanzsumme zu kürzen. Dadurch wird ein für die Rechnungslegungspflichten der Kapitalgesellschaften wichtiges Größenmerkmal (Bilanzsumme) reduziert.

5 Bilanzpolitische Maßnahmen

Bei den bilanzpolitischen Maßnahmen können wir die formellen und die materiellen Maßnahmen unterscheiden.

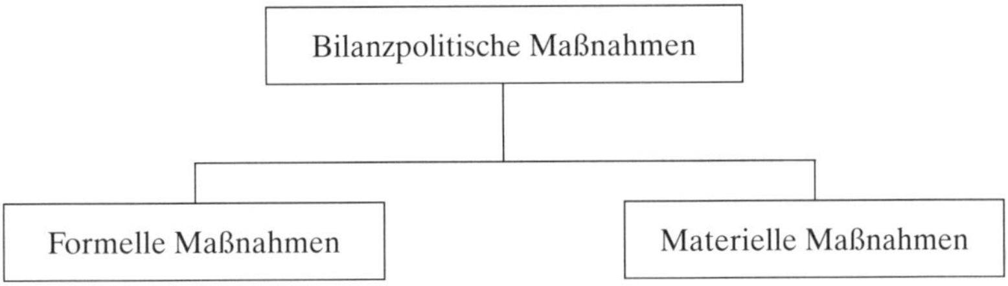

Abb.: Bilanzpolitische Maßnahmen

5.1 Formelle Maßnahmen

Wir müssen zwischen der Beeinflussung der Art der Darstellung von Sachverhalten im Jahresabschluß und der Gestaltung von Sachverhalten unterscheiden.

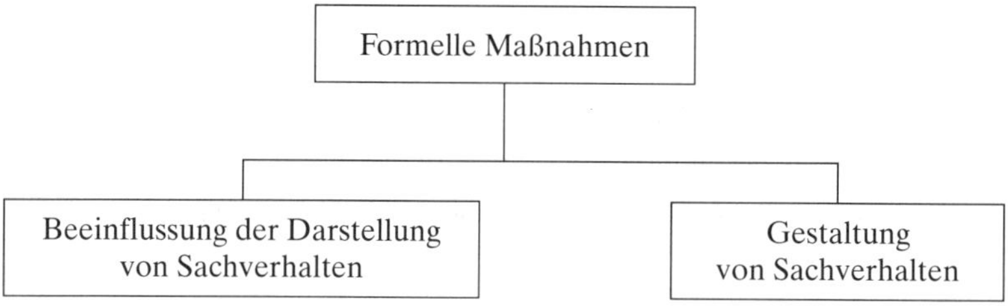

Abb.: Arten der formellen Maßnahmen

5.1.1 Beeinflussung der Darstellung von Sachverhalten

Zu den formellen Maßnahmen gehören die Ausweis-, die Gliederungs- und die Erläuterungs-Wahlrechte.

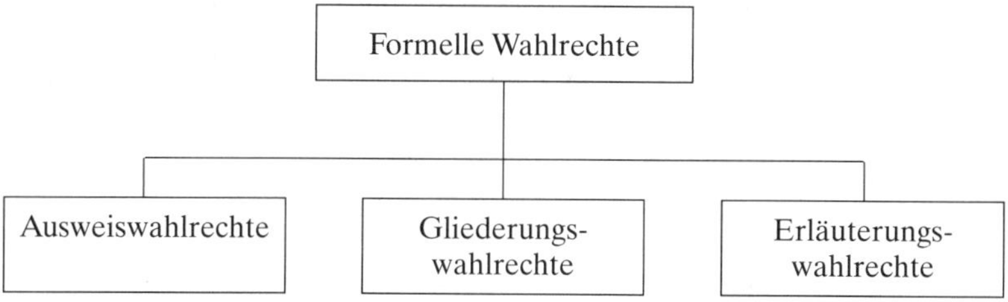

Abb.: Formelle Wahlrechte

Die Ausweiswahlrechte dienen der Informationspolitik des Unternehmens. Diese Instrumente haben keinen Einfluß auf die Bilanzstruktur, die Bilanzsumme oder das Ergebnis des Jahresabschlusses. Es geht um die Pflichtangaben in der Bilanz oder in der GuV, die wahlweise im Anhang aufgeführt werden können.

Die Gliederungswahlrechte dagegen wirken sich auf die vertikale Struktur der Bilanz sowie der GuV und auf die Bilanzsumme aus.

Die Erläuterungswahlrechte ermöglichen es den Unternehmen, die Art und Weise sowie zum Teil auch den Umfang der Erfüllung der verschiedenen Berichtspflichten zu gestalten.

Die Berichterstattung in der Bilanz oder in der GuV sowie im Anhang kann beeinflußt werden. Die formellen Maßnahmen beziehen sich auch auf die Veränderung der Strukturen der Bilanz sowie der GuV. Die Art und Weise sowie zum Teil der Umfang der Berichtspflichten kann ebenfalls gestaltet werden.

Die Aktiv- und Passivposten sowie die Erträge und Aufwendungen im Jahresabschluß dürfen nicht saldiert werden. Das Bruttoprinzip kann in gewissen Grenzen aber korrigiert werden (§ 246 Abs. 2 HGB). Dadurch wird die Klarheit und Richtigkeit des Jahresabschlusses verbessert. Die fälligen Forderungen und Verbindlichkeiten gegenüber einem bestimmten Geschäftspartner können also saldiert werden.

Diese Einschränkung des Bruttoprinzips bewirkt eine Verkürzung der Aktiv- und Passivseite in der Bilanz. Dadurch werden die Bilanzrelationen verbessert. Die Eigenkapitalquote läßt sich somit erhöhen.

Bei der GuV haben die Unternehmen die Wahl zwischen dem Gesamtkosten- und dem Umsatzkostenverfahren. Das Gesamtkostenverfahren ist in der Praxis noch üblich, da es einfach zu handhaben ist. Aus der Sicht der Unternehmen ist dieses Verfahren nicht so günstig, da die Außenstehenden einen verhältnismäßig guten Einblick in die Umsatz- und Kostenstruktur eines Unternehmens erhalten.

Das Umsatzkostenverfahren dagegen weist nur die Herstellungskosten der zur Erzielung der Umsatzerlöse erbrachten Leistungen sowie die Vertriebskosten, die Verwaltungskosten und die sonstigen betrieblichen Aufwendungen aus. Zusätzliche Angaben müssen im Anhang gemacht werden (§ 285 Nr. 8 HGB). Dieses Verfahren erschwert den Außenstehenden den Einblick. Allerdings ist ein höherer Verwaltungsaufwand nötig, da eine Kostenstellenrechnung eingeführt werden muß, die aber in vielen Unternehmen bereits vorhanden ist.

Der Umfang der Aufgliederung von Abschlußposten und Abschlußerläuterungen hat einen Einfluß auf den Informationsgehalt des Jahresabschlusses. Die kleinen und mittelgroßen Kapitalgesellschaften können sich bei der Rechnungslegung und der Publizierung auf die größenabhängigen Erleichterungen beziehen (§§ 266 Abs. 1 Satz 3, 276, 288, 293, 316 Abs. 1 Satz 1, 326, 327 HGB).

Die Struktur der Bilanz oder der GuV läßt sich durch vertikale Veränderungen des Ausweises von Abschlußposten beeinflussen. Bestimmte Wertpapiere können beispielsweise im Anlage- oder im Umlaufvermögen ausgewiesen werden. Dadurch wird die Relation von Anlage- zu Umlaufvermögen geändert. Die Kennzahlen der Finanzierungsregeln können sich somit ändern.

Durch die Umgliederung und durch die neue Bezeichnung von Bilanzpositionen im Rahmen der gesetzlichen Möglichkeiten können die Unternehmen die Transparenz verbessern oder reduzieren. Die Unternehmen sind in der Lage, eine bestimmte Bilanzkosmetik zu betreiben.

Zusätzliche Anmerkungen und Erläuterungen zum Jahresabschluß tragen dazu bei, daß der Jahresabschluß von den Banken, von der Öffentlichkeit und von den anderen Interessensgruppen wohlwollend aufgenommen wird. Durch die Publikation von Zusatzrechnungen wie die Kapitalflußrechnung und die Wertschöpfungsrechnung wird meist eine positive Resonanz erzielt.

Die möglichen darstellungsbezogenen Instrumente der formellen Bilanzpolitik können der folgenden Abbildung entnommen werden:

Beeinflussung der Darstellung von Sachverhalten durch eine formelle Bilanzpolitik

1. Ausweiswahlrechte
Korrektur des Bruttoprinzips in gewissen Grenzen
Saldierung der Forderungen und Verbindlichkeiten eines Geschäftspartners
Ausweis von Ersatzteilen im Anlagevermögen oder bei den Vorräten
Gesamtkosten- oder Umsatzkostenverfahren in der GuV
Ausweis von Wertpapieren im Anlage- oder im Umlaufvermögen (§ 247 Abs. 2 HGB)
Gesonderter Ausweis des Disagios (§ 268 Abs. 6 HGB)
Angaben der Abschreibungen des Geschäftsjahres (§ 268 Abs. 2 Satz 3 HGB)
Gesonderte Angaben des Gewinn- oder Verlustvortrags (§ 268 Abs. 1 Satz 2 HGB)
Angabe des Betrags steuerlicher Abschreibungen des Anlage- und Umlaufvermögens (§ 281 Abs. 2 Satz 1 HGB)
Gesonderter Ausweis aller größeren Posten aus den sonstigen betrieblichen Erträgen und Aufwendungen (§ 277 Abs. 4 Satz 1 HGB)
2. Gliederungswahlrechte
Gesonderter Ausweis von Grund und Boden sowie Gebäuden
Ansatz erhaltener Anzahlungen auf Vorräte oder Ausweis als Verbindlichkeiten (§ 268 Abs. 5 Satz 2 HGB)
Aktivierung oder Verrechnung von nicht eingeforderten ausstehenden Einlagen (§ 272 Abs. 1 Satz 2 und 3 HGB)
Saldierung aktivischer und passivischer latenter Steuern (§ 274 HGB)
Aktivische Verrechnung steuerlicher Abschreibungen oder Einstellung in die Sonderposten mit Rücklageanteil (§ 281 Abs. 1 Satz 1 HGB)
Abgrenzung ordentlicher und außerordentlicher Aufwendungen und Erträge (§ 277 Abs. 4 Satz 1 HGB)
Aufgliederungen der Forderungen und Verbindlichkeiten nach DM-Posten und Fremdwährungsposten
Aufgliederung der Bilanzposten fertige Erzeugnisse und Waren
Aufgliederung der Umsatzerlöse nach Sparten und nach regionalen Gesichtspunkten

3. Erläuterungswahlrechte
Weitere Untergliederung von Abschlußposten z.B. Sonstige Rückstellungen (§ 258 Abs. 5 Satz 1 HGB)
Ergebnisbeeinflussung durch steuerrechtliche Abschreibungen (§ 285 Nr. 5 1. Halbsatz HGB)
Einfluß der Änderung von Bilanzierungs- und Bewertungsmethoden (§ 284 Abs. 2 Nr. 3 HGB)
Ausmaß erheblicher künftiger Belastungen durch die Anwendung steuerlicher Abschreibungen (§ 285 Nr. 5 2. Halbsatz HGB)
Erläuterung nicht unerheblicher sonstiger Rückstellungen, die nicht gesondert ausgewiesen werden (§ 285 Nr. 12 HGB)
Erläuterungen über Abschlußposten in der Bilanz sowie in der GuV können im Anhang erfolgen (§ 285 Nr. 2 HGB)
Optimistische oder pessimistische Darstellung der künftigen Entwicklung des Unternehmens im Lagebericht
Verzicht auf größenabhängige Erleichterung im Anhang

Abb.: Beeinflussung der Darstellung von Sachverhalten durch eine formelle Bilanzpolitik

5.1.2 Gestaltung von Sachverhalten

Durch die Gestaltung von Sachverhalten als Mittel der formellen Bilanzpolitik können die Kapitalstruktur und der Liquiditätsausweis bewußt geändert werden. Diese Maßnahmen werden kurz vor dem Bilanzstichtag durchgeführt.

Eine Verbesserung der Kapitalstruktur ist durch Gewinnthesaurierung möglich, indem offene Rücklagen gebildet werden oder eine Gewinnausschüttung vermieden wird. Auch die Beschaffung von neuem Gesellschafterkapital und von langfristigem Fremdkapital verbessert die Kapitalstruktur.

Durch die Bilanzverkürzung ist auch eine Verbesserung der Kapitalstruktur möglich. Kurzfristig realisierbare Vermögensgegenstände können zur Tilgung kurzfristiger Schulden verwendet werden.

Die Aufnahme von Darlehen vor dem Bilanzstichtag bewirkt, daß die liquiden Mittel erhöht werden. Dadurch kommt es zu einer Bilanzverlängerung.

Miete, Pacht oder Leasing anstelle von Kauf eignen sich ebenfalls als Instrumente zur Entlastung der in der Bilanz sichtbaren Kapitalstruktur.

Die Liquidität kann auch positiv beeinflußt werden, wenn im Unternehmen größere Forderungen vor dem Bilanzstichtag an eine Bank verkauft werden und gleichzeitig vereinbart wird, diese Forderungen im neuen Jahr wieder zurückzukaufen.

Bei Kapitalgesellschaften kann es sinnvoll sein, durch die Gestaltung von Sachverhalten die für die Prüfungspflicht und für die Publizitätspflicht relevanten Größenmerkmale unter die gesetzlichen Mindestgrenzen zu drücken. Durch solche Maßnahmen ist es möglich, die Bilanzsumme, die Umsatzerlöse und die durchschnittliche Zahl der Arbeitnehmer zu reduzieren. Eine niedrigere Zahl der Mitarbeiter hat auch Bedeutung für das Ausmaß der Mitbestimmungsrechte der Arbeitnehmer nach dem Betriebsverfassungs- und dem Mitbestimmungsgesetz.

Durch formelle bilanzpolitische Maßnahmen ist eine bessere Darstellung der wirtschaftlichen Lage möglich (Window Dressing). Meist wird auch ein besserer Liquiditätseindruck erzielt.

Es bestehen allerdings Zielkonflikte bei der Gestaltung von Sachverhalten. Durch solche Maßnahmen können höhere Zinsen anfallen oder sich höhere Steuern ergeben. Auch eine Verschlechterung der Liquidität ist möglich. Diese Gesichtspunkte sind bei den Entscheidungen für den Einsatz der bilanzpolitischen Instrumente zu beachten.

Einzelne sachverhaltsgestaltende Instrumente der formellen Bilanzpolitik werden in der folgenden Abbildung aufgeführt:

Gestaltung von Sachverhalten durch eine formelle Bilanzpolitik

Verbesserung der Kapitalstruktur durch eine Gewinnthesaurierung z.B. durch die Bildung von Gewinnrücklagen

Vermeidung von Gewinnausschüttungen

Beschaffung von neuem Gesellschafterkapital

Aufnahme von langfristigem Fremdkapital

Bilanzverkürzung durch die Tilgung kurzfristiger Schulden durch den Verkauf von Vermögensgegenständen

Erhöhung liquider Mittel durch die Aufnahme von Darlehen vor dem Bilanzstichtag

Miete, Pacht oder Leasing anstatt von Kauf

Verkauf von größeren Forderungen vor dem Bilanzstichtag an eine Bank und Rückkauf im neuen Jahr

Aufspaltung des Unternehmens durch die Ausgliederung des Anlagevermögens (Betriebsaufspaltung)

Herstellung der Saldierungsfähigkeit der Forderungen und Verbindlichkeiten gegenüber verbundenen Unternehmen durch entsprechende Abtretungen im Unternehmensverbund
Aufnahme von langfristigem Kapital zur Reduzierung von kurzfristigem Fremdkapital
Verbesserung des Liquiditätsausweises durch verzögerte Beschaffung von Roh-, Hilfs- und Betriebsstoffen am Ende des Geschäftsjahres
Vereinbarung des Scheck-Wechsel-Verfahrens
Verkauf von Forderungen an eine Factoring-Bank
Bessere Darstellung der Zahlungsmoral der Kunden durch den Debitorenabbau durch Forfaitierung
Einsatz des Sale-Lease-Back-Verfahrens
Verbesserung der Lagerumschlagshäufigkeit durch den Abbau von Vorräten an fertigen und unfertigen Erzeugnissen vor dem Bilanzstichtag
Einlage von liquiden Mitteln durch Gesellschafter vor dem Bilanzstichtag
Verbesserung der Kassenliquidität durch den Verkauf von Wertpapieren mit Rücknahmeverpflichtung (Pensionsgeschäfte)
Schnellerer Einzug von Kundenforderungen
Reduzierung des Lagerbestands durch den Verkauf von Lagerhütern
Verzögerte Bezahlung von Verbindlichkeiten
Vereinbarungen von Anzahlungen der Kunden
Beschleunigter Verkauf an Kunden, die schneller bezahlen
Verzögerte Durchführung von Anzahlungen an Lieferanten
Reduzierung von Größenmerkmalen durch Aufspaltung des Unternehmens
Verringerung der Bilanzsumme durch Einrichtung von Kommissionslägern
Reduzierung der Bilanzsumme durch die Verlegung des Bilanzstichtages auf einen Zeitpunkt außerhalb der Saison

Abb.: Gestaltung von Sachverhalten durch eine formelle Bilanzpolitik

5.2 Materielle Maßnahmen

Bei der Beeinflussung der Darstellung von Sachverhalten im Jahresabschluß müssen wir hinsichtlich der materiellen Maßnahmen zwischen Wahlrechten und Ermessensspielräumen unterscheiden.

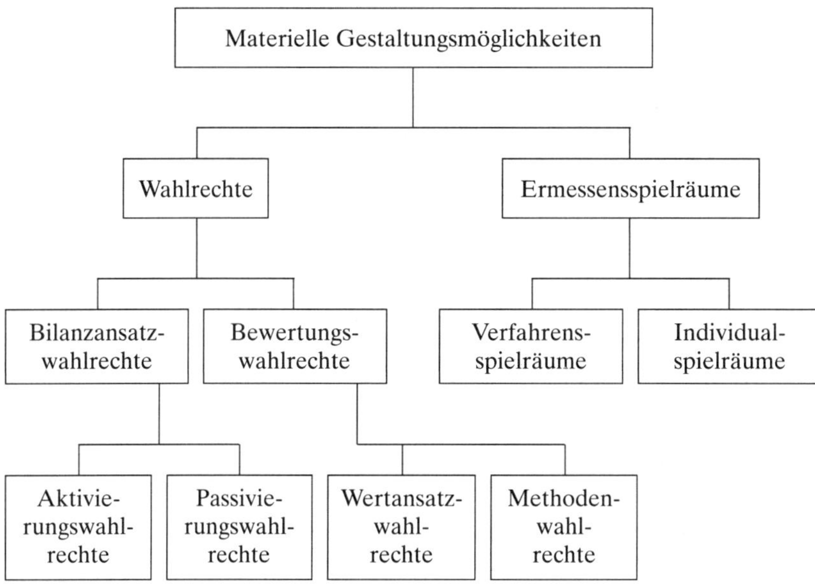

Abb.: Materielle Gestaltungsmöglichkeiten

Bei Wahlrechten gibt es für einen gegebenen Tatbestand mindestens zwei verschiedene und eindeutig fixierte Rechtsfolgen, die sich gegenseitig ausschließen. Wahlrechte beziehen sich auf Ansatzfragen und auf Bewertungsfragen des Jahresabschlusses.

Bei der Wahl zwischen der degressiven und der linearen Abschreibung kann sich die Unternehmensleitung für die eine oder andere Abschreibungsmethode entscheiden, da es ein handels- und steuerrechtliches Wahlrecht gibt.

Ermessensspielräume bei der Bilanzierung und bei der Bewertung sind gegeben, wenn das Gesetz einen bestimmten Wertansatz oder einen bestimmten Wertmaßstab zwar vorschreibt, nicht aber die jeweilige Methode und die jeweiligen Komponenten entweder dem Grund und/oder der Höhe nach zu seiner bilanziellen Erfassung des Ansatzes oder des Wertes vorgibt.

Bei den Ermessensspielräumen können wir die Verfahrens- und die Individualspielräume unterscheiden. Verfahrensspielräume ergeben sich bei der Bewertung, wenn bei der Art der Wertermittlung in der Praxis verschiedene Verfahren für zulässig erachtet werden. Die Berechnung der Rückstellungen für drohende Verluste aus schwebenden Geschäften kann beispielsweise auf der Basis der zukünftigen Voll- oder Teilkosten erfolgen. Die Festsetzung des Prozentsatzes (2 % bis 3 %) für die Pauschalwertberichtigung zu Forderungen gehört auch zu den Verfahrensspielräumen.

Einzelentscheidungen, die dem Grunde oder der Höhe nach Wertansätze festlegen, zählen zu den Individualspielräumen. Für die Frage der Bilanzierung und für die Schätzung der Werte gibt es meist erhebliche Spielräume. Der Eintritt oder der Nichteintritt des Rückstellungsgrundes bei drohenden Einzelgarantierisiken bilden beispielsweise einen erheblichen Passivierungsspielraum. Für den Umfang der Abwertungen bei den Vorräten ist gemäß dem strengen Niederstwertprinzip ein größerer Ermessensspielraum bei der Bewertung gegeben.

Die Ermessensspielräume ergeben sich zwangsläufig aus der Unmöglichkeit in der Praxis, die wirtschaftliche Wirklichkeit vollständig zu normieren. Da es keine genauen Informationen über die zu beurteilenden Sachverhalte gibt und da die Zukunft ungewiß ist, sind die Ermessensspielräume relativ groß bei der Bilanzierung und bei der Bewertung. Besonders die Individualspielräume eignen sich als flexibel einsetzbare bilanzpolitische Instrumente.

5.2.1 Beeinflussung der Darstellung von Sachverhalten

Bei der Beeinflussung der Darstellung von Sachverhalten im Jahresabschluß können wir Bilanzierungs- und Bewertungsalternativen unterscheiden.

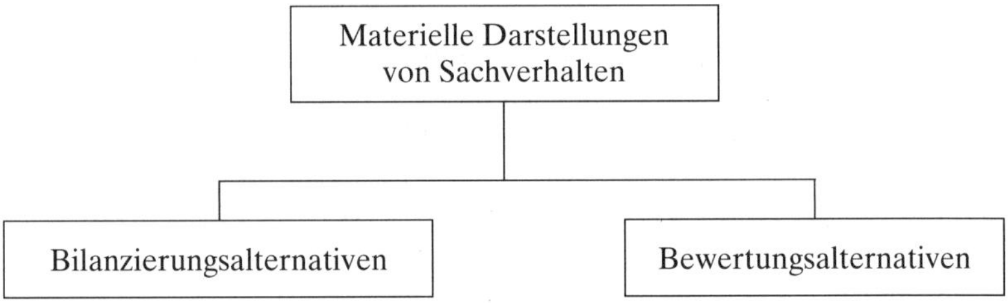

Abb.: Materielle Darstellungen von Sachverhalten

5.2.1.1 Bilanzierungsalternativen

Die Bilanzierungsalternativen betreffen die Frage, welche Vermögensgegenstände oder Schulden in der Bilanz aktiviert oder passiviert werden sollen. Anhand von Aktivierungsalternativen können getätigte Ausgaben entweder erfolgsneutral als Aktivposten bilanziert oder sofort als Aufwand erfaßt werden. Passivierungsalternativen erlauben, daß bestimmte zukünftige Ausgaben zum Bilanzstichtag nicht berücksichtigt werden oder als aufwandserhöhend den Rückstellungen zuzuführen sind.

Wenn ein niedriger Gewinn im Jahresabschluß ausgewiesen werden soll, dann wird auf die Aktivierungen verzichtet und die Passivierungen vorgenommen. Soll dagegen ein höherer Gewinn gezeigt werden, so sind die Aktivierungen durchzuführen und die Passivierungen zu vermeiden.

Folgende Wahlrechte und Ermessensspielräume sind bei den Bilanzierungsalternativen möglich:

Bilanzierungsalternativen

1. Wahlrechte
1.1 Aktivierungswahlrechte
Derivativer Firmenwert (H)
Disagio (H)
Aktivische latente Steuern (H)
Aufwendungen für die Ingangsetzung und Erweiterung des Geschäftsbetriebes (H)
1.2 Passivierungswahlrechte
Sonderposten mit Rücklageanteil (H/S)
Mittelbare Verpflichtungen aus Pensionszusagen (H)
Rückstellungen für unterlassene Instandhaltungen, die nach dem dritten aber einschließlich des zwölften Monats nach dem Bilanzstichtag nachgeholt werden (H)
Aufwandsrückstellungen für große Reparaturen (H)
Rückstellungen für spätere Ausgleichsansprüche von Handelsvertretern (H)
Wertaufholungsrücklagen (H)
Pensionsrückstellungen bei Zusagen vor dem 1. 1. 1987
Aufwandsrückstellungen

2. Ermessensspielräume
2.1 Aktivierungsspielräume
Abgrenzung von Herstellungsaufwendungen und Erhaltungsaufwendungen (H/S) Abgrenzung des Merkmals entgeltlicher Erwerb beim Zugang eines immateriellen Anlagegutes (H/S)
2.2 Passivierungsspielräume Eintritt oder Wegfall des Grundes für Rückstellungen bei drohenden Einzelrisiken (H/S) Auflösung von Rückstellungen beim Wegfall drohender Risiken (H/S) Bedingte Verbindlichkeiten (H/S)
H = Gestaltungsmöglichkeiten in der Handelsbilanz S = Gestaltungsmöglichkeiten in der Steuerbilanz

Abb.: Bilanzierungsalternativen

5.2.1.2 Bewertungsalternativen

Die Bewertungsalternativen befassen sich mit der Frage, welche Wertansätze für die in der Bilanz erfaßten Positionen genommen werden können. Wenn der Gewinn angehoben werden soll, dann sind höhere Aktivierungen und niedrigere Passivierungen erforderlich. Bei einer gewinnmindernden Bilanzpolitik wird umgekehrt vorgegangen.

Der Grundsatz der Bilanzstetigkeit ist bei den Bewertungsalternativen zu beachten (§ 252 Abs. 1 Nr. 6 HGB). Die auf den vorhergehenden Jahresabschluß angewandten Bewertungsmethoden sind beizubehalten, sofern nicht begründete Ausnahmefälle vorliegen (§ 252 Abs. 2 HGB). Methodenänderungen müssen bei Kapitalgesellschaften im Anhang angegeben und begründet werden (§ 284 Abs. 2 Nr. 3 HGB).

Die Bewertungsalternativen hinsichtlich der Wahlrechte und der Ermessensspielräume gehen aus der folgenden Abbildung hervor:

Bewertungsalternativen

1. Wahlrechte

1.1 Aktiva

Abschreibungsmethoden beispielsweise linear oder degressiv (H/S)

Abschreibungen bei abnutzbaren beweglichen Anlagegütern im Zugangsjahr (H/S)

Außerplanmäßige Abschreibungen im Anlagevermögen bei nur vorübergehender Wertminderung (H/S)

Inanspruchnahme von Zuschreibungsmöglichkeiten (H/S)

Einbeziehung nur der Einzelkosten in die Herstellungskosten (H)

Einführung der fiktiven Verbrauchsfolgeverfahren – Lifo – Fifo (H/S)

Gemeinkostenschlüsselung bei der Ermittlung der Herstellungskosten

Berücksichtigung von Beschäftigungsschwankungen bei der Ermittlung der Herstellungskosten

Abschreibungen auf den zukünftigen Wertschwankungswert im Umlaufvermögen

Beibehaltung eines niedrigeren Wertansatzes

Reduzierung des Warenlagers durch den Einsatz von Einzel-, Gruppen- oder Festbewertungen

1.2 Passiva

Verteilung bestimmter Zuführungen zu Pensionsrückstellungen auf drei Jahre (H/S)

Bewertung von Fremdwährungsverbindlichkeiten bei schwankenden Wechselkursen (H/S)

Alternativen bei dem der Pensionsrückstellung zugrunde zu legenden Pensionsalter (H/S)

Feststellung des Prozentsatzes zur Abzinsung von Pensionsrückstellungen (H)

2. Ermessensspielräume
2.1 Aktiva
Bestimmung der Nutzungsdauer von Anlagegütern (H/S)
Umfang von außerplanmäßigen Abschreibungen beim Anlagevermögen (H/S)
Bemessung der Abschreibungen auf den zukünftigen Wertschwankungswert im Umlaufvermögen
Gemeinkostenschlüsselung bei der Ermittlung der Herstellungskosten (H/S)
Bemessung der Höhe der Einzelwertberichtigungen zu Forderungen (H/S)
Höhe des Zinssatzes bei zinsabhängigen Kosten (H/S)
Abschreibungen im Rahmen vernünftiger kaufmännischer Beurteilung
2.2 Passiva
Höhe der pauschalen Garantierückstellungen (H/S)
Berücksichtigung von Kostensteigerungen nach dem Bilanzstichtag bei der Bewertung der Rückstellungen (H)
Bemessung der Höhe bestimmter Rückstellungen für Einzelrisiken, z.B. Produkthaftpflicht, Garantie (H/S)
Höhe des Zinssatzes bei zinsabhängigen Posten (H/S)

Abb.: Bewertungsalternativen

5.2.2 Gestaltung von Sachverhalten

Bei der Gestaltung von Sachverhalten kommt es auf die bilanzrechtliche Beurteilung an. Außerdem müssen wir zwischen der Ergebnisbeeinflussung und der originären Gestaltung unterscheiden.

5.2.2.1 Bilanzrechtliche Beurteilung

Gegen die Gestaltung von Sachverhalten als Mittel der Bilanzpolitik kann der Vorwurf der Bilanzmanipulation erhoben werden. Um dieser Unterstellung zu entgehen, sollten bestimmte Voraussetzungen beachtet werden.

1. **Ernsthaft gewolltes Geschäft**

   Für alle Beteiligten sollte es sich um ein ernsthaft gewolltes Geschäft handeln.

2. **Angemessene Konditionen**

   Die Konditionen des Geschäftes müssen angemessen sein. Leistungen und Gegenleistungen sollten sich in der Wertigkeit entsprechen.

3. **Keine rückwirkend vereinbarten Geschäfte**

   Wenn Geschäfte noch rückwirkend vereinbart und eingebucht werden, widersprechen sie dem Grundsatz der Stichtagsbewertung.

5.2.2.2 Ergebnisbeeinflussung

Die Bilanzpolitik wird in der Praxis häufig eingesetzt, um die bilanzielle Entwicklung des Jahresergebnisses eines Unternehmens zu steuern. Es geht meist um eine Gewinnglättung.

Die Gestaltung von Sachverhalten stellt aus bilanzpolitischer Sicht meist nur eine zeitliche Verlagerung von Geschäftsvorfällen dar. Dabei kann es sich um eine zeitliche Vorverlagerung oder Nachverlagerung handeln.

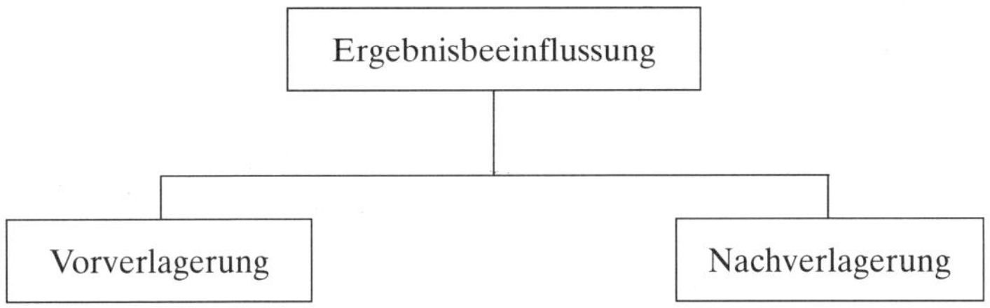

Abb.: Ergebnisbeeinflussung durch Vor- oder Nachverlagerung

Eine typische Form der bilanzpolitischen Gestaltung von Sachverhalten zur Ergebnisbeeinflussung ist die zeitliche Verlagerung von Geschäftsvorfällen. Diese Entscheidungen werden in den letzten Monaten vor dem Ende des Geschäftsjahres getroffen, wenn das voraussichtliche Jahresergebnis hinreichend genau abgeschätzt werden kann. Die Auswirkungen dieser Maßnahmen betreffen meist nur das laufende und das kommende Geschäftsjahr. Wenn bestimmte Aufträge vor einem Bilanzstichtag schneller fertiggestellt und ausgeführt werden, erhöht sich der Gewinn des laufenden Jahres. Der Gewinn des kommenden Geschäftsjahres wird dann um den gleichen Betrag vermindert.

In der folgenden Abbildung werden verschiedene Formen von Sachverhaltsgestaltungen aufgezählt:

Gestaltung von Sachverhalten zur Ergebnisbeeinflussung

1. Zeitliche Verlagerung von Geschäftsvorfällen

1.1 Vorverlagerung

Beschleunigte Anschaffung oder Fertigstellung von Anlagegütern zur Nutzung höherer Abschreibungen

Schnellere Beschaffung von Roh-, Hilfs- und Betriebsstoffen sowie von Waren wegen der Anwendung des Lifo-Verfahrens

Beschleunigter Erwerb von Anlagegütern, auf die eine kurz vor der Auflösung stehende Rücklage nach § 6b EStG übertragen werden kann

Schnellerer Verkauf von nicht betriebsnotwendigen Vermögensgegenständen zur Gewinnrealisierung

Beschleunigte Produktion von Produkten zur Aktivierung höherer Gemeinkostenanteile

Schnellere Fertigstellung von Aufträgen zur höheren Gewinnrealisierung

1.2 Nachverlagerung

Verschiebung von Reparaturen zur aufwandsmäßigen Entlastung des alten Geschäftsjahres

Verzögerung des Absatzes der Produkte zur Verschiebung der Gewinnrealisierung

Verschiebung von Pensionszusagen zur Vermeidung von höheren Pensionsrückstellungen

Verzögerung der Entscheidung über einen Erlaß von Forderungen

Verschiebung von Werbemaßnahmen in das nächste Geschäftsjahr

Abb.: Gestaltung von Sachverhalten zur Ergebnisbeeinflussung

5.2.2.3 Originäre Gestaltungen

Einige Gestaltungen, die aus bilanzpolitischen Gründen durchgeführt werden, wirken längerfristig. Diese Maßnahmen nennen wir auch originäre Gestaltungen.

Wenn ein Unternehmen mit einer Tochtergesellschaft einen Ergebnisabführungsvertrag abschließt, können die Verluste der Tochtergesellschaft sofort steuerlich mit dem eigenen Gewinn verrechnet werden.

Einige Beispiele für originäre Gestaltungen sind der folgenden Abbildung zu entnehmen:

Originäre Gestaltungen

Abschluß eines Ergebnisabführungsvertrages, um die Verluste der Organgesellschaft beim Organträger zu erfassen

Erfolgswirksamer Forderungsverzicht von Gesellschaftern

Verlagerung der Gewinne auf den privaten Bereich und keine Verwirklichung im Unternehmen, d.h. Deklarierung von Vermögenswerten mit der Chance auf Wertsteigerungen im Privatvermögen und nicht im Betriebsvermögen, z.B. Wertpapiere und Grundstücke

Gründung von Zweigbetrieben in Gemeinden mit niedrigeren Gewerbesteuerhebesätzen

Zuordnung von Einkünften nicht zu dem gewerblichen Bereich, sondern zu anderen Bereichen, z.B. freiberuflicher Gewinn oder Einkünfte aus Vermietung und Verpachtung, um Gewerbesteuer zu sparen

Andere Wahl der Rechtsform, z.B. GmbH & Co. KG

Abschluß von besonderen Verträgen, z.B. Pachtvertrag bei einer Betriebsaufspaltung

Verlagerung von gewerblichen Gewinnen in Holding-Gesellschaften, die in Steueroasen ihren Sitz haben

Verteilung der normal der Einkommensteuer zu unterwerfenden Gewinne auf mehrere Privatpersonen, z.B. Gründung von Familiengesellschaften, frühzeitiger Erbübergang auf die Kinder

Abb.: Originäre Gestaltungen

MERKE

Bilanzpolitisch veranlaßte Sachverhaltsgestaltungen können Mehrkosten oder Mindererträge zur Folge haben. Die Verschiebung von Reparaturen beispielsweise kann zu Betriebsstörungen führen, die beträchtliche Kosten verursachen können.

Einige angestrebte bilanzpolitische Ziele können auch durch andere Maßnahmen erreicht werden, indem beispielsweise die Bewertungsspielräume besser ausgenutzt werden. Die kostengünstigeren Maßnahmen sollten dann vorgezogen werden.

Die ergebnisbeeinflussende Bilanzpolitik kann sich sowohl auf die Reduzierung der Gewinne als auch auf die Verminderung der laufenden Verluste beziehen. In den Jahren der guten Konjunktur geht es insbesondere darum, erwirtschaftete Gewinne zu verstecken. Bei Rezessionen dagegen besteht öfter der Bedarf, die entstandenen Verluste zu kompensieren.

Literaturverzeichnis

Becker, H.J.:	Controller und Controlling, Stuttgart 1984
Becker, H.P.:	Bankbetriebslehre, Ludwigshafen/Rhein 1992
Bestmann, U.:	Kompendium der Betriebswirtschaftslehre, 5. Auflage, München/Wien 1990
Bischoff, W.:	Cash-Flow und Working Capital, Wiesbaden 1972
Blödtner, W., Bilke, K., Weiss, M.:	Lehrbuch Buchführung und Bilanzsteuerrecht, 3. Auflage, Herne/Berlin 1994
Bornemann, H. :	Controlling heute, Wiesbaden 1985
Braune, G., Streck B.:	Praktische Methoden der Bilanzanalyse und Bilanzkritik, Landsberg/Lech 1981
Bramsemann, R.:	Handbuch Controlling, 2. Auflage, München 1990
Bringmann, E.-R., Sandbaumhüter, N.:	Bilanzanalyse mit Multiplan, Wiesbaden 1986
Brigham, E.F., Gapenski,L.C.:	Financial Managment, 6. Auflage, Chikago 1991
Buchner, R.:	Finanzwirtschaftliche Statistik und Kennzahlenrechnung, München 1985
Buchner, R.:	Grundzüge der Finanzanalyse, München 1981
Büschgen, H.E.:	Grundlagen betrieblicher Finanzwirtschaft, 2. Auflage, Frankfurt/Main 1979
Büschgen, H.E.:	Handwörterbuch der Finanzwirtschaft, Stuttgart 1976
Busse, F.J.:	Grundlagen der betrieblichen Finanzwirtschaft, München/Wien 1989
Chmielewicz, K.:	Betriebliche Finanzwirtschaft, Berlin 1976
Christians, F.W.:	Finanzierungs-Handbuch, Wiesbaden 1986
Coenenberg, A.G.:	Bilanzanalyse, 2. Auflage, Landsberg/Lech 1990
Coenenberg, A.G.:	Jahresabschluß und Jahresabschlußanalyse, 15. Auflage, Landsberg 1994

Coenenberg, A.G., Baum, H.G.: Strategisches Controlling, Stuttgart 1987

Däumler, K.D.: Betriebliche Finanzwirtschaft, 6. Auflage, Herne/Berlin 1933

Däumler, K.D.: Finanzmathematisches Tabellenwerk, 3. Auflage, Herne/Berlin 1989

Däumler, K.D.: Grundlagen der Investitions- und Wirtschaftlichkeitsrechnung, 7. Auflage, Herne/Berlin 1992

Eilenberger, G.: Bankbetriebslehre, 3. Auflage, München/Wien 1987

Eilenberger, G.: Betriebliche Finanzwirtschaft, 3. Auflage, München/Wien 1989

Fraling, R.: Wie beurteilt man eine Bilanz, 17. Auflage, Wiesbaden 1988

Gräfer, H.: Bilanzanalyse, 6. Auflage, Herne/Berlin 1994

Grill, W., Perczynski, H.: Wirtschaftslehre des Kreditwesens, 25. Auflage, Bad Homburg 1990

Grosjean, R.K.: Umgang mit Banken, 3. Auflage, Planegg 1987

Haberland, G.: Handbuch des Controlling und Finanzmanagement, München 1975

Hagenmüller, K.F.: Leasing-Handbuch, 4. Auflage, Frankfurt/Main 1981

Hagenmüller, K.F., Diepen, G.: Der Bankbetrieb, 11. Auflage, Wiesbaden 1987

Hahn, D.: Planungs- und Kontrollrechnung, 3. Auflage, Wiesbaden 1986

Hahn, O.: Handbuch der Unternehmensfinanzierung, München 1971

Hahn, O.: Finanzwirtschaft, 2. Auflage, Landsberg 1983

Hantke, H.: Handels- und steuerrechtlicher Jahresabschluß, 3. Auflage, München 1992

Harrmann, A.: Bilanzanalyse für die Praxis, 3. Auflage, Herne/Berlin 1988

Hausschildt, J.: Erfolgs- und Finanz-Analyse, 2. Auflage, Köln 1987

Hausschildt, J.: Finanzorganisation, Finanzplanung und Finanzkontrolle, München 1981

Hausschildt, J.:	Krisendiagnose durch Bilanzanalyse, Köln 1988
Helbing, C.:	Bilanz- und Erfolgsanalyse, 6. Auflage, Bern/Stuttgart 1987
Hofer, R.:	Bilanzanalyse, 3. Auflage, Bern 1985
Holl, H.G.:	Controlling – das Unternehmen mit Zahlen führen, Kissing 1994
Hopfenbeck, W.:	Allgemeine Betriebswirtschafts- und Managementlehre, Landsberg 1989
Horváth, P.:	Controlling, 5. Auflage, München 1994
Jehle, K., Blazek, A., Deyhle, A.:	Finanz-Controlling, 3. Auflage, Gauting 1986
Käfer, K.:	Kapitalflußrechnung, 2. Auflage, Stuttgart 1984
Kerth, A., Wolf, J.:	Bilanzanalyse und Bilanzpolitik, 2. Auflage, München 1993
Kilger, W., Scheer, A.-W.:	Investitions- und Finanzplanung im Wechsel der Konjunktur, Würzburg/Wien 1981
Kleinebeckel, H.:	Finanz- und Liquiditätssteuerung, 4. Auflage, Freiburg 1994
Küting, K., Weber, C-P.:	Die Bilanzanalyse, 2. Auflage, Stuttgart 1994
Leffson, U.:	Bilanzanalyse, 3. Auflage, Stuttgart 1984
Löhr, W.:	Steuerrecht für Betriebswirte, 16. Auflage, Bad Homburg v.d. Höhe 1993
Mann, R.:	Praxis strategisches Controlling, 4. Auflage, Landsberg 1987
Matschke, M.J.:	Finanzierung der Unternehmung, Herne/Berlin 1991
Mayer, E.:	Der Controlling-Berater, Freiburg 1993
Meyer, C.:	Bilanzierung nach Handels- und Steuerrecht, 10. Auflage, Herne/Berlin 1994
Moxter, A.:	Bilanzlehre, 3. Auflage, Wiesbaden 1984

Obst, G., Hintner, O.:	Geld-, Bank- und Börsenwesen, 39. Auflage, Stuttgart 1993
Olfert, K.:	Finanzierung, 8. Auflage, Ludwigshafen/Rhein 1994
Olfert, K.:	Investitionen, 5. Auflage, Ludwigshafen/Rhein 1992
Olfert, K., Körner, W., Langenbeck, J.:	Bilanzen, 6. Auflage, Ludwigshafen/Rhein 1992
Pausenberger, E., Völker, H.:	Praxis des internationalen Finanzmanagement, Wiesbaden 1985
Perridon, L., Steiner, M.:	Finanzwirtschaft der Unternehmung, 7. Auflage, München 1993
Pfeil, B.:	Planungshandbuch, Landsberg 1984
Pfleger, G.:	Bilanzpolitik, 4. Auflage, Freiburg im Breisgau 1991
Preißler, P.R.:	Controlling, 2. Auflage, München 1989
Preißler, P.R.:	Controlling, auch im Klein- und Mittelbetrieb, 3. Auflage, Eschborn 1984
Prill, M.:	Die liquidationsorientierte Planung des Verschuldungsgrades, Düsseldorf 1982
Rahn, H.J.:	Betriebliche Führung, Ludwigshafen/Rhein 1990
Reichmann, T.:	Controlling mit Kennzahlen, München 1985
Riebell, C.:	Die Praxis der Bilanzauswertung, 4. Auflage, Stuttgart 1988
Rietmann, P.:	Bilanzanalyse, Wiesbaden 1973
Schierenbeck, H.:	Grundzüge der Betriebswirtschaftslehre, 10. Auflage, München/Wien 1989
Schierenbeck, H.:	Institutionelle Bankbetriebslehre, Stuttgart 1987
Schneeloch, D.:	Besteuerung und betriebliche Steuerpolitik, München 1994 Band 1: Besteuerung 2. Auflage Band 2: Betriebliche Steuerpolitik
Schneider, D.:	Investition und Finanzierung, 5. Auflage, Wiesbaden 1980
Schröder, E.F.:	Modernes Unternehmens-Controlling, 3. Auflage, Ludwigshafen/Rhein 1988

Schröder, H., Kellner, A.: Praktische Finanzierungstips, 2. Auflage, Planegg 1987

Schult, E.: Bilanzanalyse nach dem neuen Bilanzrichtliniengesetz, 6. Auflage, Freiburg 1986

Schütt, H.: Finanzierung und Finanzplanung deutscher Industrieunternehmungen, Darmstadt 1979

Seibel, J.J.: Finanz-Management, 6. Auflage, München 1991

Spittler, H.: Leasing für die Praxis, 2. Auflage, Köln 1985

Süchting, J.: Finanzmanagement, 6. Auflage, Wiesbaden 1994

Tacke, H.R.: Leasing, 2. Auflage, Stuttgart 1993

Van Horne, J.C.: Financial Management and Policy, 8. Auflage, Englewood Cliffs 1989

Vogler, G., Mattes, H.: Bilanzanalyse, 2. Auflage, Berlin 1976

Vollmuth, H.J.: Gewinnorientierte Unternehmensführung, Heidelberg 1987

Vollmuth, H.J.: Führungsinstrument Controlling, 3. Auflage, Planegg 1994

Vollmuth, H.J.: Controlling Instrumente von A–Z, 2. Auflage, Planegg 1994

Vollmut, H.J.: Finanzierung, München/Wien 1994

Vormbaum, H.: Finanzierung der Betriebe, 8. Auflage, Wiesbaden 1990

Weber, H.K.: Wertschöpfungsrechnung, Stuttgart 1980

Witte, E., Klein, H.: Finanzplanung der Unternehmung, 3. Auflage, Wiesbaden 1983

Wöhe, G.: Bilanzierung und Bilanzpolitik, 8. Auflage, München 1992

Wöhe, G., Bilstein, J.: Grundzüge der Unternehmensfinanzierung, 7. Auflage, München 1994

Wöhe, G., Kaiser, H., Döring, U.: Übungsbuch zur Einführung in die allgemeine Betriebswirtschaftslehre, 6. Auflage, München 1990

Ziegenbein, K.: Controlling, 5. Auflage, Ludwigshafen/Rhein 1994

Zimmerer, C.: Industriebilanzen lesen und beurteilen, 7. Auflage, München 1991

Deutsche Bundesbank: Jahresabschlüsse westdeutscher Unternehmen 1971 bis 1991, Frankfurt 1993

Stichwortverzeichnis